생산운영 관리 2판

PRODUCTION and OPERATIONS MANAGEMENT

유성열 최성훈 공저

이프레스

머리말

PREFACE

생산운영관리는 회계, 재무, 마케팅, 인사조직, 경영정보와 더불어 기업경영의 핵심적인 기능으로 생산시스템의 설계와 운영에 대해 다루고 있는 학문 영역이다. 지금까지의 생산운영관리가 고전적인 대량생산 체제하에서 제조업 중심의 생산성 제고 및 비용 절감에 초점을 맞춘데 비해, 최근 들어서는 글로벌화 및 서비스업의 확대 등으로 인해 그 범위가 점점 확대되어 가고 있다. 또한 생산운영을 위한 보다 효율적이고 효과적인 새로운 기법들도 지속적으로 출현하고 있다.

그러나 많은 학생들이 생산운영관리라는 과목을 어려워한다. 이는 생산운영관리를 학습함에 있어 필수적인 계량적 모형과 수리적인 분석, 접근 방법에 따른 부담 때문인 것으로 보인다. 또한 생산운영관리의 범위가 제조업뿐만 아니라 서비스업에도 확대 적용됨으로써 다루는 내용들도 점차 많아지고 있어 그 광범위한 내용으로 인해 핵심적이고 중요한 내용이 무엇인지를 파악하기 어려워하는 점도 있는 것으로 여겨진다. 특히, 수많은 생산운영관리 교과서들이 경영학 및 경영공학을 전공하는 학부 학생들이 소화하기에는 불필요한 내용까지 너무 심도 있게 다룸으로써 이 과목을 더욱 어렵게 느끼게 만들고 있는 듯하다.

저자는 이러한 생산운영관리 교재의 문제점을 조금이나마 개선해 보자는 생각으로 이 교과서를 집필하게 되었다. 우선, 수리적인 능력보다는 경영에 대한 기본 이론과 개념을 충실히 이해하는 것이 중요하다고 생각한다. 이에, 수리적인 모형이나 계량적인 부분에 중점을 두기보다는 생산운영관리 분야에서 경영학 혹은 경영공학을 전공하는 학부 학생들이 기본적으로 알아야 하는 가장 핵심적인 개념을 중심으로 책을 작성하려고 노력하였다. 특히, 굳이 학부 과정에서 다룰 필요가 없다고 생각되는 부분은 과감히 배제하여 집중적인 생산운영관리 학습을 할 수 있도록 구성하였다. 이와 함께, 가급적 많은 예제와 그 풀이 방법을 본문에 추가함으로써 학습한 내용들이 올바르게 지식으로 축적되었는지를 확인할 수 있도록 하였다. 또한 연습문제를 통해서도 스스로 다시 한 번 확인할 수 있는 장치를 준비하였다. 특히 본문의 내용을 그대로 암기하여 답하는 문제가 아니라 상황에 맞는 창의적인 사고를 유도할 수 있도록 연습문제를 구성하였다.

이상의 집필 의도에 맞게 총 12장으로 구성된 이 교과서는 생산운영관리를 한 학기에 소화할 수 있는 분량이 되도록 다음과 같이 구성하였다. 먼저 1장에서는 생산운영관리의 기본 개념과 생산운영관리의 대상인 프로세스의 유형 및 의사결정에 대한 내용을 다룬다. 그리고 2장에서는 생산운영 관점에서의 기업전략을 제조업과 서비스업으로 구분하여 경쟁우선순위 관점에서 다룬다. 기업의 생산운영관리와 관련한 의사결정의 기초가 되는 수요예측에 대한 내용은 3장으로 구성하였다. 3장에서는 수요예측 부분의 다양한 정량적, 정성적 예측기법에 대해 소개하고 있다. 4장부터 6장까지는 생산운영에서 거시적인 의사결정 부분인 제품 및 서비스 생산을 위한 시설 및 설비에 대한 계획에 해당하는 부분으로, 생산능력계획, 입지선정 및 설비배치, 총괄생산계획과 기준생산계획에 대한 내용을 소개하고 있다. 특히, 입지선정 부분에서는 제조업과 서비스업을 구분하여 입지선정을 위한 요인들을 소개하였다. 7장과 8장은 원자재나 제품의 재고관리와 자재소요계획에 대한 내용이다. 재고관리에서는 재고의 기본적인 개념과, 이론적인 확정적 상황에서의 재고관리 모형, 실무적인 확률적 상황에서의 재고관리 모형을 함께 소개한다. 또한 자재소요계획 부분에서는 자재소요계획의 계산 메커니즘이 어떻게 이루어지는지를 많은 예를 통해 설명하고자 노력하였다. 9장은 기업의 경계를 뛰어넘는 생산운영관리 의사결정 부분으로써 공급사슬관리에 대해 소개하고 있다. 특히, 공급사슬 모의실험인 비어 게임의 진행방법에 대한 내용을 소개함으로써, 공급사슬에 대한 이해를 포함하여 기업의 재고관리의 문제점을 학생들 스스로 파악하고 최적의 재고관리 전략을 수립할 수 있는 경험을 얻을 수 있게 하였다. 기업의 생산 최적화를 위한 특별한 기법인 적시생산시스템은 10장에서 소개하고 있다. 11장에서는 생산운영 프로세스 중 다른 프로세스들과는 특별히 차이가 있는 프로젝트 프로세스에 대한 관리 기법을 소개함으로써 기업 프로세스 관리의 다양성을 학습할 수 있도록 하였다. 마지막으로 12장은 경쟁우선순위의 한 요소인 품질 관점에서의 기업 경영에 대한 내용으로 구성하였다.

그동안 독자 여러분의 많은 도움과 조언이 있어 2판을 출간하는 데 큰 도움이 되었다. 앞으로 지속적인 격려와 조언을 부탁드린다.

끝으로 이 책을 준비하는 동안 도와주신 동료 교수님들께 감사의 말씀을 전한다. 또한, 이 책이 출판될 수 있도록 배려해 주신 도서출판 이프레스의 최용구 대표님과 편집부에게 깊은 감사를 드린다.

2024년 2월

저자 일동

차례

CONTENTS

CHAPTER 06

총괄생산계획과 기준생산계획 131

CHAPTER 07

재고관리 155

CHAPTER 12

품질경영 307

Chapter

01
생산운영관리와 프로세스

Production and Operations Management

01 Chapter

생산운영관리와 프로세스

본 장에서는 기업의 생산운영이 담당하는 역할이 무엇인지 정의한다. 생산운영관리에 적용되는 관리 사이클에 대해서 살펴보며, 생산운영관리의 대상 프로세스를 정의한다. 생산운영 관점에서의 프로세스 유형 및 프로세스 의사결정 과정에는 어떠한 항목이 있는지 살펴본다.

1.1 생산운영관리의 정의

생산운영(production operation)이란 생산 요소를 투입하여 일정한 프로세스(process)를 거쳐 유/무형의 경제재로 변환시킴으로써 가치를 부가시켜 나가는 과정을 말한다. 여기에서 생산 요소는 사람(man), 자원(material), 기계(machine), 자본(money), 자료(data) 등을 말한다. 산출물(output)인 경제재는 제품(product)과 서비스(service)이다. [그림 1.1]은 기업의 생산운영활동의 입력 요소와 산출물을 도식화한 것이다.

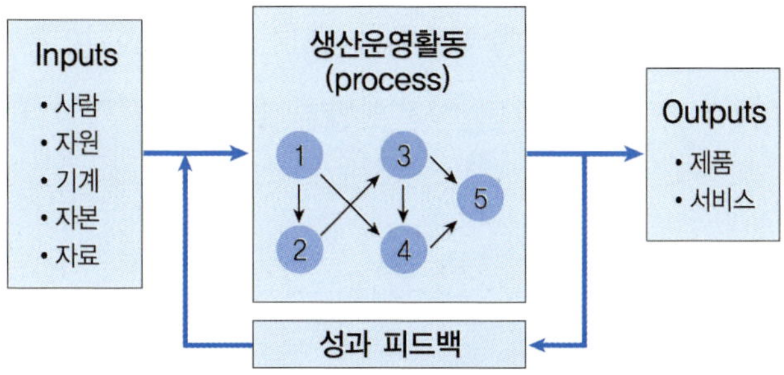

[그림 1.1] 기업의 생산운영 활동

관리(management)란 목적 달성을 위한 활동을 가장 합리적으로 수행하는 기술적인 노력을 의미한다. 일반적으로 관리 활동은 계획(Plan)을 수립하고, 계획에 따라 이를 실행(Do)하고, 계획과 실행 결과를 비교(Check)한 후, 계획 대비 결과의 차이를 반영(Action)하여 이를 새로운 계획에 반영하는 일련의 순환 구조를 갖는다.

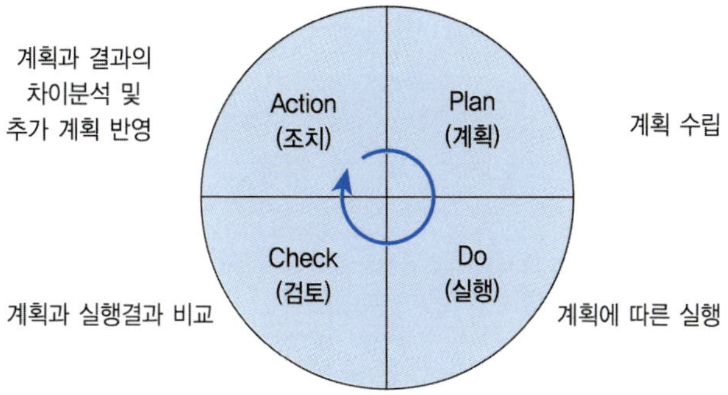

[그림 1.2] 관리 사이클

따라서 생산운영관리란 생산운영 활동에 관리 사이클을 적용하는 행위라고 정의할 수 있다. 이는 조직의 목표 달성을 위한 생산운영시스템을 설계(계획)하고, 설계(계획)된 시스템을 실행하며, 그 실행 결과를 계획과 대비하여 다음 계획에 반영하는 일련의 과정을 다루는 분야임을 뜻한다. 기업은 생산운영 활동과 관련된 투입과 변환 과정의 총비용을 낮추고, 산출물인 제품과 서비스의 가치(수익)를 높이는 과정을 통해 생산운영관리 활동을 수행한다.

1.2 프로세스

[그림 1.1]에 나타난 바와 같이, 생산운영관리는 프로세스(process)를 그 대상으로 한다. 프로세스란 하나 이상의 투입물을 이용하여 이를 변환시키는 과정(혹은 공정, 절차)이며, 이를 통해 가치를 부가하게 된다. 기업은 프로세스가 없으면 제품이나 서비스를 제공할 수 없으며, 또한 제품이나 서비스가 없는 프로세스는 존재하지 않는다. 결국 기업의 생산운영관리는 프로세스 관리라고 할 수 있다. 프로세스 관리는 투입물, 생산운영 작업, 작업 흐름 및 투입물을 산출물로 변환시키는 방법 등을 결정하는 것이다. 이러한 기업의 프로세스는 고정된 것이 아니라, 경영 활동의 주요 의사결정 상황에 따라 항상 달라질 수 있다. 프로세스에 대한 의사결정이 필요한 경우는 다양하게 나타날 수 있다. 기업에 새로운 제품이나 서비스를 제공하고자 할 경우, 이를 실행할 프로세스의 결정이 필요하다. 또한 기존 제품이나 서비스에 대한 품질을 개선하고자 할 때도 프로세스 의사결정이 요구된다. 이 밖에도 고객의 수요가 변화했을 때, 현재의 성과가 저조하여 이를 개선하고자 할 때, 투입물의 획득 가능성에 변화가 발생했을 때 등도 프로세스 변경에 대한 의사결정이 요구되는 상황이다. 이 외에도 품질, 생산능력, 설비배치, 재고, 환경 요인 등의 다른 선택 사항들도 함께 고려하여 프로세스에 대한 의사결정이 요구된다.

같은 종류의 제품이나 서비스를 제공하는 기업일지라도 실제 프로세스는 위와 같이 여러 가지 요인에 따라 다양하게 달라질 수 있다. 하지만 기업의 프로세스를 고객화(customization) 정도와 산출량(throughput)에 따라 구분할 수 있다. 고객화란 제품이나 서비스가 고객에 따라 얼마나 다양하고 유연하게 달라지는가 하는 정도를 뜻한다. 산출량은 한 번의 프로세스를 통해 생산되는 제품이나 서비스의 수량이다. 이 기준에 따라 기업의 프로세스를 구분하면 다음과 같이 크게 네 가지 유형으로 구분할 수 있다.

- 프로젝트 프로세스(project process)
- 단속 프로세스(intermittent process)
- 라인 프로세스(line process)
- 연속 프로세스(continuous process)

1.2.1 프로젝트 프로세스

프로젝트 프로세스(project process)는 프로세스를 통해 생산되는 제품/서비스의 고객화 정도가 상당히 높고, 그 범위가 넓으며, 산출량은 매우 소규모이다. 프로젝트 완료 이후 상당한 양의 자원이 해제되는 특성을 가진 프로세스이다. 대규모 아파트 단지의 건축, 선박 건조, 경영 컨설팅 업무 등이 이에 해당된다. 프로젝트 프로세스는 전체 프로젝트의 일정 및 비용 관리가 핵심적인 요소이다. 프로젝트 일정 및 비용관리 기법에 대해서는 11장에서 자세히 다룬다.

프로젝트 프로세스를 통해 산출되는 제품/서비스는 고객 주문별로 모두 다른 특성을 가지며, 상당히 복잡하며, 장기적이며, 그 규모가 크다. 또한, 프로젝트 프로세스의 제품 생산 과정에서는 보통 제품은 한 곳에 고정되어 있고 생산 설비가 이동하면서 생산 활동을 수행한다. [그림 1.3]은 선박 건조 프로세스의 예를 보여주고 있다.

[그림 1.3] 프로젝트 프로세스: 선박 건조 공정의 예

1.2.2 단속 프로세스

단속 프로세스(intermittent process)는 비연속적 제품 생산 방식의 프로세스로써, 한 작업 공간에서 각기 다른 방식으로 여러 종류의 제품을 생산하는 방식이다. 단속 프로세스는 어느 정도의 산출량이 확보되는 제품 및 서비스를 다양하게 생산할 수 있는 유연성을 가지는 프로세스이다. 주문에 의한 금속 주물 공정이나, 병원 응급실, 주문형 금고 생산공정 등이 단속 프로세스에 해당한다. 각 작업장의 작업자와 장비는 상당한 유연성을 지니고 있어 다양한 작업 수행이 가능하다. 일반적으로 주문에 의한 생산 방식을 택하고 있으며, 따라서 재고는 보유하지 않는다.

1.2.3 라인 프로세스

라인 프로세스(line process)는 산출량이 많고 제품 및 서비스가 표준화되어 자원을 제품이나 서비스 중심으로 조직화하는 프로세스이다. 자동차나 전자제품의 조립 공정, 패스트푸드 음식점에서의 햄버거 생산공정 등이 그 예이다. 라인 프로세스는 같은 작업을 계속하여 반복하여 적은 종류의 제품을 대량으로 생산하게 되며, 대부분의 조립 공정이 이에 해당된다. 제품/서비스는 매우 표준화되어 있으며, 대부분 고객의 수요를 사전에 예측하여 미리 생산을 하는 재고생산

(make-to-stock) 방식이다. 라인 프로세스는 대량생산(mass production)이라고도 하는데, 일반적으로 제조 공정이라 하면 라인 프로세스를 뜻한다. [그림 1.4]는 자동차 생산공정의 예로써 전형적인 라인 프로세스의 예이다. [그림 1.4]에서 볼 수 있는 바와 같이 자동차가 컨베이어 벨트를 따라 이동함에 따라 각 작업장에서는 특정 작업만을 반복적으로 수행하는 로봇이나 작업자에 의해 정해진 작업을 수행하게 되고, 다음 작업장으로 컨베이어 벨트(혹은 거치대)를 따라 이동하게 된다. 이렇게 정의된 모든 작업라인을 거치게 되면 완성된 자동차가 생산된다.

[그림 1.4] 라인 프로세스: 자동차 생산공정의 예

1.2.4 연속 프로세스

연속 프로세스(continuous process)는 흐름이 고정되어 있으며, 산출량이 많고 제품의 표준화가 매우 높은 프로세스이다. 보통 액체, 기체, 분말 등 주요한 1가지 자재가 설비 내에서 중단 없이 흘러가는 경우가 이에 해당하는데, 정유공장, 화학공장 및 맥주, 철강 공장 등이 그 예이다. 연속 프로세스 설비를 가진 산업을 "장치 산업"이라고 하는데, 프로세스의 최초 설비비용이 상당히 클 뿐만 아니라 재가동 비용이 상당히 높아 보통 중단 없이 24시간 계속해서 가동한다.

1.3 프로세스 의사결정

기업은 네 가지 유형의 프로세스 중 어떤 방식을 채택하여 제품/서비스를 공급할 것인가를 결정해야 한다. 뿐만 아니라, 경쟁력 있는 생산운영 기능의 수행을 위해서는 프로세스와 관련된 또 다른 관점의 의사결정이 요구된다. 여기에서는 공급사슬 관점에서의 프로세스 통합에 관한 의사결정과 투입되는 자원의 유연성을 어느 정도 확보할 것인가에 대한 내용을 살펴본다. 또한 프로세스에 고객을 어느 정도 참여시킬 것인가에 관한 내용과 프로세스를 얼마나 자동화할 것인가에 관한 내용도 함께 살펴본다.

1.3.1 프로세스 통합의 정도

기업은 기본적으로 공급사슬(supply chain)의 한 축을 담당한다. 공급사슬을 통해 이루어지는 프로세스 중에서 기업이 내부적으로 수행하는 정도를 프로세스 통합의 정도 혹은 수직적 통합(vertical integration)의 정도라고 한다. 즉, 수직적 통합이란 특정 생산시스템이나 서비스 시설이 전체의 공급사슬 중에서 자체적으로 취급하는 정도로써, 기업 내부에서 더 많이 수행될수록 수직적 통합의 정도는 높아진다. 자체적으로 프로세스를 직접 수행하지 않는 경우에는 아웃소싱(outsourcing)에 의존하게 된다. 아웃소싱이란 납품업체나 유통업체에게 대가를 지불하고 해당 프로세스를 대신 수행하게 하여 필요한 자재나 서비스를 공급받는 것이다. 기업이 자체적으로 수행하는 프로세스가 많아질수록 수직적 통합 수준은 높아지며, 아웃소싱 수준은 낮아지게 된다(공급사슬의 수직적 통합과 아웃소싱에 대해서는 '9장. 공급사슬관리'에서 자세히 다룬다).

수직적 통합에는 전방통합(forward integration)과 후방통합(backward integration)이 있다. 전방통합은 기업이 유통센터나 소매와 같은 유통채널을 직접 경영하는 방식으로 수직적 통합을 구성하는 것을 말한다. 때에 따라서 고객

기업을 직접 인수하여 통합하는 방식도 있다. 후방통합은 원재료나 부품의 조달 기능을 포괄하는 방향으로 통합을 추진하는 것이다.

기업은 프로세스 통합에 대한 의사결정이 필요한데, 수직적 통합의 정도(반대의 경우 아웃소싱의 정도)에 따른 장단점이 존재한다. 수직적 통합의 정도를 높이면 품질과 제품 공급 측면에서 유리하게 되며, 기업 내부 자원을 보다 효율적으로 활용할 수 있다. 산출량이 많을 경우, 직무의 전문화 및 효율성을 높이는 것이 가능해지기 때문에 상대적으로 수직적 통합이 매력적이다.

반면, 산출량이 적으면 아웃소싱이 더 유리할 수 있다. 또한 아웃소싱은 기업의 핵심역량 이외의 활동을 외부로 이관하면서 보다 핵심적인 부분의 역량 강화에 집중할 수 있으며, 원가 절감의 이익을 볼 수 있다.

1.3.2 자원의 유연성

특정 프로세스 수행을 위한 장비 구매를 고려할 때, "특수용도 장비와 범용장비 중 어느 것이 필요한가?" 혹은 인력 채용 시 "인력은 어느 정도 유연해야 하나?"에 관한 의사결정이 필요하다. 자원의 유연성(resource flexibility)이란 '인력이나 설비 등의 투입 요소가 얼마나 많은 프로세스를 담당할 수 있는가?'의 정도를 말한다. 예를 들어, 생산하는 제품의 종류가 많고(높은 고객화) 제품의 수명 주기가 짧은 경우에는 여러 가지 기능을 수행할 수 있는 범용장비를 도입하는 것이 유리할 것이다. 이러한 범용성이 높은 장비는 높은 유연성을 가지게 되며, 작업장 내 혹은 여러 작업장을 이동하면서 다양한 기능을 수행할 수 있다. 이러한 유연한 투입 요소(인력, 장비)들은 여러 임무를 다양하게 수행함으로써 생산능력을 제고하는 데 기여할 수 있으나, 그에 따른 비용 부담은 커지게 된다.

1.3.3 고객의 참여 정도

고객 참여도는 "고객이 어느 정도 프로세스에 참여해야 하나?"에 관한 의사결정으로 고객이 프로세스에 참여하는 정도를 나타낸다. 일반적인 식당은 음식 조리에서부터 고객에게 음식을 내놓은 과정 모두를 식당 측에서 모두 담당한다. 하지만 학생들이 이용하는 대학 내 구내식당에서는 음식 조리만을 식당에서 담당하고 서비스는 고객이 직접 하게 된다(직접 음식을 가져와야 한다). 이러한 방식을 셀프서비스라고 하는데, 보통 제품의 가격을 경쟁우선순위로 고려하는 기업의 경우에는 고객을 프로세스에 참여시키는 셀프서비스를 도입하게 된다.

셀프서비스의 예로는 앞서 언급한 식당의 고객서비스 이외에도 조립형 완구나 가구 등을 들 수 있다. 고객은 완구의 부품을 구입하여 자신이 직접 조립하는 프로세스를 담당하게 된다.

고객화의 정도가 높은 기업의 경우에는 제품의 사양이나 규격을 결정할 때 고객의 참여 정도를 확대하게 된다. 예를 들어 전원주택의 건축에서 설계 과정에 고객이 직접 참여하게 하는 방식이다. 또 다른 예로 병원 예약 프로세스가 있다. 이 경우에는 병원이 일방적으로 결정하는 것이 아니라 고객(환자)이 예약 시간과 장소를 결정하는 프로세스에 직접 참여하게 된다.

1.3.4 자동화 정도

프로세스를 얼마나 자동화(automation)할 것인가에 관한 의사결정이다. 프로세스 수행을 함에 있어서 노동력에 의존하는 정도보다 장비에 의존하는 정도가 커질수록 자동화 정도는 커지게 되는데, 자본 집약도라고도 한다. 자동화는 자본 집약도를 통해 생산성을 크게 향상시키고, 품질을 개선할 수 있는 장점이 있다. 그러나 소량 생산의 경우 초기에 투입되는 투자비용이 지나치게 커져서 오히려 비용 증가의 원인이 된다. 따라서 일정한 수준 이상의 산출량이 확보되지 않은 경우의 자동화는 비용 증가만 초래할 수 있다.

요약

- 생산운영관리란 조직의 목표 달성을 위한 생산운영시스템을 설계(계획)하고, 설계(계획)된 시스템을 실행하며, 그 실행 결과를 계획과 대비하여 다음 계획에 반영하는 일련의 과정으로 프로세스를 그 대상으로 한다.

- 프로세스란 하나 이상의 투입물을 이용하여 이를 변환시키는 과정. 기업은 프로세스 실행을 통해 부가가치를 창출한다.

- 기업의 프로세스는 고객화(customization)와 산출량(throughput)에 따라 구분할 수 있으며, 프로젝트 프로세스(project process), 단속 프로세스(intermittent process), 라인 프로세스(line process), 연속 프로세스(continuous process)의 네 가지로 구별된다.

- 기업의 생산운영활동 프로세스 계획과 운영을 위해서는 기업이 프로세스를 내부적으로 수행하는 정도, 투입되는 자원의 유연성, 고객의 프로세스 참여 정도, 프로세스의 자동화 정도에 관한 의사결정이 필요하다.

주요 용어

1.1 생산운영관리의 정의

생산운영(production operation)
프로세스(process)
관리(management)

1.2 프로세스

고객화(customization)
산출량(throughput)
프로젝트 프로세스(project process)
단속 프로세스(intermittent process)
연속 프로세스(continuous process)
라인 프로세스(line process)

1.3 프로세스 의사결정

대량생산(mass production)
공급사슬(supply chain)
수직적 통합(vertical integration)
아웃소싱(outsourcing)
전방통합(forward integration)
후방통합(backward integration)
자원의 유연성(resource flexibility)
자동화(automation)

연 습 문 제

1. 생산운영관리의 대상인 네 가지 유형의 프로세스에 대해 설명하고 제조업과 서비스 산업으로 구분하여 어떠한 예가 있는지 제시하라.

2. 수직적 통합의 방식 중 전방통합과 후방통합을 예를 들어 설명하라.

3. 프로세스 수행을 위한 자원의 유연성과 생산/서비스 비용 간의 관계에 대해 설명하라.

4. 같은 산업분야(업종)에서도 프로세스에 고객이 참여하는 정도를 다르게 할 수 있는가? 예를 들어 설명하라.

5. 프로세스 자동화의 장단점에 대해 논하라.

6. 연속 프로세스와 단속 프로세스의 특징을 비교하여 설명하라.

Chapter

02

경쟁우선순위와 생산운영전략

Production and
Operations Management

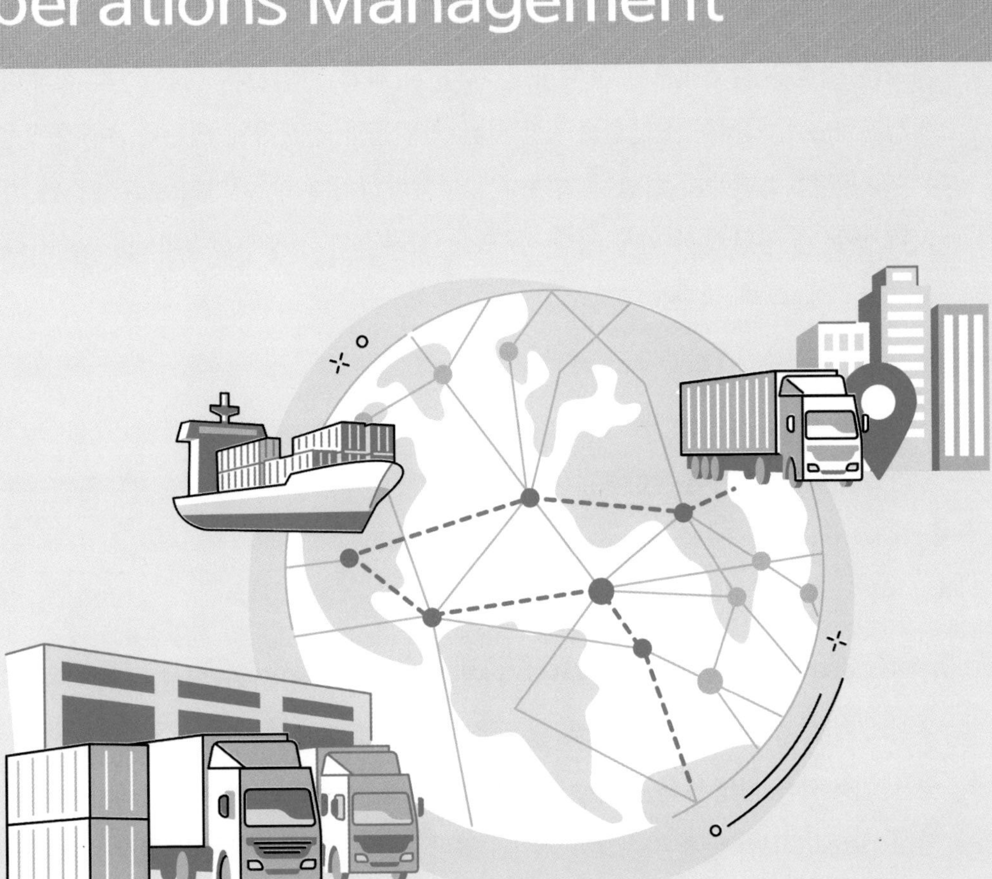

02
Chapter

Production and Operations Management

경쟁우선순위와 생산운영전략

기업은 기본적으로 수많은 타 기업들과의 경쟁 관계에 있으며, 경쟁에서 뒤처지는 기업은 결과적으로 도태하게 된다. 따라서 기업들은 여러 가지 형태의 경쟁전략을 수립하여 실행함으로써 다른 기업들과 경쟁하게 되는데, 이 장에서는 생산운영 측면에서 기업이 경쟁자들을 능가하기 위해 기업의 프로세스가 가져야 하는 운영상의 우위를 정할 수 있는 항목들인 경쟁우선순위(competitive priority)에 대해 살펴본다.

2.1 경쟁우선순위

경쟁우선순위란 기업이 경쟁사와의 경쟁 환경에 대응하기 위해 어떤 분야를 우선적으로 경쟁을 위한 도구로 활용할 것인가를 정의한 것이다. 특히 생산운영 관점에서의 경쟁우선순위는 크게 원가(cost), 품질(quality), 시간(time), 유연성(flexibility)의 네 가지로 나눌 수 있다. 〈표 2.1〉은 네 가지 경쟁우선순위를 요약한 것이다. 기업은 이 네 가지 경쟁우선순위 중 어떤 항목에 중점을 두

어 경쟁해 나갈 것인가를 결정하게 된다.

〈표 2.1〉 기업의 경쟁우선순위

항목	경쟁우선순위 확보 방안
원가(cost)	낮은 원가 확보
품질(quality)	일관성 있는 품질 고성능 품질
시간(time)	빠른 인도시간 적시 인도 빠른 개발속도
유연성(flexibility)	질적 유연성 양적 유연성

2.1.1 원가

제품 및 서비스에 대한 판매 가격(price)을 낮게 책정하면 일반적으로 수요가 증가하게 되어 매출은 늘어나게 된다. 하지만 제품 및 서비스를 낮은 원가로 생산해 내지 못한다면 이익을 보장할 수 없으며, 기업의 경쟁력은 뒤처지게 된다. 여기서 원가(cost)란 생산 요소가 투입되어 제품이나 서비스로 완성되어 가는 변환 과정에 투입되는 가치를 말한다. 생산운영 관점에서 원가를 기초로 경쟁하기 위해서는 재료비, 노무비, 제조 간접비, 불량으로 인한 손실비용 등 제품 및 서비스의 생산에 소요되는 단위당 비용을 낮추어야 한다. 단위당 원가를 낮추기 위해서는 기본적으로 재료비, 노무비, 간접비 등 원가에 포함되는 개별 항목의 비용을 낮추는 것도 필요하지만 동시에 일정 수준 이상의 제품을 생산하거나 서비스를 산출하는 것이 필요한데, 이는 일반적으로 생산량이 늘어날수록 단위당 원가가 낮아지기 때문이다. 이와 같이 생산 규모에 따라 단위당 원가가 낮아지는 현상을 규모의 경제(economics of scale)라고 한다. 따라서 기업은 적절한 크기의 생산능력을 확보해서 규모의 경제를 실현할 수 있어야 원가를 통한 경쟁력이 제고된다.

그러나 생산량이 계속 늘어나게 되면 어느 순간부터는 오히려 단위당 원가가 커지는 일이 발생하게 되는데 이러한 현상은 규모의 비경제(diseconomics of scale)라고 한다.

규모의 경제

규모의 경제란 제품이나 서비스의 산출량을 증가시킴으로써 제품 또는 서비스의 단위당 평균 원가를 낮출 수 있다는 개념으로 다음과 같은 이유로 비용 감소가 가능하다.

첫째는 고정비의 분산이다. 제조업의 경우, 초기에 제품의 생산 수량과는 관계없이 공장이나 제품창고 등의 시설 투자, 관리직 등 간접인력에 대한 임금, 기본적인 에너지 비용 등이 발생한다. 이 비용은 생산되는 제품이나 서비스에 반영되는데, 산출량이 많아질수록 단위당 할당되는 비용은 적어지게 되어 결론적으로 단위당 비용 절감 효과가 발생한다. 둘째는 건설비의 감소를 들 수 있다. 산출량이 많을수록 더 큰 시설을 필요로 한다. 그러나 산출량이 2배라고 해서 건설비용이 2배로 늘어나는 것은 아니다. 이 역시 규모의 경제를 이끌어 낼 수 있는 이유이다. 셋째는 대량구매에 따른 구매비용 절감 효과이다. 1회 구매 수량이 많아지면 구매 단가가 낮아져서 원가 하락의 요인이 발생한다. 이밖에 산출량이 많아질수록 학습 효과의 증대를 기대할 수 있다. 생산량이 많아지면서 숙련도가 높아지고 불량률이 줄어든다. 또한 재고 감소와 공정 개선, 준비시간 단축 등의 효과를 기대할 수 있다.

규모의 비경제

규모의 비경제는 산출량 증가에 따라 단위당 원가가 증가하는 현상이다. 산출량의 규모가 증가하다가 일정한 시점에 이르면 제품이나 서비스의 평균 단가가 증가할 수 있다. 이는 설비 규모의 복잡성, 비효율성, 과도한 고용, 조직의 관료화 등으로 인하여 발생하게 된다. 규모가 커감에 따라 조직은 점점 덜 민감하게 되며, 수요 변화에 대응할 수 있는 융통성이 떨어진다. 이로 인해 오히려 단 위당 원가가 증가하는 현상이 발생하게 된다.

적절한 생산능력은 규모의 경제와 비경제를 모두 고려하여야 한다. [그림 2.1]은 생산량의 증가에 따라 단위당 원가가 감소하다가 어느 시점부터는 다시 증가하게 되는 예이다. 또한 예제 2.1은 산출량이 증가함에 따라 규모의 경제와 규모의 비경제가 어떻게 발생하는가를 보여준다.

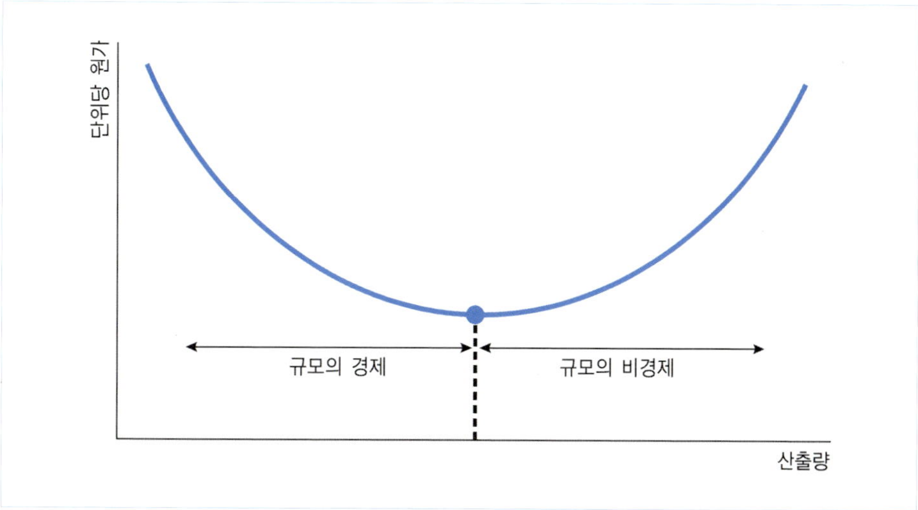

[그림 2.1] **규모의 경제와 규모의 비경제**

예제 2.1

월 1,000개의 제품을 생산할 수 있는 설비의 감가상각비가 100천원/월이고, 간접비(유지보수비, 지원부서 인건비 등)는 50천원/월, 제품 단위당 직접비(재료비)는 100원이다.

(1) 월 1,000개를 생산할 경우 제품 단위당 생산비용은 얼마인가?

(2) 생산능력을 월 2,000개로 늘리기 위해 같은 설비를 하나 더 구입할 경우, 유지보수비가 20천원/월 증가한다. 이 경우 단위당 생산비용은 얼마가 되는가?

(3) 시장 확대를 위해 월 3,000개를 추가 생산키 위한 설비 3대를 추가 구입하여 유지보수비가 60천원/월 증가하였다. 또한 전체적인 생산규모가 커짐에 따라 수출담당 임원 1명과 중간관리자 1명을 신규로 채용하여 1인당 월 200천원의 비용 증가가 발생하였다. 이때의 단위당 생산비용은 얼마인가?

풀이

(1) 단위당 생산비용 = (감가상각비 + 간접비 + 생산비) / 월 생산량

= (100 + 50 + 100) / 1,000 = 0.25(천원)

(2) 단위당 생산비용 = (감가상각비 + 간접비 + 생산비) / 월 생산량

= (200 + 70 + 200) / 2,000 = 0.235(천원)

(3) 단위당 생산비용 = (감가상각비 + 간접비 + 생산비) / 월 생산량

= (500 + (130 + 400) + 500) / 5,000 = 0.306(천원)

생산량이 1,000개에서 2,000개로 늘어나면 단위당 생산비용은 250원에서 235원으로 줄어드나 5,000개로 늘어나면 오히려 306원으로 단위당 생산비용이 늘어나는 규모의 비경제 현상이 발생한다. ■

2.1.2 품질

두 번째 경쟁우선순위인 품질은 제품 혹은 서비스에 대한 고객의 평가라고 할 수 있다. 품질과 관련한 경쟁우선순위에는 일관성과 성능이 있다.

일관성

일관성(consistency)은 제품이나 서비스가 고객이 사전 기대한 것과 동일하게 제공되느냐를 의미한다. 이는 보통 제품이나 서비스의 설계 규격과 일치하는 정도를 통해 평가된다. 고객은 제품이나 서비스를 구매하는 경우, 자신이 광고를 통해 기대했던 규격이나 기대 수준대로 제공되기를 원한다. 이러한 고객의 기대에 부응하지 못하는 기업은 점점 치열해져 가는 경쟁 환경에서 생존하기 어려워질 것이다.

성능

품질에서 또 다른 우선순위는 성능(performance)이다. 성능을 경쟁우선순위에서 우선적으로 고려하기 위해서는 우수한 성능을 가지고 허용오차를 엄격하

게 적용할 수 있도록 설계되어야 한다. 서비스업의 경우에는 고객지원, 서비스 만족도 등에서 높은 수준을 유지해야 한다. 성능은 제조업, 서비스업 모두 생산운영의 성과 수준을 결정하는 중요한 요인이다.

2.1.3 시간

시간과 관련하여 경쟁우선순위로 선택할 수 있는 세 가지는 주문 접수 후 인도까지 걸리는 시간인 리드타임, 정해진 시간에 납품하는 적시 인도, 그리고 신제품을 출시할 때까지 걸리는 시간인 개발속도이다.

● 리드타임

리드타임(lead time)이란 고객으로부터 주문을 받고 나서 제품을 인도하거나 서비스를 제공할 때까지 걸리는 시간으로 리드타임을 얼마나 단축하느냐는 시간과 연관된 중요한 경쟁우선순위이다. 고객이 수용할 수 있는 리드타임은 대형 선박과 같이 1년 이상의 장기간이 될 수도 있으며, 응급수송차량과 같이 수분 내에 이루어져야 하는 경우도 있다. 제조업의 경우에는 리드타임을 줄이기 위해서 재고를 확보하기도 한다. 또한 여유생산능력을 보유하여 리드타임을 줄일 수 있다.

● 적시 인도

고객은 항상 빠른 리드타임을 원하는 것이 아니라, 상황에 따라 정해진 시각에 제품이나 서비스가 인도되기를 원한다. 이렇게 소비자가 원하는 시간에 제품이나 서비스를 제공하는 것을 적시 인도(on-time delivery)라고 한다. 제조업의 경우에는 원자재를 조달하고자 하는 경우 공급업체에게 정해진 시각에 납품하도록 요청한다. 이런 방식의 생산시스템을 특별히 JIT 생산방식이라고 한다('10장 적시생산시스템' 참조). 할인마트와 같은 서비스업의 경우에는 고객의 계산 대기시간이 적시 인도의 예이다.

개발속도

개발속도(development speed)는 특정 제품이나 서비스에 대한 최초 기획에서부터 설계 과정을 거쳐 완제품이 생산되거나 서비스 제공이 시작되는 시간을 뜻한다. 예를 들면 기존 모델을 대체할 수 있는 새로운 휴대전화 모델이 나올 때까지의 시간이 개발시간이다. 개발시간이 경쟁우선순위가 될 수 있는 것은 신제품 및 서비스를 시장에 얼마나 빨리 출시하느냐에 따라 경쟁에서 성패를 좌우할 수 있기 때문이다.

2.1.4 유연성

유연성은 고객의 요구에 대한 대응능력의 신속성과 효율성을 나타낸다. 유연성과 관련된 경쟁우선순위는 질적 유연성과 양적 유연성으로 구분할 수 있다.

질적 유연성

질적 유연성(design flexibility)은 고객의 특정한 요구사항을 처리할 수 있는 정도로, 고객화(customization)라고도 한다. 기업은 제품이나 서비스의 디자인을 변경시켜 개별 고객의 요구사항을 충족시킬 수 있다. 맞춤 양복점에서 생산하는 양복은 고객화의 예이다. 제조업의 경우 유연생산시스템(FMS: flexible manufacturing systems)이 질적 유연성을 확보할 수 있는 경우이며, FMS를 통해 다양한 제품을 고객 요구에 맞게 신속하게 생산할 수 있다.

양적 유연성

양적 유연성(volume flexibility)이란 수요변동이 발생했을 때 신속하게 산출량을 늘리거나 줄여서 수요 변동에 대응할 수 있는 능력이다. 빠른 인도시간이나 개발속도와 같은 시간을 중요한 경쟁우선순위로 선택한 기업은 양적 유연성의 뒷받침을 필요로 한다. 또한 계절에 따라 수요변동이 심한 업종의 경우에도 양적 유연성은 중요한 경쟁우선순위이다.

2.2 경쟁우선순위의 선택

기업은 원가, 품질, 시간, 유연성의 네 가지 경쟁우선순위 중 어떤 분야를 선택해야 할까? 당연히 기업은 네 가지 분야의 모든 경쟁우선순위를 경쟁도구로 활용하는 것이 유익할 것이다. 그러나 어느 하나를 경쟁우선순위로 선택하면 다른 것은 포기해야 하는 상충관계가 발생한다. 예를 들어, 경쟁사에 비해 뛰어난 성능을 경쟁우선순위로 선택하여 제품을 개발하게 되면, 낮은 원가 유지는 힘들어진다. 또는 헤어숍에서 낮은 원가를 경쟁우선순위로 선정하여 미용비용을 낮춘다면 고급 헤어숍의 질적 유연성을 따라가기 힘들게 된다. 이러한 경우는 리드타임과 품질 간에서도 생길 수 있다. 빠른 리드타임은 품질 저하를 일으킬 수 있다.

따라서 기업은 이렇게 상충되는 경쟁우선순위 간에 우선순위를 설정할 필요가 있다. 어떠한 경쟁우선순위를 우선순위로 선정하느냐는 기업의 경쟁전략에 의해 정해진다. 같은 자동차 회사라도 상대적으로 저가이면서 한정된 종류의 모델만을 대량으로 생산하는 회사의 경우에는 저원가와 일관성 있는 품질, 빠른 인도시간을 우선시한다. 하지만 고가의 주문형 스포츠카를 생산하는 자동차 회사의 경우에는 고품질의 제품을 경쟁우선순위에서 최우선으로 선택하는 반면, 낮은 원가나 빠른 인도시간은 유지하기 힘들게 된다.

기업이 선택한 우선순위에 따라 무수히 많은 형태의 생산운영 관점에서의 전략이 존재할 수 있다. 다음 절에서는 기업들이 채택하고 있는 보편적인 생산운영전략의 유형을 제조업의 경우와 서비스업의 경우로 나누어서 살펴본다.

2.3 경쟁전략

생산운영활동의 산출물은 제품과 서비스이다. 제품을 생산하는 활동과 서비스를 제공하는 활동에는 특성상 차이가 존재할 수 있다. 생산시스템의 산출물인 제품은 형태를 지니고 있는 반면, 서비스시스템의 산출물은 무형이다. 생산시스템에서 고객의 참여는 제한되지만, 서비스시스템에서는 프로세스에 고객이 적극적으로 참여하는 경향이 강하다. 생산시스템에서 산출물이 나오는 시점과 소비되는 시점에는 간격이 발생하나 서비스시스템에서는 두 시점이 일치한다.

〈표 2.2〉는 이상의 생산시스템과 서비스시스템의 차이점에 대해 요약한 것이다. 이렇게 생산시스템과 서비스시스템의 차이는 기본적인 경쟁전략에서도 차이를 가져온다.

〈표 2.2〉 **생산시스템과 서비스시스템의 비교**

항목	생산시스템	서비스시스템
산출물	유형(제품)	무형(서비스)
고객참여	최소한의 참여	밀접하게 참여
재고	보유 가능	보유 불가
성과 측정	비교적 쉬움	어려움
생산 및 소비시점	불일치	일치
설비형태	설비집약	노동집약
시장의 크기	상대적으로 넓음	상대적으로 좁음
시스템의 크기	상대적으로 큼	상대적으로 작음
입지	자유로운 입지선정	한정된 장소(고객 소재지)
마케팅과의 관계	마케팅과 생산기능 분리	마케팅과 생산기능 결합
공정의 복잡성	복잡함	단순함

2.3.1 제조업의 경쟁전략

제조업이 서비스업과 차이가 나는 이유 중 한 가지는 재고를 활용할 수 있다는 것이다. 재고를 어떻게 활용하느냐에 따라 경쟁우선순위를 추구하기 위한 전략은 재고생산(make-to-stock), 주문생산(make-to-order), 주문조립생산(make-to-assemble) 전략으로 구분된다.

● 재고생산

재고생산(make-to-stock) 전략은 사전에 미래 수요를 예측하여 생산을 시작하고 확보된 재고의 관리를 통해 고객 수요에 대응하는 전략이다. 이 전략은 대량생산을 통해 경쟁우선순위 중 일관된 품질과 저원가 제품의 생산이 가능하다. 재고생산전략을 선택한 제조업의 프로세스 형태는 라인생산 프로세스인 경우가 일반적이다. 가전제품 등의 소비재나 자동차 생산 분야에서 채택 가능한 전략이다. [그림 2.2]는 자동차 공장의 생산라인을 도식화하여 나타낸 것이다. 이 공장은 몇 가지 종류의 자동차 모델을 동일한 설비를 이용하여 동일한 순서로 생산한다. 여러 종류의 제품을 하나의 공정에서 생산함으로써 대량생산이 가능하며 각 모델별 생산수량은 수요예측을 통해 결정된다.

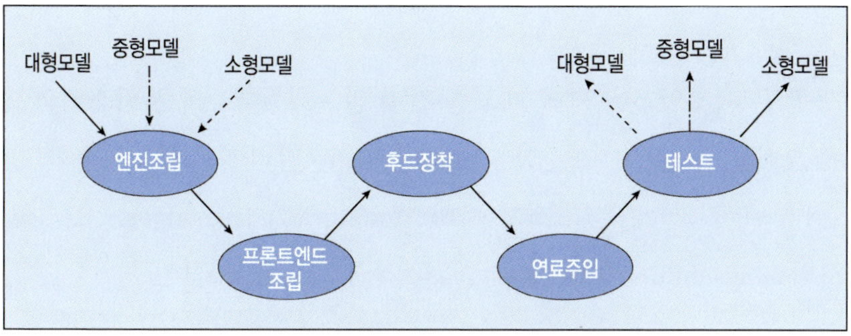

※ 여러 종류의 모델을 하나의 공정에서 동일한 순서로 생산

[그림 2.2] 재고생산의 예: 자동차 조립공정

● 주문생산

주문생산(make-to-order) 전략은 고객의 주문에 맞추어 소량으로 제품을 생

산하는 전략이다. 이 전략은 고객의 다양한 요구에 대응하는 것을 경쟁의 우선순위로 채택하는 경우로서, 높은 수준의 질적 유연성(고객화)을 중요한 경쟁우선순위로 채택한다. 또한 생산공정은 다양한 고객 요구에 대응할 수 있도록 유연성을 확보해야 한다. 주문생산의 예로 고급주택이나 전문 의료기기, 대형 선박 등을 들 수 있다.

● 주문조립생산

주문조립생산(make-to-assemble) 전략은 재고생산과 주문생산의 중간 형태로써 고객의 주문이 접수된 이후 미리 재고를 확보하고 있는 비교적 적은 종류의 부품이나 조립품으로 고객화된 제품을 생산하는 전략이다. 주문조립생산 전략의 경쟁우선순위는 고객화 및 리드타임이다. 주문형 조립식 컴퓨터 판매가 이 전략에 해당된다. 고객은 직접 원하는 사양으로 부품을 선택한 후 주문한다. 그러면 판매자는 고객이 주문한 사양에 맞춰 미리 준비하고 있던 부품을 이용하여 제품을 조립 후 발송한다.

2.3.2 서비스업의 경쟁전략

서비스업은 제조업과는 달리 재고를 갖지 않는다. 따라서 서비스업의 경쟁전략을 구분하는 기준은 표준화 정도에 따라 달라지는데, 표준화 서비스(standardized services), 고객화 서비스(customized services), 그리고 주문조립 서비스(assemble-order services) 전략으로 구분된다.

● 표준화 서비스

표준화 서비스(standardized services) 전략은 한정된 유형의 대량 서비스를 반복적이고 동일한 형태의 표준화된 방식으로 제공하는 방식이다. 예를 들면 택배 회사의 경우에는 거의 동일한 형태의 서비스를 대규모로 제공한다. 이 전략에서 중요하게 취급하는 경쟁우선순위는 적시 인도, 저원가, 일관성 있는 품질이다.

고객화 서비스

고객화 서비스(customized services) 전략은 소수의 고도로 개별화된 서비스를 제공하는 방식이다. 경쟁우선순위는 질적 유연성과 높은 수준의 품질이다. 병원이나 미용실, 인테리어업 등이 여기에 해당된다. [그림 2.3]은 병원의 서비스 과정을 보여주고 있다. 병원의 설비(진찰실, 촬영실 등)는 고정되어 있으며, 환자에 따라 실제 서비스 절차는 모두 다르게 진행된다.

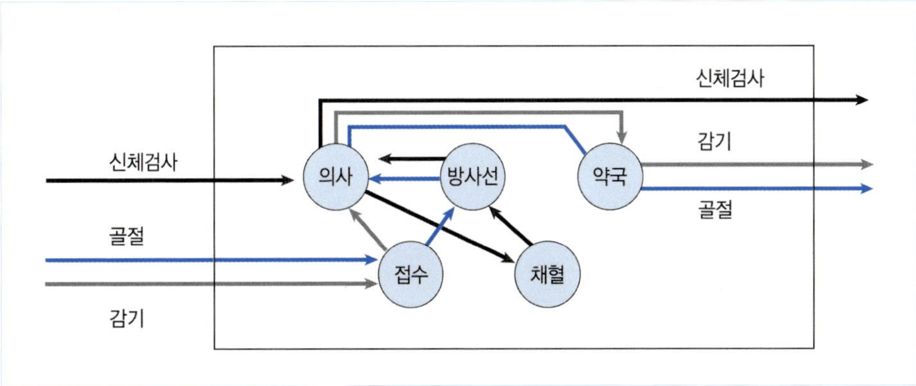

[그림 2.3] 고객화 서비스의 예: 병원 진료 서비스
출처: Ritzman & Krajewski(2003). Foundations of Operations Management. Pearson Education Inc.

고객화 서비스와 표준화 서비스를 비교할 때, 같은 업종이라도 상황에 따라 다른 전략을 취할 수 있다. 일반적인 미용실은 고객의 주문에 따라 다른 방식으로 서비스를 제공한다. 이는 고객 취향에 맞춰 헤어스타일을 제공하는 것이다. 그러나 남성 전용 미용실의 경우와 같이 한정된 형태의 스타일만 제공하면서 저원가를 우선적으로 고려하는 곳도 있다.

주문조립 서비스 전략

서비스업에서의 주문조립 서비스 전략(assemble-order services)은 기본적인 표준화 서비스와 함께 고객의 특정한 요구에 응하도록 고객화된 서비스를 추가하는 것이다. 이 경우의 경쟁우선순위는 고객화와 리드타임이 된다. 예를 들어 전화사업자의 경우 기본적인 유선전화 서비스에 고객요구에 따라 추가적인 서비스, 가령 인터넷이나 무선전화를 함께 제공한다. 신용카드 역시 기본적인 카드 기능에 추가하여 고객이 여러 가지 다양한 기능 중 특정 기능을 선택할 수 있는 미리 준비된 서비스를 제공하고 있다.

요약

- 생산운영 측면에서 기업이 경쟁자들을 능가하기 위해 기업의 프로세스가 가져야 하는 운영상의 우위를 점할 수 있는 항목들인 경쟁우선순위(competitive priority)에는 원가(cost), 품질(quality), 시간(time), 유연성(flexibility)이 있다.
- 원가를 기초로 경쟁하기 위해서는 재료비, 노무비, 제조간접비, 불량으로 인한 손실비용 등 제품 및 서비스의 생산에 소요되는 단위당 비용을 낮추어야 한다.
- 품질은 일관성 있는 품질과 고성능 설계가 경쟁요소이다.
- 시간을 경쟁우선순위로 하고자 할 경우에는 리드타임, 적시 인도, 신제품 개발속도를 고려한다.
- 유연성과 관련된 경쟁우선순위는 질적 유연성과 양적 유연성으로 구분할 수 있다.
- 경쟁우선순위를 추구하기 위한 제조업의 경쟁전략은 재고생산, 주문생산, 주문조립생산 전략이 있으며, 서비스업의 경우에는 표준화 서비스, 고객화 서비스, 그리고 주문조립 서비스 전략이 있다.

주요 용어

2.1 경쟁우선순위

경쟁우선순위(competitive priority)
원가(cost)
품질(quality)
시간(time)
유연성(flexibility)
규모의 경제(economics of scale)
규모의 비경제(diseconomics of scale)
일관성(consistency)
성능(performance)
리드타임(lead time)
적시 인도(on-time delivery)
개발속도(development speed)
질적 유연성(design flexibility)
양적 유연성(volume flexibility)
유연생산시스템(flexible manufacturing systems)

2.3 경쟁전략

재고생산(make-to-stock)
주문생산(make-to-order)
주문조립생산(make-to-assemble)
표준화 서비스(standardized services)
고객화 서비스(customized services)
주문조립 서비스(assemble-order services)

연 습 문 제

1. 생산운영 관점에서의 4가지 경쟁우선순위란 무엇인가? 이들 경쟁우선순위 간에 상충적인 이해관계가 발생하는 경우와 해결 방식에 대해 예를 들어 설명하라.

2. 산출량에 따른 규모의 경제와 규모의 비경제 현상이 발생하는 이유는 무엇인가? 원가 관점에서 적정 산출량은 어떻게 결정해야 하는가?

3. 시간을 경쟁우선순위로 선택할 경우, 빠른 리드타임보다 적시 인도가 더 적절한 경우를 제조업과 서비스업 각각의 경우에 대해 예를 제시하라.

4. 제조업의 주문생산방식과 재고생산방식은 어떠한 차이점이 있는가? 경쟁우선순위 관점에서 논하라.

5. 같은 업종이라도 재고생산을 선택할 수도 있으며 주문생산을 선택할 수도 있다. 예를 찾아 제시하라.

6. 표준화 서비스와 고객화 서비스를 경쟁우선순위 관점에서 비교하여 설명하라. 어떤 차이점이 있는가?

7. 연간 200,000대의 생산능력을 가지고 있는 자전거 회사에서 보유하고 있는 두 대의 설비의 감가상각비는 설비당 연간 100만원이다. 이 설비의 유지보수비는 6만원/년, 관리직 등 간접인력 3명의 연간 인건비는 1인당 2,000만원이다. 재료비 등 제품의 단위당 직접비는 4,000원이다.
   (1) 연간 200,000대를 생산할 경우 제품 단위당 생산비용은 얼마인가?
   (2) 생산능력을 연 300,000대로 늘리기 위해 같은 설비를 하나 더 구입할 경우, 유지보수비가 연 100만원 늘어나고 늘어난 설비의 정비를 위한 계약인력 추가 채용으로 인해 연간 1,500만원의 인건비가 추가 발생한다. 이 경우 단위당 생산비용은 얼마가 되는가?

Chapter

03

수요예측

Production and Operations Management

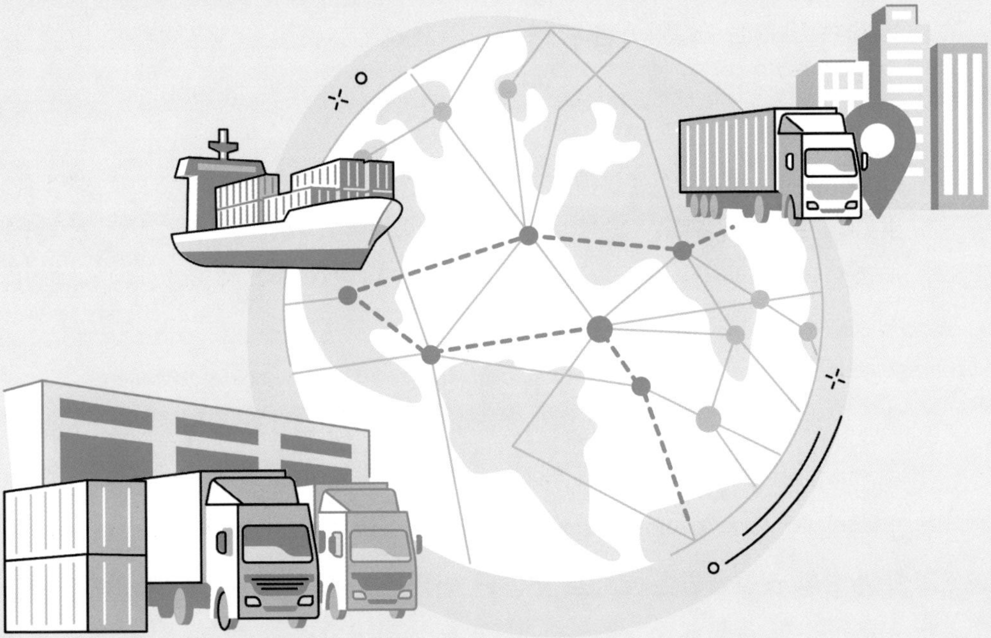

Production and Operations Management

03 Chapter 수요예측

수요예측(demand forecasting)이란 미래의 수요를 예상하는 것이다. 이는 생산운영관리의 가장 기초적인 정보를 제공하는 것으로 오늘날 기업 경영에서 매우 중요하게 다루어지는 부분 중 하나이다. 이 장에서는 먼저 수요예측이 기업의 다른 생산운영 기능들에 어떻게 영향을 끼치는가를 살펴본다. 그리고 주관적인 예측 기법인 정성적 예측 기법과 시계열 자료와 인과형 자료를 이용하는 다양한 계량적 예측 기법에 대해서도 학습한다.

3.1 수요예측의 중요성

제품 혹은 서비스에 대한 수요예측은 생산운영과 관련된 기업 의사결정의 기초를 제공한다. 미래의 수요에 대한 예측치는 기업의 생산계획 수립에 반영될 뿐만 아니라, 시설 및 생산능력계획의 수립에도 영향을 끼치게 된다. 기업은 이렇게 수립된 생산계획을 토대로 향후의 인력계획과 자재수급계획 그리고 재고관리계획 및 수송계획 등 다양한 생산운영 의사결정을 하게 된다. 따라서 수요예측은 기업 의사결정의 기초가 되는 중요한 의사결정이라고 할 수 있다. [그림 3.1]을 살펴보자. A, B 두 종류의 제품을 생산하고 있는 회사에서 향후 3개월 동안의 수요예측 값이 A, B 제품별로 각각 4월에는 400개, 500개, 5월에는 350개, 600개이며, 6월에는 1,500개, 2,000개라고 하자. 그런데 이 회사의 월간 생산능력은 1,000대이다. 따라서 현재의 생산능력으로는 6월의 수요에 대응할 수 없다. 따라서 6월 이전에 공장 증설이나 외주업체를 물색해야 한다. 또한 4월부터 6월의 수요에 맞춰 적절한 생산계획 역시 수립되어야 한다. 만약 6월 이전에 공장을 증설하기로 계획했다면, 이에 맞는 인력이나 시설에 대한 추가 계획이 수립되어야 하며, 생산계획에 따른 원자재수급계획도 동시에 수립하여야 한다. [그림 3.1]에서 본 바와 같이 수요예측은 이후에 발생하는 기업의 생산운영 측면에서의 다양한 기능에 대한 의사결정에 핵심적인 영향을 끼치게 된다.

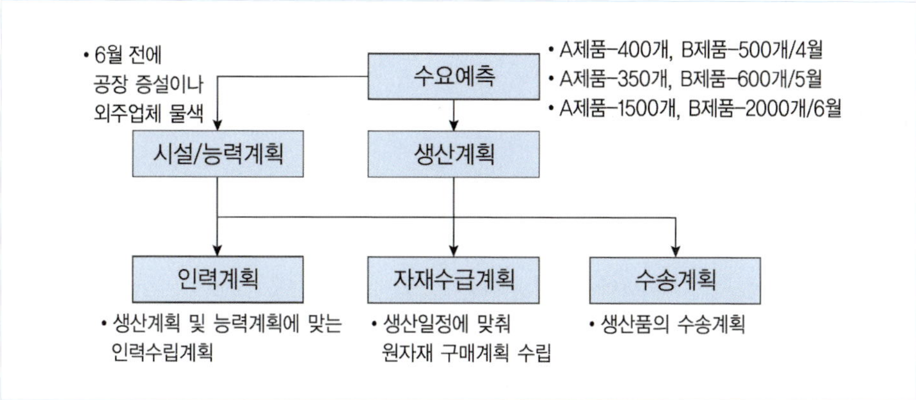

[그림 3.1] **수요예측이 타 기능에 끼치는 영향**

예측은 다양한 생산운영 관점에서의 계획 수립을 위해서 미래에 일어날 수 있는 현상을 예상하는 것이다. 특히 경쟁이 심화되고, 급격하게 기술이 변화하고 있는 오늘날의 기업환경에서는 더더욱 중요한 의사결정 요소가 되고 있다. 기업은 정확한 수요예측 결과를 바탕으로 언제 어떠한 제품 혹은 서비스를 준비해야 하는가에 관한 계획을 수립해야 하며, 어떤 자원이 언제 필요한지, 확보한 자원을 어떻게 배분하여 활용할 것인지, 자원을 추가적으로 확보하기 위해서는 어떻게 해야 하는지에 관한 의사결정을 신속하고 정확하게 할 수 있다. 또한 정확한 예측은 생산에 필요한 각종 자원을 효율적으로 운영할 수 있는 능력을 제고시키고, 고객의 다양한 요구사항 변화에 신속하게 대처할 수 있게 해주며, 효율적인 재고관리에도 기여할 수 있다.

3.2 정성적 수요예측 기법

수요예측을 위한 기법으로는 수학적 모형을 바탕으로 과거의 수요 데이터를 활용하는 계량적인 방법과, 주관적인 경험이나 직관에 의존하는 정성적인 방법이 있으며, 경우에 따라서는 두 가지 방법을 모두 활용하는 경우도 있다.

먼저 정성적 수요예측 기법을 살펴보자. 실제 기업의 수요예측은 과거의 수요 데이터를 근거로 하여 수리적 모형을 활용한 계량적인 기법을 활용하는 경우가 많으나, 과거 데이터가 없거나 있더라도 신뢰성이 떨어지는 경우에는 계량적 모형을 적용하기가 어렵다. 이런 경우 기업은 주관이나 경험, 직관에 의존하여 예측을 하게 된다. 어떤 경우에는 계량적인 방법에 의한 예측치에 예측자의 주관을 바탕으로 수정하여 예측하는 경우에도 활용될 수 있다. 일반적인 정성적 예측방법에는 판매원 추정법, 경영자 판단법, 시장조사법, 델파이법이 있다.

3.2.1 판매원 추정법

판매원 추정법은 주기적으로 판매원들이 수요 추정치를 작성하게 하고, 이를 근거로 예측하는 방법이다. 이 방법은 고객 접점에서 활동하는 판매원(영업사원)이 고객의 수요를 가장 잘 예측할 수 있다는 가정을 전제로 하고 있다. 판매원은 일반적으로 구역이나 지역으로 구분되므로, 지역별 예측치를 쉽게 계산할 수 있는 장점이 있다.

반면, 판매원의 개인적 편견이 반영될 수 있으며, 본인의 의지와 수요를 혼동하여 정확한 예측을 하지 못할 수도 있다. 특히 성과급을 적용할 경우 부작용 발생의 우려가 존재한다.

3.2.2 경영자 판단법

경영자 판단법은 경영자 집단의 의견, 경험, 기술적 지식을 요약하여 단일 예측치를 얻는 예측방법이다. 이미 도출된 예측치(주로 정량적 예측치)를 새로운 판촉 프로그램이나 특별한 경영 환경의 변화 등으로 인해 수정 예측이 필요할 경우에 이용되기도 하며, 기술 예측 분야에서도 활용된다. 이 예측법은 경영자들 간의 합의에 의한 단일 예측치를 도출하는 것이 중요하다. 하지만 이미 도출된 정량적 예측치의 효용성이 떨어질 염려가 있다.

3.2.3 시장조사법

시장조사법은 설문서 등으로 수집한 자료를 이용하여 고객의 관심사에 대한 가설을 만들고 검증하는 접근법이다. 시장조사법은 인구통계학적 정보, 제품/서비스에 대한 관심 파악을 위한 설문 항목이 포함되도록 설문서를 작성하여 설문 대상의 표본을 추출한 후 이들을 대상으로 전화나 우편, 개인면담을 통해 결과를 취합한다. 취합된 결과를 분석하여 시장 수요를 예측하는 방법이다. 이 방법은 응답자의 적극적 답변을 얻지 못하면 응답회수율이 낮을 가능성이 크며, 적절한 표본집단을 이끌어 내야만 설문 결과가 시장 전체의 의견을 반영할 수 있게 된다.

3.2.4 델파이법

델파이법(delphi method)은 익명의 전문가 집단으로부터 합의도출을 위한 과정을 거쳐 예측치를 구하는 방법이다. 과거 데이터가 없거나 경영자의 경험/지식이 없어 예측의 근거를 찾을 수 없을 때 이용하는 방법으로 절차는 다음과 같다.

(1) 설문서 작성: 응답자들에게 충분한 시간을 주고 자신의 답과 함께 그 근거를 제시하도록 설계
(2) 설문에 응답할 소수의 전문가 집단 선정: 응답자 간의 익명성을 보장
(3) 설문을 회수하여 그 결과를 취합한 보고서 작성
(4) 보고서를 다시 응답자들에게 보내고 처음의 답을 수정할 용의가 있는지 질문함
(5) 위 과정을 응답자들 간의 합의가 이루어질 때까지 반복

델파이법은 주로 수개월이 소요되며, 장기적(5~10년 이상) 수요예측, 신제품에 대한 수요예측, 기술변화에 대한 예측 등에 효과적으로 이용될 수 있다. 이 기법은 제품/서비스의 수요예측뿐만 아니라, 과학기술의 발달, 사회의 변화, 정부 규제, 경쟁 환경의 변화 등의 예측 등에도 활용되며 그 결과를 토대로 기업에서는 R&D 방향을 설정하는 데 활용되기도 한다.

3.2.5 정성적 기법의 적용 방안

정성적 방법은 계량적 데이터가 없을 경우에 유용한 예측 기법이다. 그러나 과거 데이터를 활용하여 계량적 기법을 적용할 수 있는 경우에도 두 가지 기법을 동시에 사용하여 예측력을 높일 수 있다. 예를 들어 계량적 예측에 의한 과거 실적이 좋지 않고 예측자의 경험이나 지식이 풍부할 경우 계량적 예측 결과를 정성적으로 조정(광고 캠페인, 경쟁자의 행동, 국제환경의 변화 등 계량적 예측치에 포함되지 않은 내용을 최종 예측치에 반영)하여 예측하는 것이다.

3.3 수요 자료의 특성

3.3.1 시계열 자료

기업 의사결정의 근원에는 고객 수요의 예측이 있으나, 근본적으로 너무 많은 기업 내외부의 불확실성으로 인해 수요를 정확히 예측하는 것은 상당히 어려운 일이다. 그러나 어떤 경우에는 과거의 수요 자료가 일정한 패턴을 따른다는 것을 볼 수 있으며, 이를 근거로 미래 수요를 예측할 수 있다. 예를 들어 청량음료의 수요는 일반적으로 여름철에 증가하고, 노트북 컴퓨터의 판매량은 입학 시즌을 전후로 증가하며, 항공기 승객의 수는 휴가철이나 연말연시에 증가하는 패턴을 볼 수 있는데, 이러한 패턴에 근거하여 미래의 수요를 예측할 수 있다. 이렇게 일정한 패턴으로 시간에 따라 주기적으로 변하는 수요 값들을 시계열(time series)이라고 한다. 제품이나 서비스의 과거 수요를 장기적으로 지속적으로 살펴보면 일정한 형태의 시계열이 존재함을 알 수 있는데, 시계열의 유형은 크게 네 가지로 구분할 수 있다.

첫째는 수요가 거의 큰 변화 없이 평균을 중심으로 거의 일정한 형태를 띠는 경우로서, 수요의 변동은 오로지 확률적 요인에 의해서만 나타나게 된다.

둘째는 추세 변동이 있는 경우이다. 추세 변동은 수요가 시간이 지남에 따라 지속적으로 증가하는 경향을 보이거나 감소하는 경향을 보이는 경우를 말한다. 예를 들어, 최근 몇 년간 우리나라의 쌀 소비는 계속해서 줄어드는 추세를 보이고 있는데, 이러한 경우가 추세 변동에 해당한다. 이러한 추세 변동은 인구 변화나 소득 수준의 변화 등으로 인해서 발생되는 것이 일반적이다.

셋째는 계절적 변동이다. 하루 중 특정 시간대, 혹은 연중 특정 월이나 계절에 수요가 많아지거나 적어지는 경향을 보이는 경우이다. 할인 마트의 고객 수가 다른 시간에 비해서 오후 5시부터 7시 사이에 증가하거나, 중고차의 수요가 여름 휴가철 직전에 증가하는 경향을 나타내는 것이 예가 되겠다. 이러한 계절적 변동은 날씨의 변화나 문화나 관습 등의 원인으로 나타나게 되는데, 시간대별, 요일별, 월별, 계절별 수요 변화가 일어나는 경우이다.

이에 반해 1년 이상의 장기적인 기간을 주기로 특정 기간의 수요 변화가 발생하는 경우를 주기적 변동이라고 한다. 주기적 변동의 예로는 장기적인 경기 변동을 들 수 있는데, 경제가 수년에 걸쳐서 호황기에서 침체기로, 다시 호황기로 바뀜에 따라 전반적인 수요에 영향을 끼치는 경우가 이에 해당한다. 실제 주기적 변동은 그 요인을 어떤 한 가지로 명확히 규명하기가 어렵기 때문에 수리적 모형으로 정확히 표현하는 것이 어려울 뿐만 아니라 설사 모형을 만든다고 하여도 예측치를 도출하기가 쉽지 않다.

실제 제품이나 서비스 수요에 대한 시계열 자료는 이 네 가지 유형 중 특정한 한 가지로만 표현되는 경우보다는 여러 가지 복합적인 유형으로 나타나는 것이 일반적이다. 예를 들어 항공사의 고객 수를 예측하고자 과거의 데이터를 살펴보니, 매년 고객이 늘어나고 있으며, 또한 성수기 고객 수가 항상 많다고 할 경우, 추세 변동과 계절 변동이 복합적으로 존재하는 경우이다([그림 3.2]).

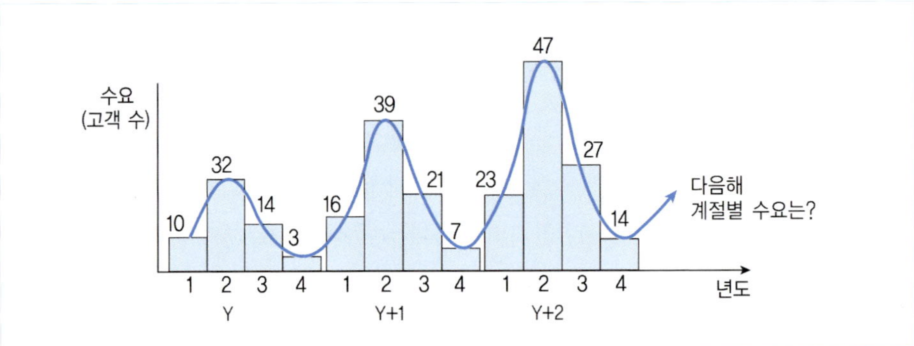

[그림 3.2] **추세 변동과 계절 변동이 함께 존재하는 시계열 데이터**

수요예측이 근본적으로 어려운 이유는 확률적 변동 때문이다. 아무리 정교한 수리적 예측모형을 개발하고 많은 데이터를 확보하고 있다고 하더라도 확률적인 변동은 예측자가 컨트롤할 수 없는 우연에 의한 변동이다. 따라서 어떠한 예측 기법도 오차가 발생할 수밖에 없는데, 근본적으로 수요예측은 얼마나 오차가 적은 예측모형을 개발하여 적용하는가에 성패가 달려 있다고 하겠다.

〈표 3.1〉은 어느 보험회사의 최근 8주간의 신규 고객의 수를 나타낸 시계열 데이터의 예이다. 〈표 3.1〉의 수요 자료는 특정한 추세 변동이나 계절 변동 없이 확률적 변동이 존재하는 경우의 예이다. 시계열 자료가 주어진 경우의 예측 기법은 '3.4절 시계열 예측 모형'에서 다룬다.

〈표 3.1〉 **시계열 데이터의 예**

기간(주)	신규 고객 수
1	20
2	24
3	30
4	27
5	23
6	26
7	21
8	28

3.3.2 인과형 자료

과거의 수요데이터라고 모두 시계열의 특성을 갖는 것은 아니다. 어떤 과거 데이터는 시계열의 패턴을 나타내지 않는 경우도 있다. 〈표 3.2〉는 최근 5개월의 고객 수 변화를 나타낸 것이다. 이 자료에서 고객 수는 시간이 지남에 따라 특정한 패턴을 보인다고 할 수 없다. 그러나 매월 광고비 투자금액과 고객 수를 비교하면 어떤 상관관계가 존재함을 알 수 있는데(광고비가 증가할수록 고객 수도 증가하는 패턴), 이러한 유형의 데이터는 인과형 데이터라고 한다. 인과형 데이터의 경우에는 '3.5절 인과형 예측 모형'에서 소개할 기법을 통해 미래 수요를 예측하게 된다.

〈표 3.2〉 인과형 데이터의 예

월	광고비(백만원)	신규 고객 수(천명)
3	25	264
4	13	116
5	14	165
6	10	101
7	20	209

3.4 시계열 예측 모형

시계열 모형은 과거의 수요행태가 미래에도 지속될 것이라는 가정에 근거한 모형이다. 이때 과거 시간이 독립변수가 되며, 시간에 따라 변하는 수요가 종속변수가 된다. 시계열 모형에서는 독립변수가 단순한 시간의 흐름이므로 종속변수만을 고려하여 종속변수의 과거 패턴을 형성한 수요 요소들을 식별하여 미래를 예측한다. 여기에서는 평균적 변동, 추세 변동, 계절적 변동이 있는 시계열 데이터를 활용한 시계열 모형에 대해 살펴본다. 먼저 평균적인 변화에 확률적 변동만이 포함되어 있는 경우에 적용할 수 있는 이동평균법과 지수평활법에 대해 다룬다. 그리고 추세가 있는 경우에 적용할 수 있는 이중지수평활법(추세조정지수평활법)을 다룬다. 마지막으로 계절적 변동이 존재하는 경우에 사용되는 모형 중 많이 이용되는 승법계절모형에 대해서 다룬다. 이동평균법, 지수평활법, 이중지수평활법, 승법계절모형에 대해 살펴보기에 앞서 가장 초보적인 예측방법을 살펴보자.

3.4.1 단순 예측

현실적으로 예측을 위해 자주 사용될 수 있는 가장 초보적인 방법(naive

forecast)은 바로 직전의 수요량이 다음 기간의 수요가 될 것이라고 예측하는 것이다. 예를 들어 〈표 3.1〉에서 현시점이 8주차가 막 끝난 시점이고 9주차의 수요를 예측하고자 할 때, 8주차의 수요량 28을 9주차의 수요예측치로 사용하는 것이다.

이 예측방법은 추세를 감안한 예측에서도 활용될 수 있다. 바로 직전 2기간 동안의 실제 수요의 변화량만큼을 다음 기간의 수요예측에 반영하여 예측하는 것이다. 〈표 3.1〉에서 7주차의 실제 수요는 21이고 8주차에는 이보다 7(28−21) 증가한 28이다. 따라서 이를 근거로 9주차의 수요는 28+7=35라고 예측하는 것이다. 만약 1주가 경과하여 9주차의 실제 수요가 26이라고 가정하자. 그러면 10주차의 수요는 26−28=−2를 감안하여 26−2=24라고 예측하는 방식이다. 단순 예측은 학습 없이도 예측이 가능한 아주 단순한 형태의 예측법으로, 평균이나 추세 변동, 계절적 변동 등이 큰 변화 없이 오차가 적을 경우에 간단하게 적용할 수 있는 장점이 있다. 그러나 실제 수요의 확률적 변동이 큰 경우에는 예측의 정확성이 상당히 떨어질 우려가 커서 활용성이 떨어진다. 오차를 수용할 수 있을 정도인 경우, 이 예측 기법은 그 편의성으로 인해 괜찮은 예측 기법으로 활용될 수 있으며, 실제로도 많이 사용되고 있다.

3.4.2 이동평균법

여기에서는 단순이동평균법(simple moving average method)과 가중이동평균법(weighted moving average method)으로 구분하여 소개한다.

● 단순이동평균법

단순이동평균법은 시계열 자료에 추세나 계절적 변동은 없고, 평균적 추세와 확률적 변동만이 존재하는 경우에 유용한 예측 기법이다. 이 방법은 최근 n기간 동안의 수요의 평균을 다음 기의 예측치로 활용한다. 시간이 흘러 다음 기의 실제 수요를 알게 되면 가장 오래된 실제 수요는 제외하고 최근 수요를 추가하여 또 다음 기의 수요를 예측한다. 따라서 이 방식은 항상 최근 n기간 동안의 수요로 이동하면서 예측치를 구하게 된다. 현 시점을 t기 말이라고 하고 예측하고자 하는 다음 기를 $t+1$이라고 하면 $t+1$기의 예측치 F_{t+1}은 다음 식으로 구한다.

$$F_{t+1} = \text{최근 } n\text{기간 동안의 수요의 평균} = \frac{D_t + D_{t-1} + \cdots + D_{t-n+1}}{n}$$

여기서, F_{t+1} : $t+1$기의 예측값

D_t : t기의 실제 수요값

n : 예측에 사용되는 기간

예제 3.1

〈표 3.1〉의 자료를 이용하여 다음 예측을 수행하라.

(1) 9주차의 수요를 예측하고자 한다. 4주 이동평균법을 적용할 경우, 9주차의 수요 예측값은 얼마인가?

(2) 시간이 지나 9주차의 실제 수요가 26이었다. 4주 이동평균법을 이용하여 10주차의 예측값을 구하라.

(3) 만약 3주 이동평균법을 이용하여 9주차를 예측할 경우, 그 값은 얼마인가? (1)에서 구한 4주 이동평균법에 의한 예측값과는 어떻게 다른가?

풀이

(1) $F_9 = \frac{28+21+26+23}{4} = 24.5$

(2) $F_9 = \frac{26+28+21+26}{4} = 25.25$

(3) $F_9 = \frac{28+21+26}{3} = 25$, 4주이동평균법으로 구한 예측치 24.5와 0.5의 차이가 존재한다. ■

단순이동평균법은 예제 3.1의 (3)과 같이 이동기간(3주 혹은 4주)에 따라 그 예측값이 다르게 나타나는 것이 일반적이다. 예측을 위해 사용할 과거 자료의 개수(n)는 의사결정자가 원하는 기간만큼 사용할 수 있으나, 시계열 자료의 안전성에 따라 그 기간은 달라질 수 있다. 과거 수요가 안정적이라는 말은 이동기간에 따라 예측값이 크게 달라지지 않는다는 것을 의미한다. 과거 자료(실제 수요값)의 변동이 클수록(불안정) 가급적 n은 작게 하는 것이 좋으며, 변동이 작으면 n값을 크게 할 수 있다. n이 클수록 수요변화에 반응하는 정도는 둔감하며, 반대로 n이 작으면 수요변화에 민감하게 반응한다.

단순이동평균법은 주가예측에도 활용될 수 있는데, [그림 3.3]은 n에 따라 예측치가 얼마나 민감하게 혹은 둔감하게 반응하는지를 보여주는 좋은 예이다.

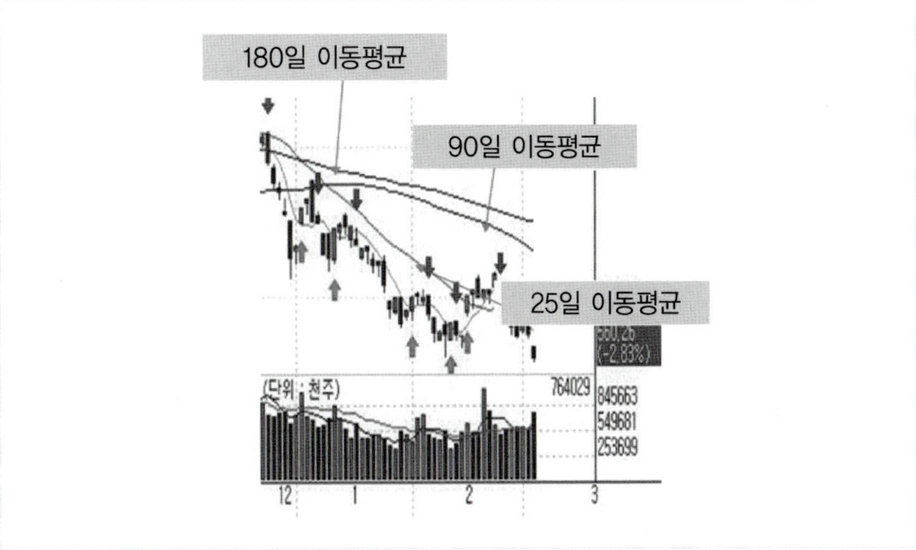

[그림 3.3] 단순이동평균법의 n에 따른 민감도 예

가중이동평균법

단순이동평균법은 바로 전기의 자료나 그보다 오래된 자료나 모두 똑같은 가중치로 예측에 활용된다. 그러나 오래된 자료보다 최근의 자료가 더 의미가 클 수 있다는 전제하에서는 최근 자료에 더 큰 가중치를 두어 이동평균을 구할 수 있다. 이러한 방식으로 이동평균을 계산하여 예측하는 방법을 가중이동평균법이라고 한다. 가중이동평균법은 단순이동평균법과 계산법은 유사하나, 최근 자료에 더 큰 가중치를 둔다는 데 차이가 있다. 가중치의 합은 1로 하여 최근 자료일수록 더 큰 가중치를 부여하여 평균을 구하고, 이를 다음 기의 예측치로 사용한다. 가중이동평균법을 이용한 예측치는 다음과 같이 구한다.

$$F_{t+1} = \alpha_t D_t + \alpha_{t-1} D_{t-1} + \ldots + \alpha_{t-n+1} D_{t-n+1}$$

여기서, $\alpha_t + \alpha_{t-1} + \ldots + \alpha_{t-n+1} = 1$

$\alpha_t \geq \alpha_{t-1} \geq \ldots \geq \alpha_{t-n+1}$

가중치는 의사결정자가 정한다. 3주 가중이동평균법을 이용하고, 가장 최근 자료의 가중치를 0.6, 그 전기의 가중치를 0.3, 가장 오래된 자료의 가중치를 0.1로 할 경우, 다음과 같이 구하게 된다.

$$F_{t+1} = 0.6D_t + 0.3D_{t-1} + 0.1D_{t-2}$$

예제 3.2

〈표 3.1〉의 자료를 이용하여 9주차의 수요를 4주 가중이동평균법을 이용하여 예측하라. 단, 가중치는 가장 최근 자료부터 차례로 0.4, 0.3, 0.2, 0.1을 적용한다.

풀이

$$F_9 = 0.4 \times 28 + 0.3 \times 21 + 0.2 \times 26 + 0.1 \times 23$$
$$= 11.2 + 6.3 + 5.2 + 2.3 = 25.0$$

■

가중이동평균법의 장점은 단순이동평균법에 비해서 최근의 자료에 높은 가중치를 부여함으로써 최근의 수요변화에 민감하게 반응할 수 있다는 점이다. 하지만, 가중이동평균도 근본적으로는 단순이동평균과 마찬가지로 과거 수요의 평균을 이용하는 것이기 때문에 추세가 있을 경우에는 추세 변동을 반영할 수 없는 한계가 있다. 또한, 수요예측을 위해서는 과거 일정 기간(n) 동안의 수요 자료를 항상 보관하고 있어야 한다. [예제 3.1] 혹은 [예제 3.2]에서처럼 4주 정도의 과거 자료를 보관하는 것은 큰 문제가 되지 않으나, 많은 종류의 제품에 대해서 각각의 자료를 보관하고 관리하는 경우 그 비용은 상당히 커질 수 있다. 따라서 자료보관 및 관리에 들어가는 비용과 예측의 정확성을 확보하기 위한 목표 간의 균형을 맞추는 것이 무엇보다 중요하다.

3.4.3 지수평활법

지수평활법(exponential smoothing method)은 과거 자료의 평균을 이용하되, 최근 자료에 더 많은 가중치를 부여한다는 점에서 일종의 가중이동평균법이다. 하지만 이 기법은 가중이동평균법보다 발전된 형태로서, 계산에 필요한 자료가 적고 계산이 쉽다는 점에서 현실에서 많이 이용되는 예측 기법 중의 하나이다. 가중이동평균법에서는 과거 n기간 동안의 수요 자료와 n기간 각각의 가중치가 필요한 반면에, 지수평활법에서는 세 가지 자료만 있으면 예측치를 구할 수 있다. 이 세 가지 자료는 전기에 구한 예측치, 이번 기의 실제 수요, 그리고 최근 자료에 얼마나 가중치를 줄 것인가를 결정하는 평활상수(0과 1 사이의 값)이다. 지수평활법을 이용한 예측치를 구하는 공식은 다음과 같다.

$$F_{t+1} = \alpha D_t + (1-\alpha)F_t$$

여기서, $\alpha(0 < \alpha < 1)$는 평활상수이다. 이 공식을 다르게 표현하면,

$$F_{t+1} = \alpha D_t + (1-\alpha)F_t = \alpha D_t + F_t - \alpha F_t = F_t + \alpha(D_t - F_t)$$

와 같이 나타낼 수 있다. 식 $F_{t+1} = F_t + \alpha(D_t - F_t)$의 의미를 살펴보면, 다음

기의 예측치 F_{t+1}은 이번 기의 예측치 (F_t)에 이번 기의 실제값과 예측값의 차이 $(D_t - F_t)$에 일정 값을 보정(α)하여 조정해 준 것임을 알 수 있다.

예제 3.3

다시 〈표 3.1〉의 시계열 데이터를 고려하자.

(1) 현시점을 3주 말이라고 가정하고 4주차의 신규 고객 수를 지수평활법을 이용하여 예측하라. 단 평활상수는 0.1을 이용하라.

(2) 5주차 신규 고객의 예측치를 구하라.

풀이

(1) 4주차의 예측치 F_4는 $F_4 = 0.1D_3 + 0.9F_3$로부터 구할 수 있다. 여기서 F_3는 식 $F_3 = 0.1D_2 + 0.9F_2$로부터 구할 수 있고, 마찬가지로 F_2는 식 $F_2 = 0.1D_1 + 0.9F_1$로부터 구할 수 있다. 1주차 예측 값 F_1은 과거 데이터가 존재하지 않으므로 정성적 방법을 통해 구해야 한다. 편의상 주관적인 방법으로 구한 1주차 예측치를 $F_1 = 23$이라고 가정하자. 그러면, F_2와 F_3는 각각 다음과 같다.

$$F_2 = 0.1D_1 + 0.9F_1 = 0.1 \times 20 + 0.9 \times 23 = 22.7$$

$$F_3 = 0.1D_2 + 0.9F_2 = 0.1 \times 24 + 0.9 \times 22.7 \cong 22.8$$

따라서 예측하고자 하는 4주차 예측치 F_4는

$F_4 = 0.1D_3 + 0.9F_3 = 0.1 \times 30 + 0.9 \times 22.8 \cong 23.5$이다.

(2) $F_5 = 0.1D_4 + 0.9F_4 = 0.1 \times 27 + 0.9 \times 23.5 \cong 23.9$이다. ■

지수평활법을 이용한 예측의 의미를 조금 더 살펴보자.

$F_{t+1} = \alpha D_t + (1-\alpha)F_t$를 계속 전개하면,

$$
\begin{aligned}
F_{t+1} &= \alpha D_t + (1-\alpha)F_t \\
&= \alpha D_t + (1-\alpha)[\alpha D_{t-1} + (1-\alpha)F_{t-1}] \\
&= \alpha D_t + \alpha(1-\alpha)D_{t-1} + (1-\alpha)^2 F_{t-1} \\
&= \alpha D_t + \alpha(1-\alpha)D_{t-1} + (1-\alpha)^2[\alpha D_{t-2} + (1-\alpha)F_{t-2}] \\
&= \alpha D_t + \alpha(1-\alpha)D_{t-1} + (1-\alpha)^2 D_{t-2} + (1-\alpha)^3 F_{t-2} \\
&\vdots \\
&= \alpha D_t + \alpha(1-\alpha)D_{t-1} + \alpha(1-\alpha)^2 D_{t-2} + \\
&\quad \dots + \alpha(1-\alpha)^{t-1}D_1 + (1-\alpha)^t F_1
\end{aligned}
$$

위의 전개식을 보면, 다음 기의 예측치 F_{t+1}은 평활상수 α와 초기 예측치 F_1, 그리고 과거의 수요 자료에 의해서 결정됨을 알 수 있다. 이는 앞서 [예제 3.3]에서도 살펴볼 수 있다.

보통 초기 예측치 F_1은 과거의 유사한 상황의 자료나 정성적인 예측방법을 통해서 결정된다.

평활상수는 과거 수요에 부여되는 가중치라고 할 수 있다. 이는 가중이동평균법과 같은 의미이나, 가중치의 부여가 최근 자료부터 더 오래된 자료로 갈수록 지수적으로 작아지게 된다. 이 평활상수는 0과 1 사이의 값을 갖는데, 1에 가까운 값을 가질수록 최근 수요의 변화에 민감하게 반응하게 되고, 반대로 0에 가까운 값을 가질수록 실제 수요예측치는 수요 변화에 둔감하게 반응한다. 실제 예측에 있어서 지수평활법을 적용할 경우, 이 평활상수 값을 다양하게 변화시켜 가면서 가장 오차가 작은 평활상수 값을 찾아서 적용하는 것이 중요하다. 이와 관련된 내용은 '3.6절 예측 기법의 선택'에서 자세히 다룬다.

3.4.4 이중지수평활법

지금부터 이중지수평활법(혹은 추세조정지수평활법, trend adjusted exponential smoothing method)에 대하여 살펴본다. 먼저 [예제 3.4]를 보자.

예제 3.4

다음은 어느 백화점 여성복 매장의 지난 4주간의 고객 수이다.

기간(주)	수요(고객 수)
1	10
2	22
3	29
4	39

1주차의 초기예측값을 10, 평활상수는 0.3이라고 할 때 다음 5주차의 예측치를 지수평활법을 이용하여 구하라.

풀이

$F_2 = 0.3D_1 + 0.3F_1 = 0.3 \times 10 + 0.3 \times 10 = 10.0$
$F_3 = 0.3D_2 + 0.7F_2 = 0.3 \times 22 + 0.7 \times 10 = 13.6$
$F_4 = 0.3D_3 + 0.7F_3 = 0.3 \times 29 + 0.7 \times 13.6 \cong 18.2$

따라서 5주차 예측치는

$F_5 = 0.3D_4 + 0.7F_4 = 0.3 \times 39 + 0.7 \times 18.2 \cong 24.4$가 된다. ■

[그림 3.4]는 [예제 3.4]의 각 기간별 실제 수요와 예측 값을 비교하여 나타낸 것이다. [그림 3.4]에서 시간이 경과할수록 실제 값과 예측 값의 차이가 점점 커져감을 알 수 있다. 이는 매주 고객이 늘어나고 있는 추세임에도 불구하고 지수평활법에 의한 예측방법으로는 이러한 추세를 반영하지 못함을 의미한다.

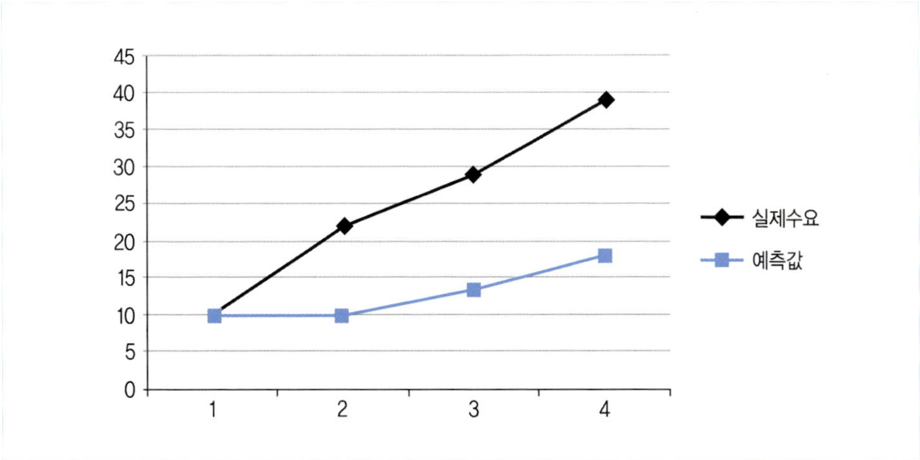

[그림 3.4] **실제 수요와 예측 값의 차이**

지수평활법은 기본적으로 과거 자료의 평균을 이용한 예측 기법이다. 그러나 [예제 3.4]와 같이 추세가 있는 자료의 경우에는 적절한 예측 기법이 되지 못한다. 따라서 추세를 반영할 수 있는 예측 기법이 필요한데 그 중 한 가지가 추세조정지수평활법이다.

추세가 존재할 경우 예측력을 향상시키기 위해서는 추세 값을 추정하여 예측치에 반영하는 것이 필요하다. 추세추정치는 현시점에서 계산한 평균치와 바로 직전 시점에서 계산한 평균치의 차이를 이용하여 추정할 수 있다. 기간이 바뀔 때마다 추세추정치를 계속 구하여 이 값들의 평균치를 추세추정치로 이용하게 된다. 기본적으로 추세추정치를 구하는 방법은 지수평활법에서 평균값을 구하는 방법과 매우 유사하다. 추세조정지수평활법에서는 두 가지 유형의 평활상수를 이용하여 최근 데이터의 가중치를 결정하게 된다. 하나는 지수평활법과 마찬가지로 평균값에 대한 평활상수이며, 또 다른 하나는 추세치에 대한 평활상수이다. 추세조정지수평활법에 의한 다음 기의 예측치 W_{t+1}은 다음 식으로 계산한다.

$$W_{t+1} = F_t + T_t$$

F_t는 지수평활법에 의해서 계산한 평균값의 예측치와 같은 의미이며, 다음 식에 의해 구한다.

$$F_t = \alpha D_t + (1-\alpha)(F_{t-1} + T_{t-1})$$

T_t는 추세추정치를 뜻하며, 다음 식으로 계산한다.

$$T_t = \beta(F_t - F_{t-1}) + (1-\beta)T_{t-1}$$

여기서, α는 평균에 대한 평활상수$(0 \le \alpha \le 1)$이며, β는 추세에 대한 평활상수$(0 \le \beta \le 1)$이다.

예측치를 구하기 위해서는 초기 평균추정치와 초기 추세추정치가 필요하다. 이 값들은 정성적인 기법을 통해 결정하는 것이 일반적이다. 두 평활상수는 시행착오(trial & error)를 통해 결정하게 되는데, 과거의 실제 수요와 예측 값의 차이가 가장 적은 평활상수 값을 찾아 미래의 예측 값을 결정하는 데 사용한다. 이 에 대한 자세한 설명은 '3.6절 예측 기법의 선택'에서 다룬다.

예제 3.5

[예제 3.4]의 백화점 여성복 매장의 자료를 이용하여 추세조정지수평활법으로 5주차의 수요를 예측하라. 초기 평균추정치는 10, 초기 추세추정치는 9, 평균과 추세 평활상수는 각각 $\alpha=0.3$, $\beta=0.2$를 이용하라.

풀이

$F_1=10$, $T_1=9$이므로

$W_2=F_1+T_1=10+9=19$가 된다.

같은 방식으로,

$F_2 = 0.3D_2 + 0.7(F_1 + T_1) = 0.3 \times 22 + 0.7 \times (10 + 9) = 19.9$

$T_2 = 0.2(F_2 - F_1) + 0.8T_1 = 0.2 \times (19.9 - 10) + 0.8 \times 9 \cong 9.2$이므로

$W_3 = F_2 + T_2 = 19.9 + 9.2 = 29.1$이다.

계속해서,

$F_3 = 0.3D_3 + 0.7(F_2 + T_2) = 0.3 \times 29 + 0.7 \times 29.1 \cong 29.1$

$T_3 = 0.2(F_3 - F_2) + 0.8T_2 = 0.2 \times 9.2 + 0.8 \times 9.2 = 9.2$이므로

$W_4 = F_3 + T_3 = 29.1 + 9.2 = 38.3$이 된다.

마지막 5주차 예측치는

$F_4 = 0.3D_4 + 0.7(F_3 + T_3) = 0.3 \times 39 + 0.7 \times 38.3 \cong 38.5$

$T_4 = 0.2(F_4 - F_3) + 0.8T_3 = 0.2 \times 9.4 + 0.8 \times 9.2 \cong 9.2$이므로

$W_5 = F_4 + T_4 = 38.5 + 9.2 = 47.7$이다. ■

〈표 3.3〉은 [예제 3.5]의 4주차까지의 실제 수요와 예측 값을 비교하여 나타낸 것이다. 같은 자료에 대해서 지수평활법을 적용했을 경우의 실제 수요와 예측 값의 차이를 나타낸 [그림 3.4]와 비교해 보면, 상당히 정확한 예측 값을 구했음을 알 수 있다. 이는 추세가 있는 데이터에 대해 적절한 예측 기법을 적용했음을 의미하며, 또한 초기 예측치와 평활상수도 적절하게 설정되었음을 의미한다.

〈표 3.3〉 예제 3.5의 실제 수요와 예측치의 비교

기간(주)	실제 수요	예측치
1	10	–
2	22	19
3	29	29.1
4	39	38.3

3.4.5 승법계절모형

수요가 계절적인 요인에 의한 패턴을 갖는 경우에 적용할 수 있는 모형인 승법계절모형(multiplicative seasonal method)에 대해 살펴본다. 보통 1년 이내의 기간(분기, 월, 주, 하루 등) 내에서 수요량이 증감을 반복하는 경우 계절적 요인이 존재한다고 한다. 예를 들어, 패스트푸드 음식점의 수요는 하루 중 오전 11시에 오후 1시, 오후 5시에서 7시 사이에 가장 많다. 또 영화관의 수요는 한 주 중 주말에 손님이 많이 몰린다. 또한 은행의 고객은 월말에 많아지는 경향이 있다. 계절적 요인을 반영하여 수요를 예측하는 쉬운 방법은 시계열 자료를 계절별로 구분하여 앞서 배운 기법들을 적용하는 것이다. 예를 들어, 다음 달 은행의 고객 수를 예측하고자 할 경우, 이전의 시계열 자료를 월초, 월중간, 월말로 구분 하여 각각에 대한 수요를 예측하는 것이다. 이 방법은 쉽게 예측을 할 수 있다는 장점이 있으나, 과거 자료에 포함된 정보를 충분히 활용하지 못한다는 단점이 있다. 여기에서는 과거 시계열 자료의 분석을 통해 과거 수요의 평균에 계절적 요소를 지수로 표현하여 예측하는 방법인 승법계절모형을 소개한다. 승법계절모형은 다음과 같은 절차를 통해 수요를 예측한다.

(1) 계절별 평균 수요 계산

연간 총수요를 계절 수로 나누어 1계절의 평균 수요를 산출한다.

(2) 계절지수 산출

연도별로 각 계절의 실제 수요를 1계절 평균으로 나누어 계절지수를 산출한다. 계절지수는 1계절 평균 수요에 대한 실제 수요의 비율이다.

(3) 평균계절지수 산출

연도별로 같은 계절의 계절지수에 대한 평균값을 산출한다.

(4) 다음 연도의 계절별 수요예측

기존 방법(평균, 가중평균, 지수평활, 이중지수평활) 중 한 가지를 적용하여 다음 연도 총수요를 예측하고, 총수요를 계절 수로 나누어 1계절 평균 수요를 구한다. 여기에 계절지수를 곱해 최종 예측치를 계산한다.

다음의 [예제 3.6]은 승법계절모형이 어떻게 적용될 수 있는가를 보여준다.

예제 3.6

S전자의 지난 3년간의 분기별 에어컨 수요는 다음 표와 같이 계절적 패턴을 보이고 있다. 2025년의 전체 예상수요가 66만 대라고 할 때, 승법계절모형을 이용하여 2025년의 분기별 수요를 예측하라.

기간(분기)	기간별 수요(단위: 만 대)		
	2022년	2023년	2024년
1	10	13	12
2	32	36	35
3	14	12	12
4	4	7	5
계	60	68	64

풀이

먼저 각 연도별로 분기별 에어컨 수요의 평균을 계산한 후, 분기별 계절지수를 계산한다. 그 다음, 각 분기에 대하여 계절지수의 평균값인 평균계절지수를 계산한다. 계산 결과는 다음 표와 같다.

기간(분기)	연도별 수요(단위: 만 대) 및 계절지수						평균계절지수 (a+b+c)/3
	2022년		2023년		2024년		
	수요	계절지수(a)	수요	계절지수(b)	수요	계절지수(c)	
1	10	10/15=0.667	13	13/17=0.765	12	12/16=0.750	0.727
2	32	32/15=2.133	36	36/17=2.218	35	35/16=2.186	2.179
3	14	14/15=0.933	12	12/17=0.706	12	12/16=0.750	0.796
4	4	4/15=0.267	7	7/17=0.412	5	5/16=0.313	0.331
계	60		68		64		
평균	60/4=15		68/4=17		64/4=16		

2025년도 분기별 평균 에어컨 수요량은 66만/4=16.5(만대)이다. 위에서 구한 평균 계절지수를 이용하여 다음과 같이 분기별 수요를 예측할 수 있다.

1분기 수요예측 값 = 0.727 × 165,000 = 119,955

2분기 수요예측 값 = 2.179 × 165,000 = 359,535

3분기 수요예측 값 = 0.796 × 165,000 = 131,340

4분기 수요예측 값 = 0.331 × 165,000 = 54,615 ■

3.5 인과형 예측 모형

3.5.1 회귀분석법

예측하고자 하는 대상과 그 대상에 영향을 끼치는 요인들의 관계를 파악할 수 있을 때 사용하는 모형이 인과형 예측 모형이다. 여기에서는 인과형 모형 중 가장 많이 활용되는 기법인 (선형)회귀분석법(regression method)에 대해 살펴본다. 회귀분석법은 독립변수가 종속변수에 미치는 영향력의 크기를 파악하여 독립변수의 일정한 값에 대응하는 종속변수의 값을 예측하는 기법이다.

앞서 〈표 3.2〉를 다시 살펴보자. 시간의 흐름에 따른 고객 수(수요)의 변화는 어떠한 추세가 존재한다고 판단하기에는 미흡하다. 하지만 광고비를 독립 변수, 고객 수를 종속변수로 하고 이 두 변수의 관계를 표현하면 [그림 3.5]와 같이 표현될 수 있다.

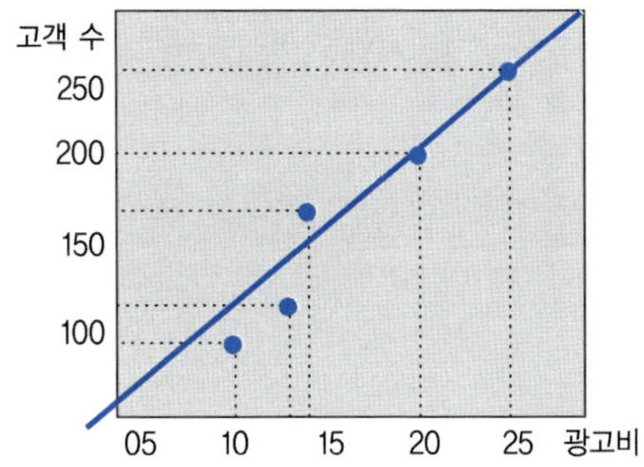

[그림 3.5] **광고비와 고객 수의 관계**

[그림 3.5]에서 광고비(독립변수)의 증가가 고객 수(종속변수)의 증가에 영향을 끼침을 볼 수 있다. 회귀분석은 주어진 좌표상의 점들을 가장 잘 표현할 수 있도록 독립변수(X로 표현)와 종속변수(Y로 표현) 간의 함수를 찾는 것이다. 이때, X와 Y의 관계를 함수로 정확히 표현하는 것은 사실상 거의 불가능하므로, 이 변수들 간의 관계를 보다 현실적으로 표현할 수 있는 함수는 X와 Y의 일차함수이다(예 $Y = 120 + 76X$). 이렇게 X와 Y의 관계를 일차식으로 표현한 것을 선형회귀방정식이라고 한다. (선형)회귀분석은 독립변수와 종속변수의 인과관계를 가장 잘 표현할 수 있는 선형회귀방정식을 찾는 것이다. [그림 3.5]에서 굵은 실선이 선형회귀방정식의 한 예이다.

선형회귀방정식은 다음과 같이 표현된다.

$$Y = a + bX$$

여기서, Y : 종속변수

X : 독립변수

a : 회귀방정식의 Y절편

b : 회귀방정식의 기울기

독립변수와 종속변수의 관계를 가장 잘 설명하는 회귀방정식을 찾는다는 의미는 회귀방정식에 의한 y값들과 실제 y값들의 차이를 가장 적게 만드는 a와 b를 찾는 것이다. 임의의 한 점 (x_i, y_i)에 대해서, 실제값과 회귀식에 의한 값의 차이의 제곱은 $(y_i - a - bx_i)^2$으로 표현된다. 이를 모든 점에 대해서 평균을 구한 값이 평균제곱오차(MSE: mean squared error)이며, 다음과 같이 구한다.

$$MSE = \frac{\sum_{i=1}^{n}(y_i - a - bx_i)^2}{n}$$

MSE를 최소로 하는 a와 b를 구하면, 실제 값과 가장 가까운 회귀방정식을 얻게 된다.

위 식의 우변 항에서 분자를 SS라고 하자. 그리고 SS를 최소로 만드는 a와 b를 각각 a', b'라고 하자. a'와 b'는 SS를 미분함으로써 구할 수 있다.

$$SS = \sum(y_i - a - bx_i)^2 \text{ 이므로,}$$

SS를 a와 b에 대해 편미분하여 구한 a'와 b'는 다음과 같다.

$$b' = \frac{\sum x_i y_i - n\bar{x}\bar{y}}{\sum x_i^2 - n\bar{x}^2}, \quad a' = \bar{y} - b\bar{x}$$

여기서,

$$\bar{x} = \frac{\sum x_i}{n}, \quad \bar{y} = \frac{\sum y_i}{n} \text{ 이다.}$$

예제 3.7

〈표 3.2〉의 광고비 변화에 따른 고객 수 변화의 예에서 다음 물음에 답하라.

(1) 회귀방정식을 구하라.

(2) (1)에서 구한 회귀방정식을 이용하여 8월의 광고비가 17백만원으로 책정될 경우 예상되는 고객 수를 예측하라.

풀이

(1) $b' = \dfrac{\sum x_i y_i - n\overline{x}\overline{y}}{\sum x_i^2 - n\overline{x}^2} = \dfrac{15608 - 5 \times 16.4 \times 171}{1490 - 5 \times 16.4^2} = 10.92$

$a' = \overline{y} - b\,\overline{x} = 171 - 10.92 \times 16.4 = -8.09$

따라서 선형회귀방정식은 $y = -8.09 + 10.92x$ 이다.

(2) 광고비가 17(백만원)이므로 예상되는 고객 수는

$y = -8.09 + 10.92 \times 17 = 177.55$ 이므로 약 177,550명이다. ■

3.5.2 상관계수

[예제 3.7]의 (2)번 문제에서 구한 예상 고객 수는 얼마나 신뢰할 수 있는 값일까? 이에 대한 답을 얻기 위해서는 원래 데이터에 종속변수와 독립변수 간의 연관성이 얼마나 크게 존재하는가를 객관적인 기준으로 표현할 수 있어야 한다.

[그림 3.6]과 같은 세 가지 유형의 데이터 분포를 가진 자료를 고려해 보자. 이 중 어떤 자료가 회귀방정식을 적용하는 데 가장 적합할까? (a)의 경우보다는 (b)가, (b)보다는 (c)가 더 회귀방정식 적용에 적합한 것으로 보인다.

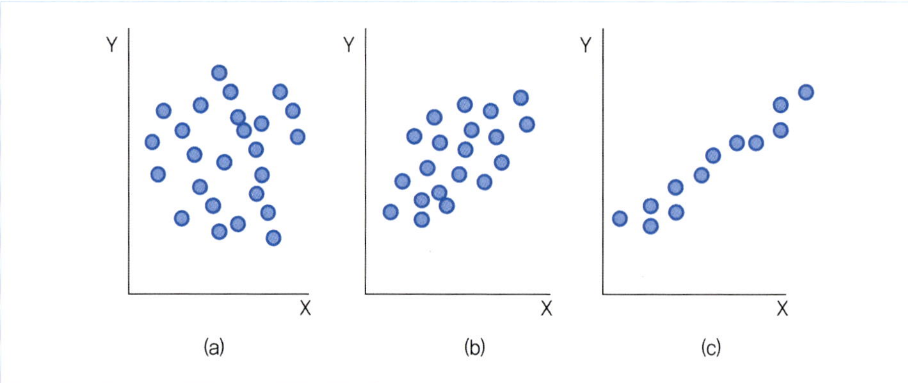

[그림 3.6] **인과형 데이터 분포의 예**

그러나 두 변수 간의 관계가 얼마나 선형을 나타내고 있는지를 눈으로 확인하는 것은 매우 주관적인 판단이다. 따라서 두 변수 간의 관계가 얼마나 밀접한 관계가 있는지를 객관적으로 판단할 필요가 있다. 이를 위해서 상관계수(correlation coefficient)를 그 지표로 이용한다. 상관계수는 독립변수와 종속변수 간의 관련성 정도 및 방향성을 나타내는 지표로 다음 식을 이용하여 구한다.

$$r = \frac{n\sum x_i y_i - \left(\sum x_i\right)\left(\sum y_i\right)}{\left(\left[n\sum x_i^2\left(\sum x_i\right)^2\right]\left[n\sum y_i^2\left(\sum y_i\right)^2\right]\right)^{1/2}}$$

상관계수(r) 값의 범위는 −1에서 +1이다. r값이 0에 가까울수록 독립변수와 종속변수의 관련성이 없는 것을 의미하며, r값이 ±1에 가까울수록 관련성이 큰 것임을 의미한다. +값은 독립변수와 종속변수 간의 양의 상관관계가 존재함을 나타내며, −값은 음의 상관관계가 존재함을 의미한다. 일반적으로 r=0.8~0.9 이상 혹은 r=−0.9~−0.8 이하이면 상관관계가 크다고 판단할 수 있다.

3.6 예측 기법의 선택

기법을 선택할 경우 어떤 예측 기법을 선택하는 것이 가장 좋을까? 좋은 예측 기법은 실제 값과 예측치의 차이, 즉 예측오차가 적은 예측 기법이 좋은 예측 기법이다. 예측오차(forecast error)는 실제 예측 당시에는 알 수 없으나, 일정 기간이 경과한 후 과거에 예측했던 값과 실제 발생한 값을 비교하여 측정할 수 있다.

3.6.1 예측오차

기간 t의 예측오차(E_t)는 다음과 같이 실제 수요에서 예측 값을 뺀 값이다.

$$E_t = D_t - F_t$$

여기서, D_t : 기간 t의 실제 수요

F_t : 기간 t의 예측치

● 누적 예측오차

예측오차에 포함된 오차에는 편량 오차(bias error)와 확률적 오차(random error)가 있다. 확률적 오차는 예측 불가능한 요인으로 인한 오차를 말한다. 반면, 편량 오차는 예측치가 계속적으로 높게 (혹은 낮게) 나타나는 것으로 예측 방법의 구조적 오류가 있을 때 발생하는 오차이다. 이는 추세나 계절 패턴이 있음에도 이를 무시하고 예측하는 경우에 발생하는 경우가 많다. 편량 오차가 존재하는지를 파악하기 위해서는 누적 예측오차(CFE: cumulative sum of forecast error)를 이용한다. 누적 예측오차는 일정 기간 동안의 실제 수요와 예측치의 차이를 누적하여 더한 값으로 다음과 같이 계산한다.

$$CFE = \sum E_t$$

〈표 3.4〉는 [예제 3.4]의 백화점 여성복 매장의 지난 4주간의 고객 수에 대해 지수평활법(평활상수 $\alpha = 0.3$, 초기예측값=10)을 이용하여 예측한 경우의 예측오차 및 CFE를 나타낸 것이다. 표의 결과에서 볼 수 있듯이 시간이 경과함에 따라 CFE가 계속 커짐을 볼 수 있는데, 이는 지수평활법을 적용함으로써 편량오차가 발생하게 됨을 의미한다.

〈표 3.4〉 **편량 오차의 발생 예**

기간(주)	수요(고객 수)	지수평활법에 의한 예측치 ($\alpha = 0.3$)	E_t	CFE
1	10	10	0	0
2	22	10	12	12
3	29	13.2	15.8	27.8
4	39	17.9	21.1	48.9

예측오차의 크기 측정

예측오차의 평균적인 크기는 평균제곱오차(MSE: mean squared error) 또는 평균절대오차(MAD: mean absolute deviation)를 이용한다. 각각의 측정방법은 다음 식과 같다.

$$MSE = \frac{\sum E_t^2}{n}$$

$$MAD = \frac{\sum |E_t|}{n}$$

여기서, n은 데이터의 수이다.

MSE나 MAD가 작으면 예측치가 실제 값에 거의 근접하고 있음을 의미하며, 반대로 이 값이 크면 예측치가 많이 틀리고 있음을 의미한다. 어떤 경우에는 단순히 오차의 절대적인 크기만으로는 정확한 정보를 얻기 어려울 수도 있다. 예를 들어 수요가 100일 때의 오차 10과 수요가 10,000일 때의 오차 10은 그 의미가 다르다. 따라서 실제 수요에 비해 상대적인 오차의 크기가 어느 정도인지를 측정할 수 있는 지표로 평균절대백분율오차(MAPE: mean absolute percent error)를 이용하며, 다음과 같이 측정한다.

$$MAPE = \frac{\sum |E_t| / D_t}{n} \times 100(\%)$$

예제 3.8

다음은 〈표 3.1〉의 자료에 대한 실제 수요와 예측치이다. 이 자료에 대해 각 기간별 예측오차와 전체 기간에 대한 CFE, MAD, $MAPE$를 구하라.

기간 (t)	수요 (D_t)	예측치 (F_t)
1	20	21
2	24	22
3	30	28
4	27	29
5	23	25
6	26	24
7	21	25
8	29	26

풀이

계산에 필요한 값들을 정리하면 아래 표와 같다.

기간 (t)	수요 (D_t)	예측치 (F_t)	오차 (E_t)	절대오차 $(\lvert E_t\rvert)$	절대백분율오차 $(\lvert E_t\rvert/D_t \times 100)$
1	20	21	−1	1	5.0%
2	24	22	2	2	8.3%
3	30	28	2	2	6.7%
4	27	29	−2	2	7.4%
5	23	25	−2	2	8.7%
6	26	24	2	2	7.7%
7	21	25	−4	4	19.0%
8	29	26	3	3	10.3%

예측오차(E_t): 위 표 참조.

누적예측오차: $CFE=\frac{\sum E_t}{n}=\frac{0}{8}=0$

평균절대오차: $MAD=\frac{\sum|E_t|}{n}=\frac{18}{8}=2.25$

평균절대백분율오차: $MAPE=\frac{\sum|E_t|/D_t}{n}\times 100(\%)=\frac{73.1\%}{8}=9.1\%$ ■

3.6.2 MAD를 이용한 예측오차 범위 설정

수요예측치를 표현하는 방법은 다음과 같은 두 가지가 있다.

(1) 다음 기의 예측치가 1000이다.

(2) 다음 기의 예측치가 950과 1050 사이에 있을 확률이 95%이다.

첫 번째 방법은 지금까지 보아 왔던 일반적인 표현 방식이다. 두 번째 방식은 확률적인 의미로 수요를 예측하는 것으로 만약 범위(위의 예에서 950과 1050 사이)가 좁을수록, 그리고 확률(위의 예에서 95%)이 클수록 더 믿을 만한 예측 방법이라고 볼 수 있다. 두 번째 방법을 이용할 경우 *MAD*를 이용하여 예측이 가능하다.

통계적으로 *MAD*를 예측 범위와 확률값 사이에는 다음 〈표 3.5〉와 같은 관계가 성립한다.

〈표 3.5〉 **예측 범위와 신뢰도**

범위	확률
예측값 ±1.0 *MAD*	57.62
예측값 ±1.5 *MAD*	76.98
예측값 ±2.0 *MAD*	89.04
예측값 ±2.5 *MAD*	95.44
예측값 ±3.0 *MAD*	98.36
예측값 ±3.5 *MAD*	99.48
예측값 ±4.0 *MAD*	99.86

요약

- 미래 수요를 예상하는 수요예측은 생산계획부터 인력계획, 자재수급계획 그리고 재고관리계획 및 수송계획 등 다양한 생산운영 의사결정의 기초를 제공한다.

- 정성적 수요예측 기법은 예측자의 경험이나 주관, 직관에 의한 예측으로 판매원 추정법, 경영자 판단법, 시장조사법, 델파이법이 있다.

- 정성적 수요예측 기법은 과거의 계량적 데이터가 없을 경우에 유용한 예측 기법이지만, 그러나 과거 데이터를 활용하여 계량적 기법이 적용 가능한 경우에도 두 가지 기법을 동시에 사용하여 예측력을 높일 수 있다.

- 수요예측을 위한 계량적 자료에는 일정한 패턴으로 시간에 따라 주기적으로 변하는 수요 값들을 의미하는 시계열 자료와 특정 수요패턴의 결과가 어떤 원인에 의해서 결정된 인과형 자료가 있다.

- 이동평균법에는 단순이동평균법과 가중이동평균법이 있으며, 최근 일정 기간 동안의 수요의 평균을 다음 기의 예측치로 활용하는 기법이다.

- 지수평활법은 일종의 가중이동평균법으로, 전기에 구한 예측치, 이번 기의 실제 수요, 그리고 최근 자료에 얼마나 가중치를 줄 것인가를 결정하는 평활상수(0과 1 사이의 값)를 활용하여 간편하게 예측할 수 있다.

- 추세가 있는 시계열 자료나 인과형 자료를 이용할 경우에는 이중지수평활법이나 회귀분석법을 이용하여 예측할 수 있다.

- 계절 요인이 있는 시계열 자료의 경우에는 승법계절모형을 활용할 수 있다.

- 실제 값과 예측 값의 차이를 나타내는 예측오차에는 편량 오차와 확률적 오차가 포함되어 있으며, 편량 오차를 줄이기 위한 예측 기법의 선택이 중요하다.

- 예측오차를 측정하는 지표에는 누적 예측오차, 평균제곱오차, 평균절대오차, 평균절대백분율오차가 있다.

주요 용어

3.1 수요예측의 중요성

수요예측(demand forecasting)
시설/능력계획
자재수급계획
인력계획
수송계획

3.2 정성적 수요예측 기법

판매원 추정법
경영자 판단법
시장조사법
델파이법(delphi method)

3.3 수요 자료의 특성

시계열(time series)
추세 변동
계절적 변동
확률적 변동

3.4 시계열 예측 모형

단순이동평균법(simple moving average method)
가중이동평균법(weighted moving average method)
지수평활법(exponential smoothing method)
평활상수
이중지수평활법
추세조정지수평활법(trend adjusted exponential smoothing method)
승법계절모형(multiplicative seasonal method)

3.5 인과형 예측 모형

회귀분석법(regression)
상관계수(correlation)

3.6 예측 기법의 선택

예측오차(forecast error)
편량오차(bias error)
확률적 오차(random error)
누적 예측오차(cumulative sum of forecast error)
평균제곱오차(mean squared error)
평균절대오차(mean absolute deviation)
평균절대백분율오차(mean absolute percent error)

연 습 문 제

1. 수요예측이 기업의 생산계획 수립에 어떻게 영향을 미치게 되는지를 예를 들어 설명하라.

2. 수요예측 기법은 정량적 기법과 정성적 기법으로 나눌 수 있다. 어떤 경우에 정성적 기법을 사용하게 되는지를 설명하라. 또한 정량적 기법과 정성적 기법을 동시에 사용하여 수요예측을 할 경우 어떤 장단점이 있는지를 설명하라.

3. 수요예측을 위한 자료는 크게 나누어 인과형 자료와 시계열 자료로 구분할 수 있다. 두 유형의 자료는 각각 어떻게 다른지를 설명하라.

4. 장기 수요예측의 경우 정량적 기법보다 정성적 기법을 적용하는 경향이 강하다. 그 이유를 설명하라.

5. 시계열 자료의 네 가지 유형에 대하여 설명하라.

6. 수요의 기본적인 패턴 중 확률적 변동은 왜 예측이 불가능한 요인인지를 설명하라.

7. 본문의 〈표 3.2〉의 자료를 기초로 다음 물음에 답하라.
   (1) 만약 8월에 최소 25만 명의 고객을 확보하기 위해서는 얼마의 광고비를 투자해야 하는지를 예측하라.
   (2) (1)에 구한 예측치는 의미가 있는 것인지에 대해 논하라.

8. 한 병원에서 지난 1주 동안 방문한 외래 환자 수는 290명이었으며, 금주 1주일 동안 방문한 환자 수는 310명이었다. 지수평활법을 이용하여 다음 주의 외래 환자 수를 예측하려고 한다. 평활상수를 0.2와 0.3으로 하여 각각 예측치를 구하라. 평활상수를 0.2와 0.3 중에서 선택하려고 할 때, 어느 값으로 하는 게 옳은지 결정하기 위해서는 어떤 정보가 추가적으로 더 필요한가? (단, 초기예측치는 실제 환자 수와 같다고 가정한다.)

9. 다음은 K 자동차 회사의 한 영업점의 지난 9개월간의 영업사원 수와 매출액을 나타낸 자료이다.

월	영업사원 수	차량판매 대수
1	11	31
2	9	30
3	15	43
4	13	44
5	7	30
6	10	38
7	9	37
8	12	39
9	11	41

(1) 영업사원 수와 차량판매 대수 간의 회귀방정식을 구하라.

(2) 앞서 구한 회귀방정식을 이용하여, 다음 달의 판매 대수를 45대로 하기 위해서는 얼마나 많은 영업사원이 필요한지 예측하라.

(3) (1)에서 구한 회귀방정식은 영업사원 수와 판매 대수 간의 의미 있는 정보를 제공하는가? 상관계수를 구하고, 의미가 있는지를 파악하라.

10. 한 컴퓨터 가게에서 프린터를 빌려주고 있다. 이 가게 주인은 토너, 종이 등 프린터 관련 제품을 적절히 주문하기 위하여 프린터 대여 수요를 예측하고 싶어 한다. 지난 6주간의 자료는 다음과 같다.

주	대여량
1	25
2	34
3	40
4	51
5	60
6	68

(1) 4주 단순이동평균법으로 7주의 예측치를 구하라.

(2) 4주 가중이동평균법으로 7주의 예측치를 구하라. 단, 가중치는 최근부터 0.4, 0.3, 0.2, 0.1로 한다.

(3) 위 자료를 보면 매주 수요가 증가하고 있어 이중지수평활법이 적절할 것으로 보인다. 이 방법을 이용하여 수요를 예상할 경우, 3주째 예상치는 얼마이겠는가? (단, 평균평활상수는 0.2, 추세평활상수 0.3, 그리고 초기 예측치는 실제수요, 추세추정치는 10으로 한다.)

11. B 내과에 지난 5주 동안 방문한 외래 환자 수는 다음과 같다.

주	외래 환자 수
1	230
2	179
3	213
4	220
5	206

(1) 3주 단순이동평균법을 이용하여 4주차부터 6주차까지 수요를 예측하라.

(2) 3주 가중이동평균법을 이용하여 4주차부터 6주차까지 수요를 예측하라. 단, 가중치는 최근 데이터부터 0.5, 0.3, 0.2를 이용한다.

(3) 지수평활법을 이용하여 4주차부터 6주차까지 수요를 예측하라. 평활상수 $\alpha = 0.2$를 사용한다.

12. 다음은 어떤 제품의 지난 4주간의 수요이다. 상황을 읽고 물음에 답하라.

주	수요
1	430
2	370
3	415
4	405

(1) 3주 단순이동평균법으로 5주차의 수요를 예측하라.

(2) 3주 가중이동평균법을 이용하여 다가올 5주차의 수요를 예측하라. 단, 가중치는 최근부터 각각 0.5, 0.3, 0.2를 이용한다.

(3) 지수평활법을 이용하여 5주차의 수요를 예측하라. 단, 평활상수는 0.8을 이용하며, 1주의 초기 예측값은 1주차 실제값과 같다고 가정한다.

13. 다음은 어떤 제품의 지난 5주간의 수요이다. 상황을 읽고 물음에 답하라.

기간	수요
1	15
2	19
3	25
4	31
5	34

(1) 4주 가중이동평균법을 이용하여 다가올 6주차의 수요를 예측하라. 단, 가중치는 최근부터 각각 0.5, 0.3, 0.1, 0.1을 이용한다.

(2) 지수평활법을 이용하여 6주차의 수요를 예측하라. 단, 평활상수는 0.2를 이용하며, 1주의 초기 예측값은 1주차 실제값과 같다.

(3) 회귀분석법을 이용하여 6주차의 수요를 예측하라.

(4) 위 세 가지 예측 기법을 비교하고자 한다. 주어진 데이터로 어느 예측 기법이 더 정확한지 판단할 수 있는가? 판단 가능하다면 어느 기법이 더 좋은지 설명하라. 만약 판단이 불가능하다면 왜 그런지 설명하라.

14. 한 음식점의 지난 8월의 고객 수 예측치는 900명이었고, 실제 고객 수는 1,000명이었다. 지수평활법을 이용하여 다가올 9월의 고객 수를 예측하고자 한다.

(1) 평활상수를 0.1로 했을 경우와 0.2로 했을 경우, 각각의 예측치를 구하라.

(2) 두 예측치의 차이가 있는가? 만약 차이가 있다면 이는 어떤 의미인지를 설명하라.

15. BB 치킨은 양념치킨과 튀김치킨을 섞은 '반반세트'에 대한 특별할인 행사를 매월 말 5일간 진행해 오고 있다. 다음 표는 최근 6개월간의 '반반세트'에 대한 판매가격과 판매량에 대한 자료이다. 이 자료를 이용하여 회귀방정식과 상관계수를 구하라. 만약 다음 달의 가격을 13,000원으로 할 경우, 몇 세트를 판매할 것으로 예측되는가?

월	가격(원)	판매수량(세트)
1	12,800	780
2	13,600	620
3	12,900	745
4	14,200	490
5	12,500	810
6	13,300	640

16. KK 장난감회사에서 새롭게 출시한 신형로봇 장난감의 지난 8개월간의 수요는 다음과 같다.

월	판매량
1	110
2	85
3	120
4	115
5	105
6	95
7	125
8	105

(1) 2월부터 9월까지의 수요예측치를 지수평활법을 이용하여 예측하라. 단, 1월의 초기 예측치는 과거 유사 모델 로봇의 초기판매량을 토대로 추정하여 105로 정의하였으며 $\alpha = 0.25$를 이용한다.

(2) 2월부터 8월까지의 절대백분율오차를 계산하라.

(3) 8월 말 기준 MAD를 계산하라.

17. 별다방은 take-out 판매를 전문으로 하고 있는 신생 커피전문점이다. 별다방은 커피원두를 주문하기 위해서 정확한 수요를 예측해야 한다. 이와 관련하여 최근의 수요 자료는 다음과 같다.

기간	커피 판매량
2월 1일 ~ 2월 7일	250
2월 8일 ~ 2월 14일	266
2월 15일 ~ 2월 21일	310
2월 22일 ~ 2월 28일	297
3월 1일 ~ 3월 7일	275
3월 8일 ~ 3월 14일	298

(1) 3주 단순이동평균법을 이용하여 3월(3월 1일부터 28일까지)의 수요를 예측하라.

(2) 3주 가중이동평균법을 이용하여 3월(3월 1일부터 28일까지)의 수요를 예측하라. 단, 가중치는 최근부터 차례로 0.4, 0.4, 0.2를 적용한다.

(3) 두 기법에 대한 MAD를 계산하라.

Chapter

04

생산능력

Production and Operations Management

Chapter 04 생산능력

Production and Operations Management

생산능력이란 특정 프로세스의 최대 산출률을 의미한다. 기업은 현재와 미래의 수요를 충족시킬 수 있는 생산능력을 준비해야 한다. 생산능력이 부족하면 제품 생산 및 판매 기회를 잃게 된다. 하지만 수요를 초과한 과도한 생산능력 역시 문제가 될 수 있다.

이 장에서는 생산능력 측정 척도인 피크생산능력과 유효생산능력에 대해 정의하고 병목공정의 개념 및 병목공정이 생산능력에 어떻게 영향을 끼치는가를 살펴본다. 또한, 장단기 생산능력계획 수립방안에 대해서도 학습한다.

4.1 생산능력의 측정

생산능력은 제공되는 제품이나 서비스에 따라 이를 측정하는 방식이 달라질 수 있다. 예를 들어 마트나 편의점의 경우, 생산능력은 단위면적당 연간매출액으로 측정할 수 있다. 그리고 항공사의 경우에는 가용한 좌석수와 이동가능거리의 곱으로 측정할 수 있다.

작업장의 경우에는 기계가동가능시간과 기계대수의 곱으로 측정할 수도 있고, 산출되는 제품의 수량으로도 측정 가능하다. 만약 일정기간 동안 생산할 수 있는 제품의 수량으로 측정할 경우 이는 산출척도라고 한다. 비교적 적은 종류의 표준화된 제품과 서비스를 제공하는 경우나 개별 프로세스의 산출을 나타낼 때 이용하는 척도이다. 식당의 시간당 서비스 고객 수도 산출척도를 이용한 경우이다. 반면 많은 종류의 제품을 조금씩 소량으로 생산하는 다품종 소량생산 체계에서는 산출척도만으로 정확한 생산능력을 측정하는 것이 어렵다. 이 경우에는 생산에 투입된 투입요소들을 이용하여 측정할 수 있는데 이러한 척도를 투입척도라고 한다. 앞서 언급한 작업장의 기계가동가능시간과 기계대수의 곱을 이용한 척도는 투입척도이다.

4.1.1 피크생산능력과 유효생산능력

생산능력계획을 수립할 때, 현재의 최대생산능력대비 실제 산출률의 비율을 가동률이라고 한다. 이때, 분모의 최대생산능력을 정의할 때 두 가지 기준으로 구분하여 측정할 수 있다.

● 피크생산능력

특정 프로세스가 이상적인 상태에서 도달할 수 있는 최대의 산출량이 피크생산능력(peak capacity)이다. 피크생산능력은 정상적인 수리 및 보전시간을 제외하고 연속적으로 작업했을 때 얻을 수 있는 연간 최대 산출량이다. 실제 피크생산능력은 극히 짧은 시간만 유지 가능하며, 일시적으로만 유지가 가능하다.

● 유효생산능력

유효생산능력(effective capacity)은 적절한 휴식과 기계 수리, 설비 보전 등을 포함해 정상적으로 작업할 경우의 최대생산능력을 말한다. 일반적으로 기업의 가동률을 측정할 때는 유효생산능력을 이용하는 것이 적절하다.

예제 4.1

한 자동차 공장이 월간 최대 3,000대를 생산할 수 있도록 설계되어 있다. 이 공장에서는 생산 모델을 변경할 때 전체 작업시간의 20%에 해당하는 모델 교체시간을 필요로 한다. 그리고 지난달 이 회사에서는 수요 감소로 실제 생산량은 1,500대였다. 피크생산능력, 유효생산능력은 몇 대인가? 또한, 지난달의 가동률은 어떻게 되는가?

풀이

설계된 최대생산능력, 즉 피크생산능력은 3,000대이다. 그리고 유효생산능력은 3,000×80%=2,400대이다. 지난달의 가동률은 유효생산능력 기준으로 $\frac{1,500}{2,400} \times 100\%$ =62.5%이다. ■

4.1.2 병목공정과 유효생산능력

대부분의 프로세스는 여러 공정들이 연속적으로 구성되어 있으며, 각각의 유효생산능력은 모두 다르다. 이때 전체 프로세스의 생산능력은 공정들 각각의 생산능력 중 가장 낮은 생산능력을 갖는 공정에 의해 결정된다. 이때 가장 낮은 생산능력을 가지는 공정을 병목공정(bottleneck)이라고 한다. [그림 4.1]의 프로세스를 살펴보자.

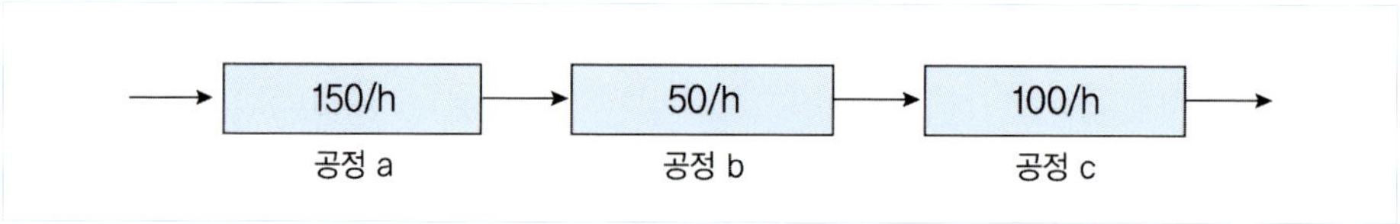

[그림 4.1] 병목공정

[그림 4.1]의 프로세스는 세 개의 공정 a, b, c로 이루어져 있으며, 각각의 유효생산능력은 각각 시간당 150개, 50개, 100개이다. 그러면 전체 프로세스의 유효생산능력은 공정 b의 유효생산능력인 시간당 50개와 같게 된다. 이때 공정 b가 병목공정이 된다. 병목공정은 전체 프로세스에 포함된 공정 중 가장 여유가

적은 공정으로 [그림 4.1]의 예에서는 여유율이 0%이다. 반면 공정 a의 여유율은 66.7%, 공정 c의 여유율은 50%이다. 이 프로세스의 사이클 타임(cycle time, 제품 1단위 생산하는 데 걸리는 시간)은 병목공정인 b에 의해서 결정되며, 1.2분(60분/50단위)이다([그림 4.2(a)]). 프로세스의 생산능력을 높이기 위해 추가적인 자원 투입을 고려하고 있다고 가정하자. 추가된 자원을 병목공정이 아닌 공정 c에 투입하여 생산능력을 시간당 120개로 늘려도 공정 c의 여유율만 증가하고 실제 사이클 타임에는 변화가 없다([그림 4.2(b)]). 실제 전체 프로세스의 생산능력을 높이기 위해서는 병목공정인 b의 생산능력을 높여야 한다. 가령 b의 생산능력을 두 배로 늘려 유효생산능력이 시간당 100개가 되면, 프로세스의 생산능력도 시간당 100개가 되고 사이클 타임은 0.6분(60분/100단위)으로 단축된다. 따라서 생산능력의 증가를 위해서는 병목공정을 잘 파악하여 병목공정의 생산능력을 우선 늘리는 데 집중해야 한다.

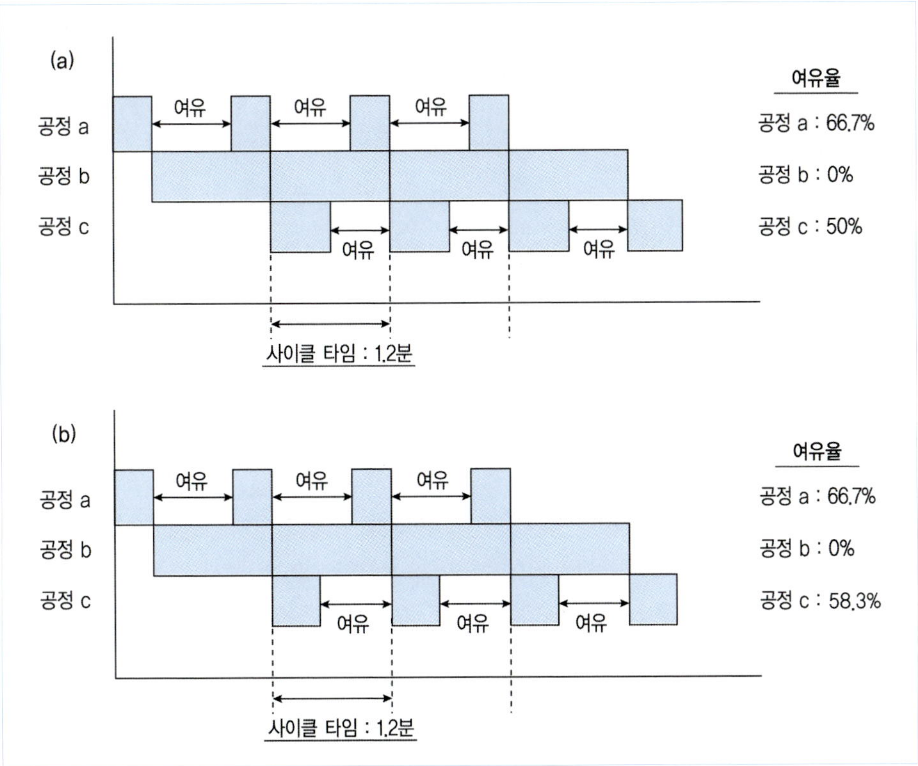

[그림 4.2] 공정별 가동률과 사이클 타임

4.2 생산능력계획

생산능력에 대한 계획을 수립하는 데 있어서 우선 고려할 사항은 여유생산능력을 결정하는 것이다. 또한 장기적인 관점인가 혹은 단기적인 관점인가에 따라 생산능력계획을 수립하는 방식이 달라질 수 있다.

4.2.1 여유생산능력

여유생산능력이란 수요의 급격한 증가나 생산능력의 일시적 감소를 흡수하기 위한 예비능력을 의미한다. 여유생산능력은 평균이용률이 100% 이하로 떨어진 정도로 측정한다.

여유생산능력 = 100% − 이용률(%)

여유생산능력의 적정한 크기는 전략적으로 결정되며, 산업에 따라 다른데 수요변동이 큰 업종이나 공급이 불확실한 경우 큰 여유생산능력이 필요하다.

4.2.2 장기생산능력계획

장기생산능력은 1년 이상의 기간 동안의 생산능력에 대한 계획으로 전략적인 관점에서 결정된다. 장기적인 관점에 대비해서 수요증가에 선행하여 생산능력을 증가시키는 공격적 전략과 수요 추이의 변화를 봐가면서 후행적으로 늘려가는 방어적 전략으로 구분할 수 있다.

공격적 전략

생산능력의 증가를 자주 하지는 않지만 할 때는 큰 폭으로 하는 전략으로 확장주의 전략이라고도 한다. 보통 장기적인 수요 증가에 대응하여 미리 확장하기 때문에 불충분한 생산능력으로 인한 판매 손실의 기회를 최소화하기 위한 전략이다. 또한 복잡한 경쟁환경하에서는 경쟁사에 대한 선제 공격이 가능한 전략이기도 하며, 여유생산능력을 충분히 보유함으로써 불확실한 수요 변동에 대한 대응이 가능하다. 이와 함께 구매자에 대한 신뢰감을 제공하여 안정적 구매자 확보가 가능한 전략이다. 반면, 수요가 예상보다 위축될 경우에는 과잉 투자로 인한 비용 부담을 가져올 수도 있다. [그림 4.3]은 공격적 전략의 생산능력과 시장수요의 관계를 나타낸 것이다.

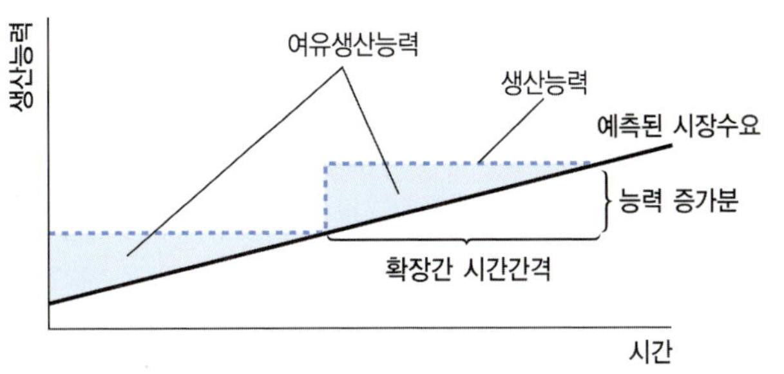

[그림 4.3] 공격적 전략

방어적 전략

생산능력을 장래의 수요보다 적게 가져가는 경우에 사용하는 전략으로 관망전략이라고도 한다. 이 전략은 보유하고 있는 생산능력의 효율을 높여 투자 수익률을 증대하고자 할 경우에 사용하며, 부족한 생산능력은 외주나 잔업 등의 단기적인 대안을 이용하여 보완한다. 그러나 이 전략은 장기적으로는 시장점유율을 경쟁사에게 잠식당할 가능성이 있다. [그림 4.4]는 방어적 전략에서의 시장수요와의 관계를 나타낸 것이다.

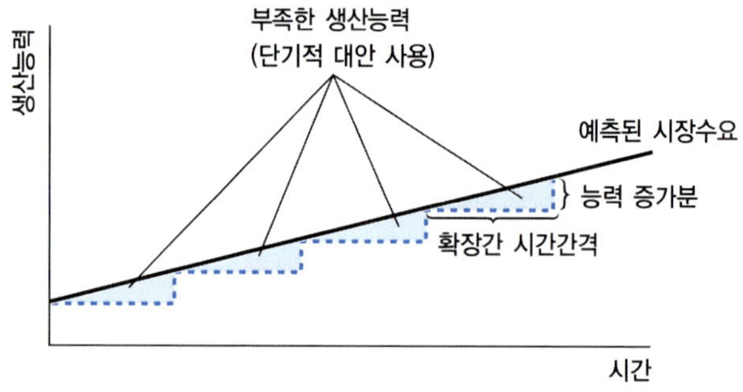

[그림 4.4] **방어적 전략**

4.2.3 단기생산능력계획

단기적인 생산능력은 여러 가지 방법을 통해 조절할 수 있다. 먼저 신규인력의 채용이나 해고를 통해 생산능력의 조정이 가능하다. 별도의 채용이나 해고 없이도 잔업이나 조업단축을 통해서도 생산능력의 조절이 가능하다. 기존 종업원의 생산능력을 높이기 위해서는 종업원을 위한 특별 교육 프로그램을 개발하여 적용하는 것도 한 가지 방법이다. 직접적으로 생산능력을 추가하지 않더라도 갑자기 수요가 늘어날 것에 대비하여 재고를 비축해 놓는 것도 생산능력을 조절하는 간접적 방법이 될 수 있다. 단기적인 생산능력의 조정 방법에 대해서는 '6장 총괄생산계획과 기준생산계획'에서 보다 자세히 다룬다.

요약

- 특정 프로세스의 최대 산출률을 생산능력이라고 하며, 생산능력 측정 척도로는 피크생산능력과 유효생산능력이 있다.

- 전체 프로세스의 생산능력은 공정들 각각의 생산능력 중 가장 낮은 생산능력을 갖는 과업에 의해 결정되는데, 이 가장 낮은 생산능력을 가지는 공정을 병목공정이라고 한다.

- 생산능력에 대한 계획을 수립할 경우에는 여유생산능력을 고려하여 수립하여야 한다.

- 1년 이상의 장기 생산능력계획에는 경쟁사에 앞서 생산능력을 늘려가는 공격적 전략과 수요추이를 보면서 능력에 반영하는 방어적 전략이 있다.

- 단기생산능력은 신규인력의 채용이나 해고, 잔업이나 조업단축, 혹은 종업원 교육 등을 통해 조절한다.

주요 용어

4.1 생산능력의 측정

산출척도
투입척도
생산능력
피크생산능력(peak capacity)
유효생산능력(effective capacity)
병목공정(bottleneck)
여유율
사이클 타임(cycle time)

4.2 생산능력계획

여유생산능력
이용률
공격적 전략
방어적 전략

연 습 문 제

1. 생산능력을 측정하는 단위인 피크생산능력과 유효생산능력을 비교하여 설명하라.

2. 생산라인 전체의 산출률을 높이기 위해서는 병목공정을 찾아 산출률을 높여야 한다. 병목공정이 아닌 공정의 산출률을 증가시키더라도 전체 산출률은 증가하지 않는 경우를 예를 들어 설명하라.

3. 장기생산능력계획에서 공격적 전략과 방어적 전략 각각에 대해 문제점이 될 수 있는 상황을 제시하라.

4. 단기적인 생산능력 조절방안에는 어떤 방안이 있는가?

5. H 병원은 월 최대 3,000명의 응급환자를 치료할 수 있다. 이 병원은 하루 24시간 운영하나, 매일 새벽 5시부터 7시까지 의사와 간호사의 교대 및 의료장비 점검으로 새로운 응급환자를 수용하지 못한다. 지난달 이 병원의 응급실을 찾은 환자는 총 2,100명이었다.

(1) 이 병원의 월간 피크생산능력은 얼마인가?

(2) 월간 유효생산능력은 어떻게 되는가?

(3) 지난달의 응급실 가동률은 어떻게 되는가?

(4) 이 병원의 지난달 여유생산능력은 얼마인가?

6. 한 작업라인이 a, b, c, d 4개의 공정으로 구성되어 있으며, 각각의 산출률이 시간당 30, 27, 45, 35 단위이다.

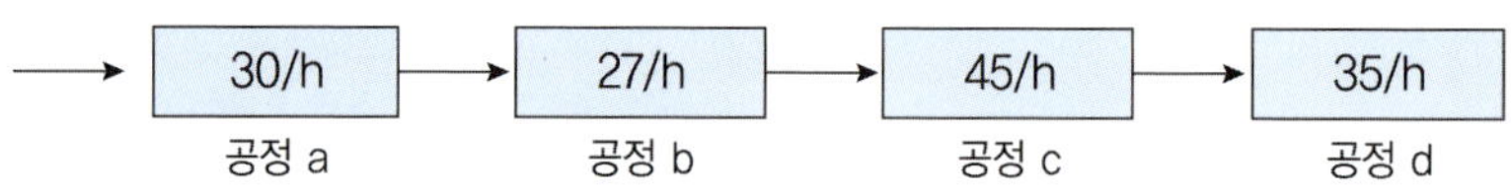

(1) 이 라인의 병목공정은 어느 공정인가?

(2) 이 라인의 사이클 타임을 구하라.

(3) 만약 현재 라인의 병목공정에 추가적인 자원을 투입하여 시간당 산출률이 10단위 증가될 경우, 병목공정은 어떻게 달라지는가? 또한 이때의 사이클 타임은 어떻게 달라지는가?

Chapter

05

입지선정 및 설비배치

Production and Operations Management

05 Chapter 입지선정 및 설비배치

기업은 여러 가지 요인들을 고려하여 생산운영활동을 할 수 있는 시설의 입지를 결정해야 한다. 또한, 입지 내에서의 각종 설비를 어떻게 배치하느냐에 따라 기업의 생산효율에 영향을 받게 된다. 이 장에서는 입지선정을 위한 요인들과 몇 가지 입지선정 기법에 대해 살펴본다. 또한 입지 내의 각종 설비의 배치방법에 대해서도 학습한다.

5.1 입지선정의 개념

생산운영을 위한 사무실, 공장, 창고, 서비스 센터 등 제 공간의 지리적 위치를 결정하는 과정을 입지선정이라고 한다. 기업의 입지선정은 기업을 새롭게 설립하는 경우는 물론 기존 기업이 확장을 위해 신규 공장을 증설하거나 영업소를 확충하는 경우에도 필요하다. 또한 인구 이동 등으로 인한 수요의 변화나 원자재 가격의 변화 등 외부적인 요인으로도 입지 의사결정이 필요한 경우가 발생할 수 있다. 〈표 5.1〉은 입지선정이 필요한 내적·외적 요인들을 요약한 것이다.

〈표 5.1〉 입지선정이 필요한 경우

내부적인 요인	외부적인 요인
새로운 기업 설립 신사업 진출 생산능력의 확장	인구 이동 등으로 인한 수요 변동 비용구조의 변화

기업이 입지선정을 위한 의사결정을 할 때에는 경쟁우선순위에 따라서 다음과 같은 사항들을 고려하여야 한다.

원가

입지는 제품의 가격이나 생산원가에 직접적으로 영향을 끼치게 된다. 즉, 입지에 따라 세금이나 토지비용 등의 고정비와 재료비, 노무비, 수송비 등의 변동비가 결정된다.

품질

입지는 제품이나 서비스의 품질에도 큰 영향을 끼친다. 신선 식품의 경우, 생산지와 소비지가 멀리 떨어져 있을수록 제품의 신선도 측면에서의 품질이 떨어지게 되고 이는 곧 기업의 경쟁력 약화의 원인이 된다. 또 다른 예로 노동집약적인 산업의 경우 작업자의 능력에 따라 제품 품질에 큰 영향을 주게 되므로 우수한 노동력을 확보할 수 있는 장소를 입지로 선정하는 것이 필요하다.

시간

빠른 인도시간이나 적시공급의 가능 여부도 입지선정 시 고려해야 할 사항이다. 특히 서비스 시설의 경우 고객이 원하는 시간 내에 서비스가 이루어질 수 있는 위치에 입지를 선정하는 것이 필요하다. 예를 들어 패밀리 레스토랑의 경우 최종 고객과의 거리를 고려하여 인구밀도가 높은 지역에 점포를 개설한다.

유연성

고객이나 시장 근처에 다수의 공장이나 서비스 시설을 선정하면 고객 요구에 대한 신속한 대응으로 유연성이 증가한다. 할인점의 경우 지역별 분산 입지를 통해 어느 지역이나 고객의 접근성을 높이고 있다.

5.2 입지선정 요인

입지선정을 위한 기준이 되는 요인은 노동의 양과 질이나 운송비 등 경제적인 관점이나 지역사회의 태도나 법규와 같은 사회적인 관점으로 분류할 수도 있다. 여기에서는 산업 분야의 특성에 따라 제조업과 서비스업으로 나누어 입지선정 요인을 살펴본다(〈표 5.2〉).

〈표 5.2〉 **제조업 및 서비스업의 입지선정 요인**

제조업의 입지선정 요인	서비스업의 입지선정 요인
공급업체와 자원에 대한 근접성 노동 환경 수송의 효율성 사회적 비용과 토지 비용 모기업과의 근접성	고객과의 근접성 시장의 근접성 및 운송비 경쟁사의 위치

5.2.1 제조업의 입지선정 요인

제조업의 입지선정을 위한 주요 요인으로는 공급업체와 자원에 대한 근접성, 노동 환경, 수송의 효율성, 사회적 비용과 토지 비용, 모기업과의 근접성을 들 수 있다.

공급업체와 자원에 대한 근접성

부피가 크거나 부패하기 쉬운 농산물 혹은 임산가공품을 원자재로 사용하는 기업의 경우에는 공급업체 혹은 공급지역과의 근접성이 중요하다. 부피가 큰 경우에는 운송을 위한 수송비가 커지며 신선도가 중요한 농축수산물은 신선도를 유지하면서 운송하기 위해서는 특수한 수송 수단을 이용함으로써 비용이 커지게 된다. 이러한 공급 자원들은 1차 산업에서 생산되는 생산품이거나 1차 가공된 재료들이 많다. 예를 들면, 식품 공장은 농장 가까운 곳에 위치한다거나, 제지 공장은 숲이 무성한 지역 가까운 곳에 위치하는 것이다.

노동 환경

노동 환경은 노무비와 관련이 크다. 생산에 차지하는 비용 중 노무비의 비중이 큰 노동집약적 산업의 시설 입지를 결정하는 데에는 노동 환경이 중요한 요인이 된다. 섬유산업, 가구산업, 가전산업 같은 경우가 노동집약적 산업의 예이다. 노동 환경에서 고려해야 할 또 다른 요소로는 임금수준, 노동력의 양적 수준, 노동력의 훈련 정도(질적 수준), 작업에 대한 태도, 노동조합의 강도 등이 있다.

수송의 효율성

입지선정에서 수송 요인은 매우 신중하게 다루어져야 할 요소이다. 원자재 공급처에서 제조 공장까지 수송 수단이 용이한가? 수송비용은 얼마인가? 수송거리는 얼마나 되는가? 등을 고려하여야 한다. 앞서 공급업체와 자원에 대한 근접성에서 살펴본 바와 같은 이유로 제품이 플라스틱 파이프와 같이 부피가 크거나, 무거운 금속 제품처럼 수송비가 매우 큰 경우에는 시장 가까이에 입지를 선정해야 한다.

사회적 비용과 토지 비용

공공요금이나 세금과 같은 비용들도 제조업 입지선정의 중요한 요인이다. 제조 공장이 위치할 지역의 전화 요금, 전기 등의 에너지 요금, 수도 요금과 같은 공공요금을 고려해야 한다. 세금과 정부나 지자체의 지원 정책, 기업의 이전 비용도 고려할 요소이다. 우리나라의 각 지자체가 산업체 유치를 위해 각종 유인책을 내놓는 점을 잘 활용하는 것도 기업에게는 기회가 될 수 있다.

또 한 가지 중요한 요인은 토지 비용이다. 비싼 토지 비용은 생산품의 원가상승 요인이 된다. 우리나라는 토지 가격이 큰 비중을 차지하고 있어 특히 중요한 요인이 된다. 일반적으로 토지비용은 전체 공장 건설비의 10% 이하가 안정적인데, 토지비용뿐만 아니라 부대시설 이용의 편이성과 부대시설 조성비도 함께 고려해야 한다.

모기업과의 근접성

여러 곳의 사업장을 보유하고 있는 많은 기업들이 사업장 간 부품을 공유하고 있다. 따라서 본사와 사업장, 사업장과 사업장과의 거리는 서로 간의 협력과 의사소통에 중요한 요인으로 이들 간의 거리가 멀수록 어려워진다.

기타 요인들

이 외에도 향후 입지 확장의 용이성, 건설비용, 보험료, 다른 기업과의 경쟁 혹은 협조 가능성, 환경이나 소음 등 지역사회의 규제 등도 고려할 요인들이다. 글로벌 기업의 경우에는 해당 국가 정부의 외국 기업에 대한 지원이나 규제 요인 등도 복합적으로 판단해야 한다. 토지 비용이 싸고 저임금인 국가에 공장을 설립한 많은 기업들이 숙련되지 못한 작업자들로 인해 문제를 겪을 수도 있다.

5.2.2 서비스업의 입지선정 요인

서비스업의 입지선정을 위한 주요 요인으로는 고객과의 근접성, 시장의 근접성 및 운송비, 경쟁사의 위치 등이 있다.

● 고객과의 근접성

서비스업의 경우 고객이 기업과 얼마나 편리하게 거래를 할 수 있는가가 매우 중요한 요인이다. 편의점이나 세탁소 등은 멀리 떨어져 있을 경우 이용하는 고객이 거의 없다. 고객과 떨어져 있는 서비스 설비는 수익에 큰 영향을 끼치게 된다. 따라서 서비스업에서는 고객과의 근접성이 입지선정의 핵심적인 요인이다.

● 시장의 근접성 및 운송비

물류 창고나 배송 시설의 입지는 운송비와 시장 근접성에 있어 매우 중요한 요인이다. 물류 창고가 시장에 가까울수록 재고를 더 가까이 유지할 수 있어 배송 시간이 줄어들고 판매량을 늘릴 수 있다. 또한 운송비를 줄임으로써 서비스 원가를 낮출 수 있다.

● 경쟁사의 위치

경쟁사의 위치도 서비스 입지를 결정하는 데 중요한 요인이다. 기존 경쟁사들의 상권이 형성되어 기반이 잡혀 있는 곳은 피하는 것이 좋으나, 어떤 경우에는 경쟁자들이 밀집되어 있는 곳이 마케팅이나 고객 유인 측면에서 유리할 수도 있다. 예를 들어 대형몰의 음식점들은 한 곳에 여러 음식점이 몰려 있다. 또한 의류상가에도 의류업체들이 몰려 있음으로 인해 고객 유인에 오히려 도움이 될 수 있다.

● 기타 요인들

일반 소매점의 경우에는 교통 흐름, 주차공간, 경쟁사와의 거리, 확장가능성, 관련 법규 등을 고려하여 입지선정 시 반영하여야 한다.

5.3 입지선정 기법

본 절에서는 다양한 유형의 정량적, 정성적 입지선정 기법을 소개한다. 이 들 기법들은 몇 곳의 후보 지역을 입지 대안으로 선정하고, 어느 입지에서 가장 많은 비용절감 혹은 이익을 얻을 수 있는지를 분석하는 기법으로써 여기에서는 총비용분석법, 요인분석법, 손익분기점법, 부하량-거리 기법, 수송계획법에 대해 살펴본다.

5.3.1 총비용분석법

총비용분석법은 입지선정 기법 중 간단하고 적용이 쉬워 가장 많이 이용되는 기법 중 하나이다. 이 방법은 사전에 정의된 여러 입지 후보 중에서, 각 후보지역을 선정할 경우의 비용을 계산하여 최소가 되는 지역을 선정하는 기법이다.

이 기법은 입지 요인 중 화폐 가치로 환산될 수 있는 요인만 고려하며, 사전에 생산 수량이 결정된 상태에서 입지를 선정한다. 다만, 화폐가치로 환산이 어려운 정성적 요인의 경우에는 이 기법을 통해 우선적으로 고려할 입지를 선정한 다음, 추후에 반영할 수 있다. [예제 5.1]은 총비용분석법에 의한 입지선정의 예이다.

예제 5.1

어느 회사에서 A, B, C 세 지역을 새로운 공장의 입지 후보로 생각하고 있다. 각 후보지역의 입지선정 시 발생할 비용 데이터를 수집하여 분석한 결과 다음 표와 같은 데이터를 얻었다. 정량적 비용 항목만을 고려할 경우 가장 적합한 후보 지역은 어디인가?

비용 요인	후보지역별 연간비용(단위: 천만원)		
	A	B	C
노무비	21	23	24
수송비	25	27	22
원재료비	19	16	20
세금	5	6	5
보험료	10	9	8
합	80	81	79

풀이

표에서 A 지역의 비용은 80천만원, B 지역은 81천만원, C 지역은 79천만원으로, C 지역의 비용이 가장 적다. 따라서 정량적 비용관점에서는 C 지역이 최적의 후보 지역이다. 여기에 입지선정 요인 중 다른 정성적 요인들(예를 들어, 지역사회의 태도나 노동력의 질 등)을 고려하여 최종 입지를 선정할 수 있다. ■

5.3.2 요인분석법

요인분석법은 화폐 가치로 환산 가능한 요인들에 대해서 계량적인 분석이 가능한 편리한 방법이다. 그러나 입지요인들 중에는 많은 요인들이 수치로 표현이 어렵다. 이에 계량적 요인들뿐만 아니라 정성적 요인도 함께 고려하여 입지선정을 하고자 할 경우 적용할 수 있는 방법이 요인분석법이다.

요인분석법의 절차는 다음과 같다.

(1) 현재 고려중인 후보 지역을 선정한다.

(2) 여러 입지 요인 중 후보 지역의 평가에 적용할 입지요인을 결정한다.

(3) 입지 요인에 대한 가중치를 결정한다. 이때 가중치의 합은 1이 되도록 한다.

(4) 각 후보지역에 대해 요인별 점수를 결정한다.

(5) 각 후보지역별로 가중치의 합계를 구하여 평가점수를 계산한다. 이때, 여러 명의 평가자가 참여하여 그 평균값을 이용할 수 있다.

(6) 평가 점수가 가장 높은 지역을 최종 지역으로 선정한다.

요인분석법에 의한 입지선정의 예가 [예제 5.2]에 나와 있다.

예제 5.2

한 제조업체에서 신규 공장의 후보지역으로 구미와 창원을 고려하고 있다. 두 후보지역 중 한 곳을 선정하기 위한 평가 요인으로는 생산원가, 노동환경, 자원근접성, 지역사회태도, 수송 편의성, 자사시설근접성을 적용하고자 하며, 각각의 가중치는 0.6, 0.2, 0.1, 0.05, 0.03, 0.02로 하고자 한다. 요인분석법에 의한 평가 결과, 어느 곳이 최적 입지인가?

풀이

두 지역에 의한 평가 결과는 다음 표와 같다.

입지요인	가중치	구미	창원
생산원가	0.60	100	94
노동환경	0.20	60	67
자원근접성	0.10	66	70
지역사회태도	0.05	80	70
수송편의성	0.03	90	85
자사시설근접성	0.02	60	50
가중치 합계		86.5	83.85

구미의 가중치 합이 86.5로 창원보다 높으므로 구미를 최종 지역으로 선정한다. ■

5.3.3 손익분기점법

손익분기점법은 사전에 생산능력이 결정되지 않은 상태에서, 시설 설립에 따른 비용을 고정비와 변동비로 구분하여 생산능력에 따른 총비용이 최소가 되는 곳을 선정하는 기법이다. 이 기법은 기업의 경영자가 산출량에 따라서 최선의 대안이 어떻게 달라지는가를 판단하고자 할 때 중요한 정보를 제공해 준다. 손익분기점법의 절차는 다음과 같다.

(1) 후보지역을 결정한다.
(2) 각 후보지역별로 변동비와 고정비를 산출한다. 변동비는 산출량이 변함에 따라 직접적으로 영향을 받는 비용이다. 고정비는 산출량에 관계없이 후보지역으로 결정되면 발생하는 비용이다.
(3) 각 후보지역별로 산출량에 따른 총비용(변동비와 고정비의 합)의 변화를 나타내는 함수를 구한다(그래프를 통해 표현 가능).
(4) 산출량별 최적 입지를 구한다.

[예제 5.3]을 통해 손익분기점법의 적용방법을 자세히 살펴본다.

예제 5.3

고가의 대형 금형 설비를 생산하고 있는 어느 기업에서 새로운 입지 후보로 3개 지역을 선정하였다. 토지비용, 세금, 보험료, 건축비 등의 고정비와 산출량에 따라서 변동하는 노무비, 재료비, 수송비, 기타 변동성 비용을 변동비로 고려하여 다음과 같은 데이터를 얻었다.

후보	연간고정비(억원)	단위당 변동비(억원)
A 지역	100	6
B 지역	200	5
C 지역	500	4

(1) 연간 생산수량이 170개일 경우, 최적 입지는 어느 곳인가?
(2) 연간 생산수량이 500개일 경우, 최적 입지는 어느 곳인가?

풀이

연간산출량에 따른 총비용의 함수를 그래프로 나타내면 [그림 5.1]과 같다. 여기에서 직선 A(지역 A의 비용함수)와 직선 B(지역 B의 비용함수)가 만나는 점의 산출량 x는

$$100 + 6x = 200 + 5x$$
$$x = 100$$

이 된다. 또한 직선 B와 직선 C(지역 C의 비용함수)가 만나는 점의 산출량 y는

$$200+5y=500+4y$$
$$y=300$$

이 된다. 따라서 산출량이 100개 이하일 경우에는 지역 A, 산출량이 100에서 300개 사이일 경우에는 지역 B, 300개 이상일 경우에는 지역 C가 최적 입지가 된다.

(1) 산출량이 170인 경우에는 지역 B가 최적 입지이다.

(2) 산출량이 500인 경우에는 지역 C가 최적 입지이다.

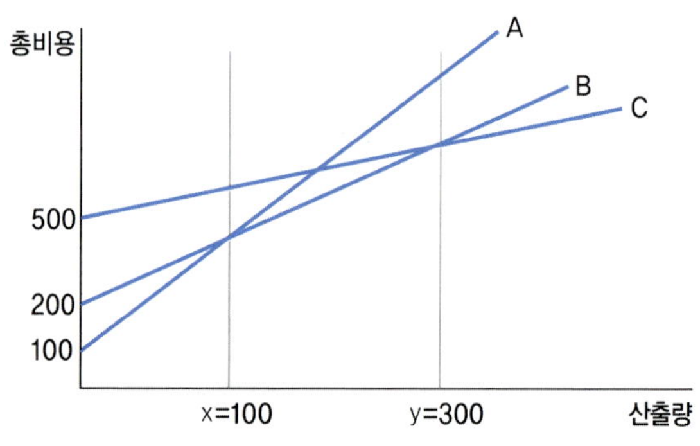

[그림 5.1] **손익분기점법에 의한 입지선정**

5.3.4 부하량-거리 기법

기존 입지와 후보 입지와의 거리와 관련된 분석 방법이다. 제조업이냐 서비스업이냐에 관계없이 거리는 입지선정에서 중요한 요인이다. 시장과의 근접성, 공급자의 근접성 등과 같이 입지의 많은 요인들이 거리에 따라 영향을 받는 사항들이며, 입지 간의 거리는 수송비에 영향을 미치기 때문이다.

부하량-거리 기법은 새로운 시설과 기존 시설들 간의 총수송비를 최소화하는 입지를 최적 입지로 선정하기 위한 기법이다. 입지 간의 수송 거리와 수송량

을 고려하여 수송비를 산정하고 총수송비가 최소가 되는 지역을 새로운 설비의 입지로 선정하게 된다.

지역 간의 거리 측정

각 지역 간의 거리는 유클리디안 거리(Euclidean distance) 혹은 직각 거리(rectilinear distance)를 이용할 수 있다. 유클리디안 거리는 좌표평면상의 두 지점 $A(x_1, y_1)$와 $B(x_2, y_2)$ 사이의 직선거리 또는 가장 짧은 거리를 의미한다. 두 지점 A, B의 유클리디안 거리는 다음과 같이 나타낼 수 있다.

$$d_{AB} = \sqrt{(x_1 - x_2)^2 + (y_1 - y_2)^2}$$

직각 거리는 두 지점 간의 이동이 직각의 좌표를 가진 지점들을 통해 이동한다는 가정하에 두 지점 간의 거리를 나타낸 값이다. 이 거리는 x축 값의 절대값 차이와 y축 값의 절대값 차이의 합이며, 다음 식으로 나타낸다.

$$d_{AB} = |x_1 - x_2| + |y_1 - y_2|$$

부하량-거리 계산과 무게중심법

두 지점 간의 거리는 앞서 설명한 유클리디안 거리나 직각 거리를 이용하여 계산할 수 있다. 그러나 실제 수송비는 두 지점 간의 거리와 부하량의 곱으로 계산된다. 따라서 같은 거리의 서로 다른 두 쌍의 지역이라도 지역 간 부하량이 다르면 수송비도 달라진다. 따라서 수송비에 대한 입지선정에서는 두 지점과의 거리뿐 아니라 예상되는 부하량도 함께 고려해야 한다. 여기서 수송량은 실제 운송횟수나 이동량을 의미한다.

후보지역에 대한 부하량-거리 계산은 기존 설비와 후보지역 간의 거리에 부하량을 곱한 값으로 계산하면 된다. 여러 후보지역 중 이 부하량-거리 계산 결과가 가장 적은 지역이 최종 선정된다. 부하량-거리 계산은 비교적 간단하게 후보지역에 대한 값을 계산할 수 있으나, 지리상 수없이 많은 지역에 걸쳐 가능한 모든 후보지역을 계산하는 것은 사실상 쉽지 않다. 따라서 위치 선정을 위해 먼저 기존 설비의 무게중심을 찾는 것이 필요하다.

지리적인 무게중심점은 다음과 같이 계산한다. 기존 n개의 설비의 좌표를 (x_1, y_1), (x_2, y_2), $\cdots$, (x_n, y_n)이라고 하자. 또한 n곳의 부하량은 각각 p_1, p_2, $\cdots$, p_n이라고 하자. 그러면 무게중심점 (x^*, y^*)는 다음과 같다.

$$(x^*, y^*) = \left(\sum_{i=1}^{n} p_i x_i, \ \sum_{i=1}^{n} p_i y_i\right)$$

이렇게 구한 무게중심점은 실제 유클리디안 거리나 직각 거리에 의해 구한 최적 위치는 아니다. 하지만, 무게중심점 인근 위치를 후보지역으로 선정한 다음 부하량-거리 계산을 통해 최적 입지를 얻을 수 있다. [예제 5.4]는 무게중심점계산의 예를 보여준다.

예제 5.4

한 중소도시에서 새로운 건강검진 센터를 도시 내의 시민 거주지역 가까이에 신규로 개설하고자 한다. 이 도시 내의 주택 지역은 모두 네 곳으로 각 지역의 인구정보와 위치정보는 다음과 같다.

지역	인구수(천 명)	(x, y)
A	70	(2, 6)
B	61	(7, 5)
C	38	(4, 3)
D	50	(5, 8)

건강검진을 위해서는 4개 지역의 시민들이 건강센터를 방문해야 한다. 이 건강센터가 들어설 지역의 무게중심점은 어디인가?

풀이

각 지역별 좌표와 인구수를 고려한 가중치는 다음과 같다.

지역	좌표 및 인구수			
	$(x,\ y)$ 좌표	p 인구수	px	py
A	(2, 6)	70	140	420
B	(7, 5)	61	427	305
C	(4, 3)	38	152	114
D	(5, 8)	50	250	400
		219	969	1,239

무게중심점 $(x^*,\ y^*)$는 다음과 같으며, 각 지역과 무게중심점의 좌표상의 위치는 [그림 5.2]와 같다.

$$(x^*,\ y^*) = \left(\frac{969}{219},\ \frac{1{,}239}{219}\right) = (4.42,\ 5.66)$$

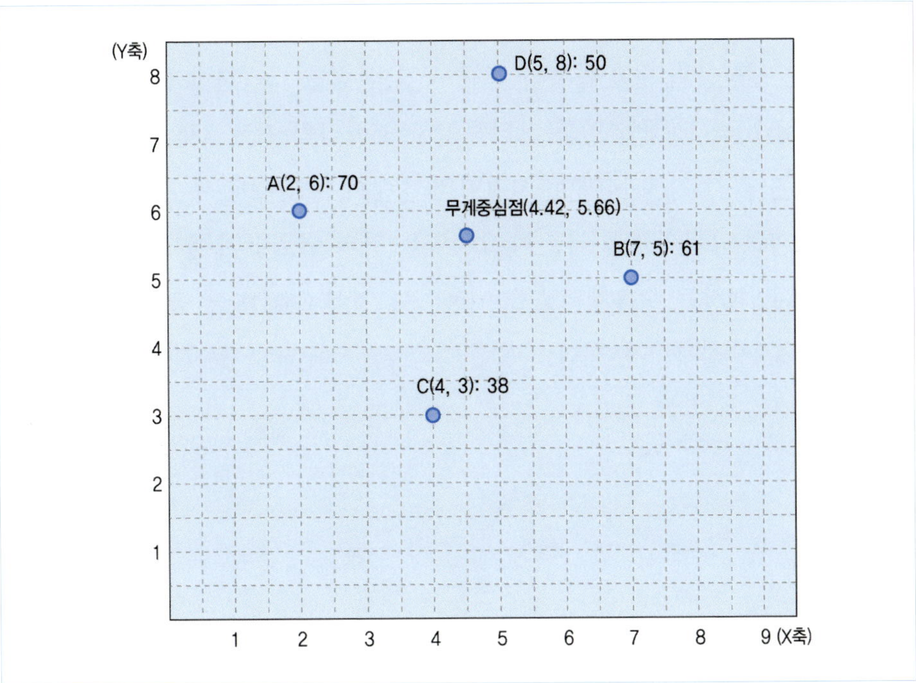

[그림 5.2] 무게중심법에 의한 입지선정

무게중심점 (4.42, 5.66)이 반드시 최적해가 되는 것은 아니다. 하지만 이 무게중심점을 시작으로 인근에 입지 가능 지역 후보들을 선정하고 이 후보들 중 최적 입지를 구할 수 있다. ■

5.3.5 수송계획법

수송계획법(transportation method)은 부하량-거리 기법과 마찬가지로 총 수송비용을 최소화하는 입지를 선정한다는 관점에서는 유사한 방법이다. 그러나 새로운 입지가 들어설 경우, 기존 입지들 간의 수송량이 달라져 수송비용에도 영향을 미칠 수 있는 경우가 발생할 수도 있으므로, 이런 경우에 전체 수송망의 관점에서 총수송비용을 최소로 하는 입지를 선택하는 기법이다.

다음의 예를 통하여 수송계획법의 입지선정 절차를 설명한다.

K사는 두 곳의 공장 A, B에서 생산한 제품을 각각 세 곳의 수요지역(대리점) P, Q, R로 공급하고 있었으나, 최근 한 곳의 수요량이 증가하여 이 수요에 대응할 수 있는 생산능력 200 규모의 신규 공장 설립을 고려하고 있다. 후보지역으로는 C(대안 1)와 D(대안 2)를 고려중인데, C지역의 경우 3개 지역으로의 단위당 수송비가 각각 3, 6, 4이며, D지역의 경우에는 단위당 수송비가 각각 5, 3, 2이다. 현재의 공급지역과 기존 수요지역들 간의 단위당 수송비는 [그림 5.3]에 나타나 있다. K사는 수송계획법을 이용하여 지역 C와 D 중 총수송비를 고려한 최적 입지를 선정하고자 한다.

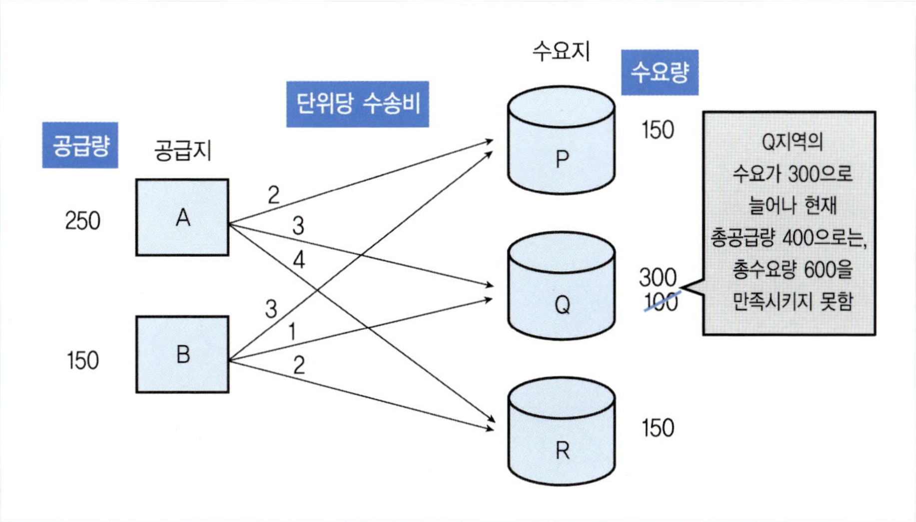

[그림 5.3] 현재의 수송망

각 대안별 수송망은 [그림 5.4], [그림 5.5]와 같다.

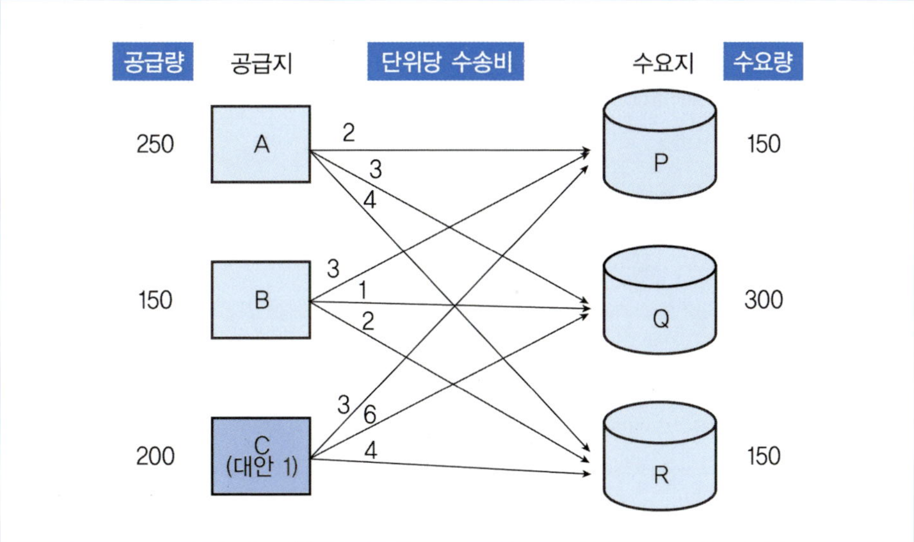

[그림 5.4] 대안 1(C지역)의 수송망

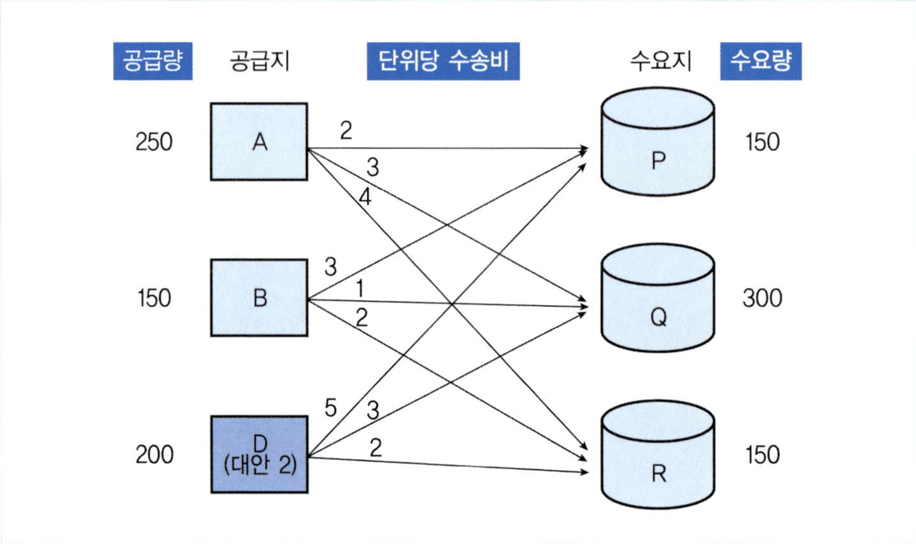

[그림 5.5] **대안 2(D지역)의 수송망**

먼저 대안 1의 총 수송비용을 다음과 같은 절차를 통해 구한다.

step ① 전체 공급지와 수요지로 구성된 수송표(transportation table)를 작성한다. 수송표의 각 행(row)에는 공급지를, 각 열(column)에는 수요지를 나타내고, 각각의 공급지와 수요지 간의 단위당 수송비 $c_{ij}(i = A, B, C,\ j = P, Q, R)$를 각 칸의 모서리에 적는다. 또한, 각 행과 열의 마지막에는 지역별 공급량과 수요량을 적는다.

step ② 공급량과 수요량을 맞출 수 있는 임의의 수송방법 한 가지를 찾아 각 공급지와 수송지 간의 수송량 $x_{ij}(i = A, B, C,\ j = P, Q, R)$를 수송표에 기록한다. 여기에서는 왼쪽 위부터 오른쪽 아래로 가면서 가능한 최대수량을 할당하여 초기 해를 구하는 북서코너법(north-west corner method)을 이용한다.

[그림 5.6]은 위의 step ①과 ②에 의해 작성한 초기 수송표이다.

공급지 A에서 수요지 Q로의 단위당 수송비

공급지 A에서 수요지 Q로 초기할당된 수송량

공급지 \ 수요지	P	Q	R	공급량
A	2 / 150	3 / 100	4	250
B	3	1 / 150	2	150
C	3	6 / 50	4 / 150	200
수요량	150	300	150	600

수요지 P의 총 수요량

공급지 C의 총 공급량

[그림 5.6] **대안 1의 초기 수송표**

초기 수송표에 의한 총수송비용 TC를 다음 식에 의해 계산한다.

$$TC = \sum_i \sum_j c_{ij} x_{ij}$$

현재의 수송표에 의한 총수송비용은 다음과 같다.

$$TC = 2 \times 150 + 3 \times 100 + 1 \times 150 + 6 \times 50 + 4 \times 150 = 1{,}650$$

step ③ 수정배분법(modified distribution method)을 이용하여 초기 해를 개선해 나간다. 세부적인 절차는 다음과 같다(편의상 공급지역 A, B, C를 공급지 1, 2, 3으로, 수요지역 P, Q, R을 수요지 1, 2, 3으로 나타낸다).

③-1 수송표의 왼쪽에 r_i행과 위쪽에 k_j열을 추가한다.

③-2 현재의 수송표에 $r_1=0$으로 세팅한다.

③-3 현 수송표에서 수송량이 할당된 모든 칸에 대하여, $c_{ij}=r_i+k_j$를 이용하여 모든 r_i와 k_j를 계산한다. 계산 결과는 다음과 같다.

$$c_{11}=r_1+k_1=0+k_1=2\rightarrow k_1=2$$
$$c_{12}=r_1+k_2=0+k_2=3\rightarrow k_2=3$$
$$c_{22}=r_2+k_2=r_2+3=1\rightarrow r_2=-2$$
$$c_{32}=r_3+k_2=r_3+3=6\rightarrow r_3=3$$
$$c_{33}=r_3+k_3=3+k_3=4\rightarrow k_3=1$$

③-4 할당되지 않은 칸에 대하여 $c'_{ij}=c_{ij}-r_i-k_j$를 계산한다. 계산결과는 다음과 같다.

$$c'_{13}=c_{13}-r_1-k_3=4-0-1=3$$
$$c'_{21}=c_{21}-r_2-k_1=3+2-2=3$$
$$c'_{23}=c_{23}-r_2-k_3=2+2-1=3$$
$$c'_{31}=c_{31}-r_3-k_1=3-3-2=-2$$

이 단계까지의 계산 결과를 수송표에 나타내면 [그림 5.7]과 같다.

		$k_1=2$	$k_2=3$	$k_3=1$	
	수요지 / 공급지	P	Q	R	공급량
$r_1=0$	A	[2] 150 (−)	[3] 100 (+)	[4] $c'_{13}=3$	250
$r_3=-2$	B	[3] $c'_{21}=3$	[1] 150	[2] $c'_{23}=3$	150
$r_3=3$	C	[3] $c'_{32}=-2$ (+)	[6] 50 (−)	[4] 150	200
	수요량	150	300	150	600

[그림 5.7] 수송표 갱신

③-5 ③-4 단계에서 계산한 c'_{ij}값이 모두 0보다 크거나 같으면 현재의 할당이 최적해이다. 아니면, 가장 큰 음수 값을 갖는 빈 칸으로 할당량을 최대로 이동시킨다. 여기에서는 c'_{31}=-2이므로, (3, 1)칸으로 새롭게 할당한다. 이때, 기존 할당된 칸들과 (3, 1) 칸을 포함하는 사이클을 찾아서 최대량을 이동시킨다. 예에서는 (3, 1)-(1, 1)-(1, 2)-(3, 2)가 사이클을 형성한다. 여기서 (3, 1)부터 교대로 할당량을 증감시킨다. 예에서 (3, 1)은 +50, (1, 1)은 −50, (1, 2)는 +50, (3, 2)는 −50이다. 다시 step ③-2로 돌아간다.

③-2 변경된 할당량이 기록된 수송표가 [그림 5.8]이다. 여기서 r_1=0으로 놓는다.

③-3 현재의 수송표에서 r_i와 k_j를 계산한 결과는 다음과 같다([그림 5.8]).

$$c_{11} = r_1 + k_1 = 0 + k_1 = 2 \rightarrow k_1 = 2$$
$$c_{12} = r_1 + k_2 = 0 + k_2 = 3 \rightarrow k_2 = 3$$
$$c_{22} = r_2 + k_2 = r_2 + 3 = 1 \rightarrow r_2 = -2$$
$$c_{31} = r_3 + k_1 = r_3 + 2 = 3 \rightarrow r_3 = 1$$
$$c_{33} = r_3 + k_3 = 1 + k_3 = 4 \rightarrow k_3 = 3$$

③-4 현재의 수송표에서 c'_{ij}를 계산한 결과는 다음과 같다([그림 5.8]).

$$c'_{13} = c_{13} - r_1 - k_3 = 4 - 0 - 3 = 1$$
$$c'_{21} = c_{21} - r_2 - k_1 = 3 + 2 - 2 = 3$$
$$c'_{23} = c_{23} - r_2 - k_3 = 2 + 2 - 3 = 1$$
$$c'_{32} = c_{32} - r_3 - k_2 = 6 - 1 - 3 = 2$$

	공급지 \ 수요지	P ($k_1=2$)	Q ($k_2=3$)	R ($k_3=3$)	공급량
$r_1=0$	A	[2] 100	[3] 150	[4] $c'_{13}=1$	250
$r_2=-2$	B	[3] $c'_{21}=3$	[1] 150	[2] $c'_{23}=1$	150
$r_3=1$	C	[3] 50	[6] $c'_{32}=2$	[4] 150	200
	수요량	150	300	150	600

[그림 5.8] **최적 수송표**

③-5 모든 c'_{ij}값이 0보다 크므로 현재의 수송량 할당이 최적이다. 따라서 공급지 3(C지역)으로 입지를 선정하였을 경우의 총수송비용은

$$TC = 2\times100+3\times150+1\times150+3\times50+4\times150=1{,}550$$

이 된다. 이때의 최적할당은 A에서 P로 수송량 100, Q로 수송량 150, B에서 Q로 수송량 150, C에서 P로 수송량 50, R로 수송량 150이다.

같은 방식으로 공급 후보지역 D에 대해서도 최적할당과 그때의 총수송비용을 구할 수 있다. C를 선택했을 경우의 총수송비용과 D를 선택했을 경우의 총수송비용을 비교하여 비용이 더 적은 지역이 최적 공급지역이 된다. 후보지역 D에 대한 수송계획법 적용은 연습문제를 참고하라.

수송계획 문제의 해를 구하는 방법은 이 책에서 기술한 방법 이외에도 선형계획법(linear programming)에 의해서도 구할 수 있다. 선형계획법에 대한 자세한 내용은 경영과학 교재를 참고하기 바란다.

5.4 설비배치

설비배치(facility layout)란 설비 내에서 사용되는 경제적 활동 센터(economic activity center)를 물리적으로 배치하는 의사결정을 말한다. 여기서 경제적 활동 센터란 작업장, 작업자, 기계, 사무실, 통로, 창고 등 공간을 필요로 하는 모든 것을 말한다. 설비를 배치할 때에는 먼저 어떤 센터를 배치에 포함시킬 것인가를 결정하고, 각 센터의 필요 공간과 생산능력을 파악해야 한다. 또한 각 센터의 공간 구성을 정의한 후 최종적으로 센터의 물리적 위치를 정한다.

이러한 설비배치는 크게 네 가지 유형으로 구분할 수 있다.

첫째, 기능에 따라 작업장을 구성하는 공정별 배치(process layout)가 있다. 둘째, 작업순서에 따라 작업장을 배치하는 제품별 배치(product layout)가 있다. 셋째, 전체 설비 내에서 일부는 공정별로 배치하고 일부는 제품별로 배치하는 혼합형 배치(hybrid layout)가 있다. 네 번째 배치 형태는 제품은 한 장소에 고정되어 있고, 작업자나 기계들이 이동하면서 작업하는 고정위치 배치(fixedposition layout)가 있다. 이 책에서는 공정별 배치와 제품별 배치를 중심으로 설비배치 유형을 학습한다.

5.4.1 공정별 배치

공정별 배치는 동일한 기능을 갖는 설비와 장비를 집단으로 묶어서 배치하는 것으로써 기능별 배치라고도 한다. 이렇게 기능이 유사한 기계, 설비를 한데 묶음으로써 기계의 보전성이 높아지며, 동일 기계 설비를 사용하여 다양한 제품을 생산함으로써 사용범위를 높일 수 있다. 따라서 이 배치는 주문생산을 통한 가공공정에 주로 이용되며, 다품종소량생산시스템에 적합한 배치방식이다. 또한, 부품이나 구성품들의 표준화가 어려운 경우에도 적합한 방식이다.

[그림 5.9]는 공정별 배치의 전형적인 예를 보여준다. 이 배치는 각각의 작업 내용이 상이한 연마, 단조, 주조, 천공, 용접, 절삭의 6개 작업장으로 구성되어 있다. 예를 들어 제품 1은 단조-용접-절삭 작업장을 거쳐서 작업이 진행되는 반면에, 제품 2는 연마-단조-절삭-천공 순으로 작업이 이루어진다. 또한 제품 3과 제품 4도 제품 특성에 맞게 다른 작업 경로로 작업이 수행된다.

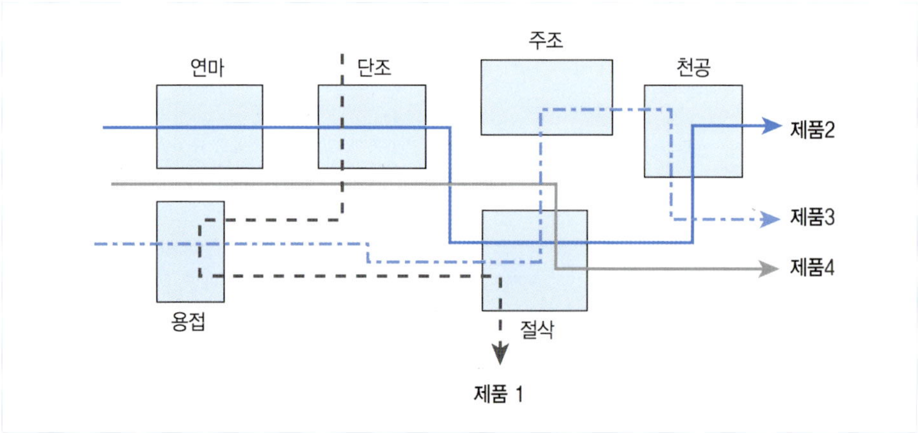

[그림 5.9] 공정별 배치의 예

공정별 배치는 매우 다양한 종류의 제품을 생산할 수 있는 유연성이 높은 배치 방식이다. 또한 일부 기계 설비가 고장 나더라도 전체 시스템에 미치는 영향이 크지 않으며, 범용 설비의 경우 비교적 저렴하며 정비가 용이한 장점이 있다. 그러나 공정간 효율 차이가 크고 제품별 배치보다 단위당 원가가 높으며, 설비 이용률이 낮다. 그리고 재공품 재고량이 높은 배치방식이다. 또한 작업의 특수성으로 인해 숙련된 노동자를 요구한다.

5.4.2 제품별 배치

제품별 배치는 제품이나 서비스를 생산하기 위한 작업 절차와 동일하게 설비를 배치하는 방식이다. 보통 제품별 배치에서는 컨베이어와 같은 운반 장치가 필요하며, 특정 제품을 생산하기 위한 전용 설비를 이용한다. 자동차나 전자제품 등의 조립 생산공정에 주로 이용되는 배치방식이기도 하다. 이 배치는 생산능률은 높으나 설비투자비용이 커서 수요가 감소하면 단위당 원가가 상승하는 원인이 된다. 제품별 배치 시에 고려해야 하는 중요한 한 가지는 배치의 효율을 높이는 것이다.

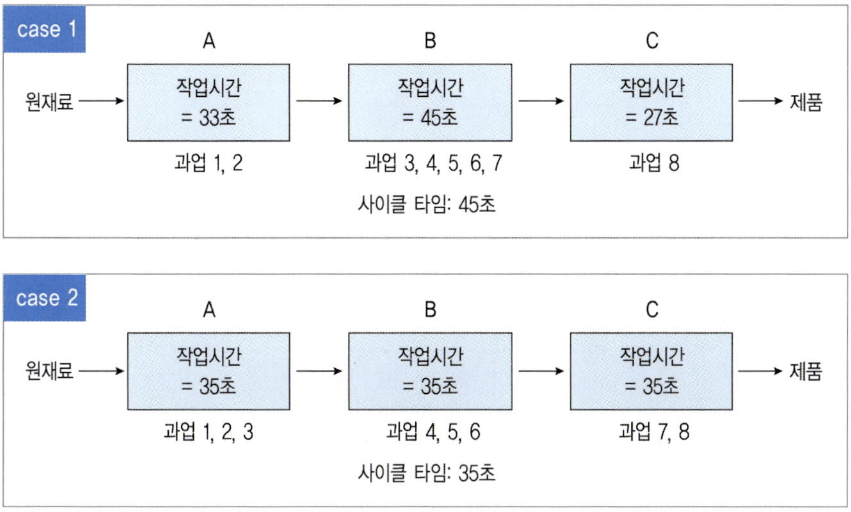

[그림 5.10] **두 가지 제품별 배치의 비교**

[그림 5.10]의 두 가지 배치를 고려해 보자. 두 가지 모두 동일한 제품을 생산하는 제품별 배치로써 모두 세 곳의 작업장으로 구성되어 있으며, 두 case 모두 전체 작업시간의 합은 105초이다. case 1에서는 작업장 A에는 과업 1, 2가 포함되어 있으며 작업시간은 33초이다(여기서 과업(task)이란 최소의 작업 단위를 말한다). B에는 과업 3, 4, 5, 6, 7이 포함되어 있으며 총 작업시간은 45초이다.

C에는 과업 8이 포함되어 있고 작업시간은 27초이다. 여기서 과업 3의 작업시간을 2초, 과업 7의 작업시간을 8초라고 가정하자. 그리고 과업 3을 작업장 A로, 과업 7을 작업장 C로 옮긴 경우를 case 2라고 하자. 그러면 case 2의 모든 작업장의 작업시간은 35초로 동일해진다. case 1에서는 작업장 B가 병목공정으

로 전체 작업의 사이클 타임은 45초가 된다. 반면 case 2의 사이클 타임은 35초이다([그림 5.11] 참고).

[그림 5.11] **동일 공정의 다른 배치에 따른 사이클 타임 비교**

case 2의 경우에는 모든 작업장이 유휴 시간이 없이 100% 라인능률을 보이는 반면, case 1의 라인능률은 다음과 같이 77.7%(불균형률 22.3%)가 된다.

$$\text{라인능률} = \frac{\text{실제작업에 소요된 총시간}}{\text{사이클 타임} \times \text{작업장 수}} = \frac{33+45+27}{45 \times 3} = 0.777(77.7\%)$$

따라서 제품별 배치에서 라인의 능률을 제고하기 위해서는 작업장별 작업 시간의 균형을 맞추는 것이 중요하다. 이를 라인밸런싱(line balancing)이라고 하는데, 궁극적으로 각 작업장별로 수행할 과업을 균형 있게 배치하여, 전체 라인의 능률을 올리고자 하는 것이다. 라인밸런싱 진행 절차는 다음과 같다.

라인밸런싱 절차

step ⓪ 대상제품을 선정하고, 과업 및 과업별 작업시간을 정의한다.

step ① 과업들 간의 선후관계를 고려한 선후 공정도를 작성한다.

step ② 목표로 하는 사이클 타임(CT)을 설정한다. 사이클 타임은 다음과 같이 산출한다.

$$CT = \frac{1\text{일 가용시간}}{1\text{일 생산량}}$$

step ③ 목표 사이클 타임을 충족시키는 이론상 최소 작업장 수를 다음과 같이 결정한다.

$$\text{최소 작업장 수} = \frac{\sum t_i}{CT}, \text{ 여기서 } t_i \text{는 과업 } i \text{의 작업시간}$$

step ④ 다음 절차에 의해 작업장별로 과업을 할당한다.

④-1 새로운 작업장을 생성한다.

④-2 다음 조건을 모두 만족하는 과업들을 선택한다.

조건1: 아직 어느 작업장에도 할당되지 않은 과업

조건2: 선행작업이 없는 과업(할당된 과업은 선행작업 리스트에서 제외한다.)

조건3: 현재 고려중인 작업장에 과업을 할당하더라도 CT를 넘지 않는 과업

위 세 조건을 모두 만족하는 과업이 존재하지 않으면 step ④-1로 간다.

④-3 선택된 과업 중에서 다음 규칙에 의해 하나의 과업을 선택한다.

규칙 1: 작업시간이 가장 긴 과업

규칙 2: 동일한 작업시간을 가질 경우, 후행작업이 가장 많은 과업

이 단계에서는 시행착오법에 의해 과업을 선택하는 것이므로 반드시 이 규칙을 따를 필요는 없다. 그러나 이 규칙은 좋은 해를 얻을 수 있는 권장할 만한 방법이다.

④-4 선택된 과업을 현재 고려중인 작업장에 할당한다.

④-5 아직 할당되지 않은 과업이 없으면 step ⑤로 간다. 아니면, step ④-2로 간다.

step ⑤ 최종 할당된 결과로부터 라인능률을 평가한다.

예제 5.5

10개의 과업으로 이루어진 제품 생산공정에서 과업들의 작업시간과 과업들 간의 선후행 관계가 다음과 같다.

과업명	작업시간(단위: 분)	선행과업
1	1.2	–
2	1.1	1
3	0.5	1
4	0.3	1
5	0.4	2, 3
6	0.4	4
7	1.3	5
8	0.8	6
9	0.7	7, 8
10	0.5	9
합계	7.2	

일 작업 시간은 8시간(=480분)이며, 일 목표 생산량은 290개이다. 이 공정의 라인 밸런싱을 하고자 한다.

(1) 사이클 타임은 얼마인가?

(2) 이론상 작업장 수는 몇 개인가?

(3) 선후행 관계를 네트워크로 표시하라.

(4) 라인밸런싱을 수행하라. 실제 필요한 작업장 수는 몇 개인가? 병목공정은 어느 작업장인가? 또한 최종 라인능률은 얼마인가?

풀이

(1) $CT = \frac{1일\ 가용시간}{1일\ 생산량} = \frac{480}{290} = 1.66(분)$

(2) 이론상 작업장 수 $= \frac{7.2}{1.66} = 4.34$이므로 5개이다.

(3) 선후행 관계 네트워크는 다음 [그림 5.12]와 같다.

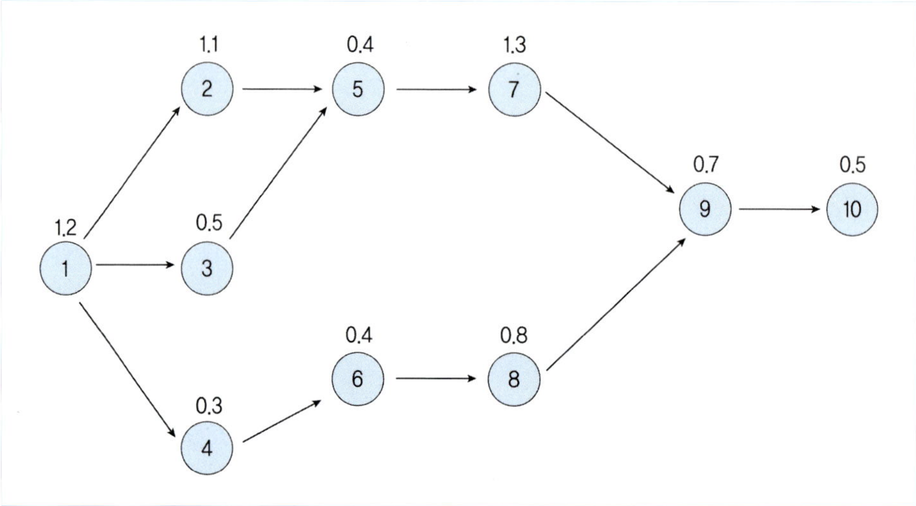

[그림 5.12] **선후행 관계도**

(4) 라인밸런싱 절차에 의해 각 작업장별로 과업들을 할당한 결과는 다음 표와 같다.

작업장	할당된 과업	작업시간(분)
A	1, 4	1.5
B	2, 3	1.6
C	6, 8, 5	1.6
D	7	1.3
E	9, 10	1.2

필요한 실제 작업장 수는 5개이며, 병목공정은 1.6분의 작업 시간을 갖는 작업장 B와 C이며 따라서 실제 사이클 타임은 1.6분이다. 또한, 라인능률은 $=\frac{7.2}{5\times1.6}=90(\%)$이다. ■

요약

- 새롭게 기업을 설립하거나 기존 시설의 확장이 필요할 경우 생산운영을 위한 사무실, 공장, 창고, 서비스 센터 등 제 공간의 지리적 위치를 결정하는 과정을 입지선정이라고 하며, 경쟁우선순위에 입각하여 입지를 결정한다.

- 제조업의 입지선정 요인으로는 공급업체와 자원에 대한 근접성, 노동 환경, 수송의 효율성, 사회적 비용과 토지 비용, 모기업과의 근접성을 들 수 있다.

- 서비스업의 입지선정 요인으로는 고객과의 근접성, 시장의 근접성 및 운송비, 경쟁사의 위치 등이 있다.

- 입지선정을 위한 기법은 입지선정 요인이 무엇이냐에 따라 다르게 적용할 수 있는데, 총비용분석법, 요인분석법, 손익분기점법, 부하량-거리 기법, 수송계획법 등이 있다.

- 총비용분석법은 사전에 정의된 여러 입지 후보 중에서, 각 후보 지역을 선정할 경우의 비용을 계산하여 최소가 되는 지역을 선택하는 기법이다.

- 요인분석법은 정성적인 입지선정 요인을 고려하는 기법이다.

- 손익분기점법은 사전에 생산능력이 결정되지 않은 상태에서, 시설 설립에 따른 비용을 고정비와 변동비로 구분하여 생산능력에 따른 총비용이 최소가 되는 곳을 선정하는 기법이다.

- 설비들 간의 위치 및 거리를 고려하여 입지를 선정하는 기법으로 부하량-거리 기법, 수송계획법이 있다.

- 설비배치란 설비 내에서 사용되는 경제적 활동 센터를 물리적으로 배치하는 의사결정을 말한다. 경제적 활동 센터란 작업장, 작업자, 기계, 사무실, 통로, 창고 등 공간을 필요로 하는 모든 것을 말한다.

- 설비배치 유형으로는 공정별 배치, 제품별 배치, 혼합형 배치, 고정위치 배치가 있다.

- 공정별 배치는 동일한 기능을 갖는 설비와 장비를 집단으로 배치하는 것으로써 기능별 배치라고도 한다.

- 제품별 배치는 제품이나 서비스를 생산하기 위한 작업 절차와 동일하게 설비를 배치하는 방식으로, 이 배치에서 라인의 능률을 제고하기 위해서는 작업장별 작업 시간의 균형을 맞추는 것이 중요하다.

주요 용어

5.1 입지선정의 개념

입지선정

5.2 입지선정 요인

입지선정 요인

5.3 입지선정 기법

총비용분석법

요인분석법

손익분기점법

부하량-거리 기법

유클리디안 거리(Euclidean distance)

직각거리(rectilinear distance)

무게중심법

수송계획법(transportation method)

수송표

선형계획법(linear programming)

5.4 설비배치

설비배치(facility layout)

경제적 활동 센터(economic activity center)

공정별 배치(process layout)

제품별 배치(product layout)

혼합형 배치(hybrid layout)

고정위치배치(fixed-position layout)

사이클 타임(cycle time)

라인능률

불균형률

라인밸런싱(line balancing)

연 습 문 제

1. 기업의 입지선정 의사결정이 필요한 경우에 대해 설명하라.

2. 네 가지 경쟁우선순위를 고려한 입지선정 요인에 대해 설명하라.

3. 제조업과 서비스업의 입지선정 요인에는 어떤 차이가 있는지를 설명하라.

4. 제조공장 및 서비스 시설의 입지선정 시 고려되어야 할 요인들 중 비용 외적인 요인들에 대해 설명하라.

5. 설비배치란 설비 내에서 사용되는 경제적 활동 센터를 물리적으로 배치하는 의사결정을 말한다. 여기서 경제적 활동 센터의 의미는 무엇인가?

6. 설비배치의 네 가지 유형에 대해 설명하라.

7. 설비배치 방식 중 제품별 배치와 공정별 배치의 특성 및 장단점을 비교하여 설명하라.

8. K 자전거 회사는 늘어나는 수요에 대응하기 위하여 두 곳의 지역 중 한 곳에 새로운 생산 설비를 신축하고자 한다. 두 후보지역의 입지선정 시 발생할 비용 데이터를 수집, 분석하여 다음과 같이 화폐 단위로 환산한 자료를 얻었다. 이 자료만을 참고할 경우, 적합한 후보지역은 어디인가?

비용 요인	후보지역	
	A	B
인건비	55	60
재료비	23	19
세금	10	8
건설비	123	142
수송비	21	11
보험료	13	10

9. 8번 문제의 K 자전거 회사가 요인분석법을 통해 입지를 선정한다고 하자. 이 회사는 입지 선정 요인을 원가, 지역사회의 태도, 수송편의성, 자원근접성, 토지비용, 세금으로 정의하였고, 각각에 대해 가중치를 다음 표와 같이 부여하였다. 또한 두 후보 지역에 대한 각 요인 항목별로 평가한 결과가 다음 표에 나타나 있다. 이 회사는 어느 지역을 선정하는 것이 나은가?

입지요인	가중치	A	B
원가	0.45	95	90
지역사회의 태도	0.20	90	90
수송편의성	0.15	85	95
자원근접성	0.10	90	70
토지비용	0.05	85	95
세금	0.05	95	95

10. P 전자는 창원, 포항, 구미 중 한 곳에 공장을 건설하려고 한다. 입지선정을 위한 조건으로는 비용 요소만을 고려중이며, 비용 요소는 고정비와 변동비로 이루어져 있다. 각각의 지역에 대한 고정비 및 변동비는 다음과 같다.

후보	연간고정비(만원)	연간변동비(만원)
창원	200	1.0
포항	400	0.3
구미	500	0.1

만약 연간 생산능력을 280개라고 할 때, 가장 좋은 입지는 어디인가? 또한, 400개일 경우의 가장 좋은 입지는?

11. 한 회사가 시내 다섯 군데에 위치한 백화점에 의류를 납품할 물류 창고를 건설하려고 한다. 다른 요인들은 고려하지 않고 새로 들어설 물류 창고와 백화점 간의 거리와 각 백화점으로의 수송량만을 고려하여 입지를 선정하기로 하였다. 다섯 곳의 백화점 좌표는 각각 A(2, 6), B(4, 3), C(5, 8), D(7, 5), E(9, 4)이며, 매달 각 백화점으로 납품할 물량은 다음 표와 같다. 부하량-거리 기법을 이용하여 물류 창고의 좌표를 구하라.

지역	위치	납품할 물량(단위)
A	(2, 6)	600
B	(4, 3)	400
C	(5, 8)	300
D	(7, 5)	700
E	(9, 4)	900

12. 창고 1, 2, 3에서 각각 3개의 서로 다른 지역으로 상품을 수송하려 한다. 각 창고에서 각 지역으로의 단위당 수송비(단위: 만원)는 다음과 같이 주어져 있다.

창고	배송지역		
	1	2	3
1	5	4	3
2	8	4	3
3	9	7	5

수송계획법을 이용하여 최적의 수송방법을 구하고자 한다. 현재 다음과 같은 해를 얻었다. 현재 해는 최적해인가? 만약 최적해가 아니라면, 최적 수송방법을 구하라.

현재의 수송방법	수송량
창고 1 → 지역 1	100
창고 2 → 지역 1	100
창고 2 → 지역 2	200
창고 3 → 지역 1	100
창고 2 → 지역 3	200

13. 부산제과회사는 롤케이크를 하루에 120, 170 상자씩 제조할 수 있는 공장 A, B 두 곳을 가지고 있다. 이 공장에서 생산된 롤케이크는 4곳의 대리점(1, 2, 3, 4)에 배달되는데, 최근 전반적인 수요 상승으로 모든 대리점의 수요가 하루 100상자로 뛰어올라, 공급능력 110상자의 공장 증설을 계획하고 있다. 이에 여러 곳의 후보에 대해 수송비용을 비교하여 입지를 선정코자 한다. 그중, C후보지역에 대해서 다음과 같은 수송표를 얻었다(단위: 천원).

공급지	수요지				공급량
	1	2	3	4	
A	8	13 20	4	7 100	120
B	11	14 70	6 100	10	170
C	6 100	12 10	8	9	110
수요량	100	100	100	100	400

(1) 위 수송표에 의하여 수송을 한다면, 총수송비용은 얼마인가?

(2) 위 수송표는 최적의 수송방식인가? 아니면, 최적 수송방법을 구하라.

14. 본문의 [그림 5.5]는 대안 2에 대한 수송망을 보여주고 있다. 이 수송망에 대하여 수송계획법을 이용하여 총수송비용을 최소화하는 수송계획을 수립하라. 총 수송비용은 얼마인가? 본문의 대안과 비교하여 어떤 대안이 더 나은가?

15. 한 회사의 제품 생산을 위한 과업들의 작업시간 및 선행공정은 다음 표와 같다. 이 회사는 하루 200개의 제품을 생산하며, 일 작업시간은 8시간이다. 다음 물음에 답하라.

과업	작업시간(초)	선행작업
A	40	–
B	70	A
C	30	D, E, F
D	25	B
E	15	B
F	8	B
G	125	A
H	135	G
I	130	F, H
J	110	C, I

(1) 사이클 타임을 구하라.

(2) 라인밸런싱을 위해서 이 과업들을 각 작업장별로 배치한다면, 최소 몇 개의 작업장이 필요한가?

(3) 라인능률을 최대화할 수 있도록 위 과업들을 각 작업장별로 나누어 배치하고자 한다. 위 10개의 과업을 각각의 작업장에 배치하라. 단, 각 과업의 할당 순서도 함께 제시하라.

16. 한 회사의 제품 생산을 위한 과업들의 작업시간 및 선행작업은 다음과 같다. 이 회사는 하루 480개의 제품을 생산하며, 일 작업시간은 8시간이다. 다음 물음에 답하라.

과업	작업시간(초)	선행작업
A	45	–
B	28	A
C	45	A
D	40	B
E	8	B
F	28	C
G	24	C
H	25	D, E
I	20	F, G
J	6	H, I

(1) 선후행 관계도를 작성하라.

(2) 최소로 필요한 작업장의 수는 몇 개인가?

(3) 라인밸런싱을 실행하라. 실제 사이클 타임은 얼마인가?

Chapter

06

총괄생산계획과 기준생산계획

Production and Operations Management

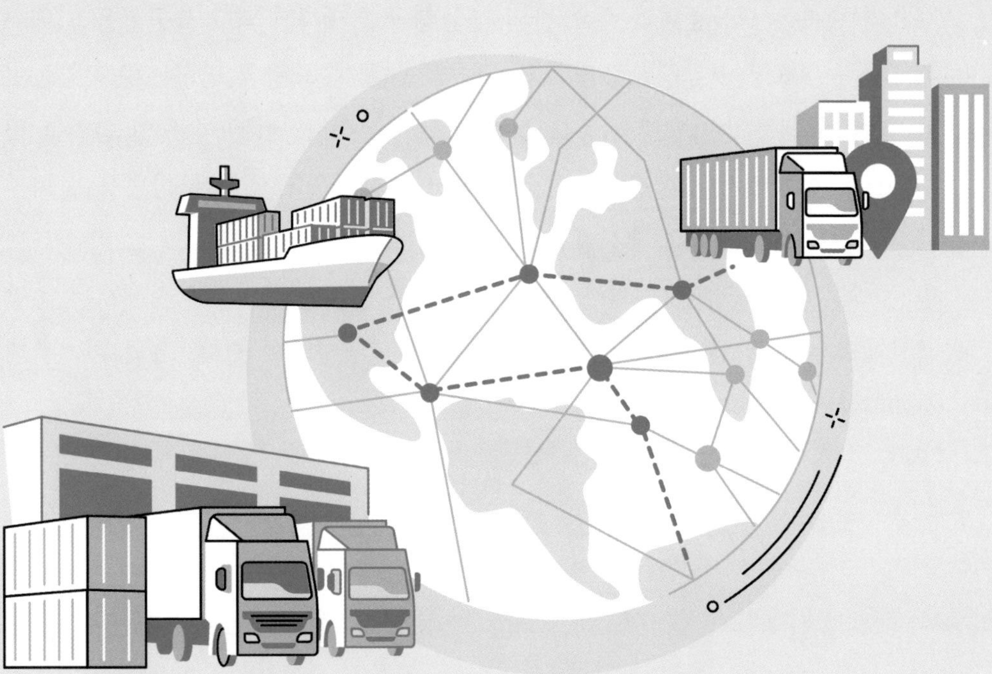

06 Chapter

Production and Operations Management

총괄생산계획과 기준생산계획

수요예측을 통해 미래의 수요를 파악하면 이 예측치에 기초하여 생산계획을 수립한다. 만약 예측 기간 동안의 수요가 일정하다면 생산계획 역시 일정한 인력과 장비 등으로 수요에 맞춰 대상 기간 동안 일정하게 생산을 진행하면 된다.

그러나 대부분의 경우 예측 기간 동안의 수요가 시간에 따라 달라진다. 이런 수요의 변화는 생산능력과 수요 간의 불균형을 초래하게 되고 불균형을 없애기 위해서는 수요량이나 생산량을 조절하여야 한다. 수요량의 변화는 판촉활동이나 가격 변경 등의 마케팅 활동을 통해 조정 가능하나, 이는 이 책의 범위를 벗어나므로 여기에서는 생산운영의 관점에서 생산량을 조절하는 방법을 살펴본다. 불균형 해소를 위해 생산량을 조절하는 방법은 생산율의 조정, 고용수준의 변경, 외주나 미납주문에 의한 조절 등 다양한 방법이 있다. 이 장에서는 총괄생산계획을 통해 생산량을 조절하는 방법, 총괄생산계획 전략, 그리고 기준생산계획에 대하여 학습한다.

6.1 총괄생산계획의 개념

총괄생산계획(APP: aggregate production planning)은 보통 1년 동안의 수요예측 결과에 기초하여 제품군에 대한 생산량 및 생산일정을 계획하는 것이다.

기업은 총괄생산계획을 기초로 단위 제품에 대한 세부적인 생산일정인 기준생산계획(MPS: master production schedule) 및 일정계획을 수립한다. 제품군이란 단위 개별 제품이 유사하면서 공통적인 생산과정과 인력, 원자재를 필요로 하는 제품들의 집합을 말한다. 예를 들어 냉장고와 TV를 생산하는 가전업체의 경우 냉장고 제품군과 TV 제품군으로 구분할 수 있다. 또 다른 예로 자전거를 생산하는 업체의 경우, 어린이용 자전거 제품군, 일반 성인용 자전거 제품군, 산악용 자전거 제품군 등으로 구분할 수 있다.

총괄생산계획은 한 제품군에 속하는 여러 제품 혹은 모델에 대한 하나의 생산계획을 수립하는 것이므로 제품군 내의 모든 제품에 공통적으로 사용할 수 있는 측정 단위가 필요하다. 일반적으로 사용되는 공통 측정 단위로는 화폐금액, 수량, 무게 등이 있다. 예를 들어 맥주의 경우에는 제품군에 포함되는 종류에 관계없이 무게로 얼마나 생산할 것인가에 대한 계획이 된다.

총괄생산계획은 기업의 생산 시스템뿐만 아니라, 다른 모든 기능들로부터 여러 가지 정보를 취합하여 계획을 수립하게 된다. 각 기능별로 총괄생산계획에 필요한 정보들은 [그림 6.1]과 같다.

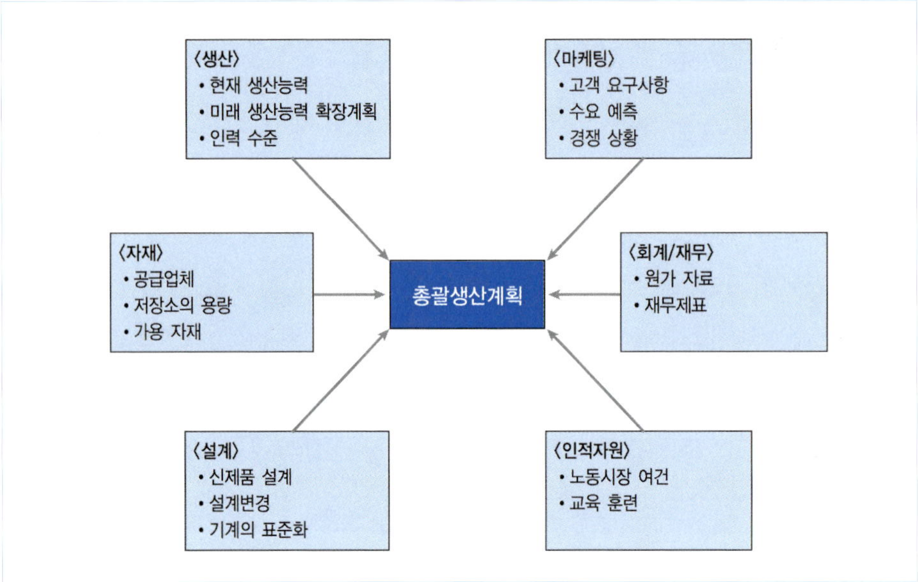

[그림 6.1] 총괄생산계획의 입력자료

6.2 총괄생산계획의 변수

총괄생산계획 수립 시에는 기업의 내외부 여러 가지 요인들에 의해 영향을 받는다. 외부적인 요인으로는 원재료 시장의 변화, 경쟁업체의 상황, 시장수요의 변화, 협력업체의 환경 및 사회, 경제적인 요인 등을 들 수 있다. 이러한 외부적인 요인들은 생산운영 관리자가 통제할 수 없는 요인들이다. 반면에 내부적인 요인들은 생산운영 관리자가 현재의 생산능력을 조절함으로써 통제가 가능한 변수들이다. 내부적인 요인에 의해 통제 가능한 변수로는 고용수준, 생산율, 재고, 납기 등이 있다.

6.2.1 고용수준 조정

수요 변동에 따라 인력을 고용하거나 해고함으로써 생산능력을 조절하는 방법이다. 이 방법은 실제로 매우 까다롭고 번거로운 절차를 거쳐야 한다. 신규 채용 시에는 채용을 위한 비용이 발생하며, 채용인력에 대한 교육 훈련비가 수반된다. 해고 시에도 퇴직금과 같은 해고비용뿐만 아니라 노동조합과의 협약에 위배되지 않아야 하며, 기타 종업원의 사기 저하 및 불안감이 높아지는 문제를 야기할 수 있다.

6.2.2 생산율 조정

이 방법은 신규 고용이나 해고 없이 기존 노동력의 노동시간을 조절함으로써 산출률을 변경하는 방법이다. 수요가 증가할 경우에는 잔업이나 하청을 통해 산출률을 높인다. 다만 하청의 경우에는 품질상의 차이로 인한 문제가 발생할 수 있다. 수요가 줄어들 때에는 단축근무 등을 통해 산출률을 줄인다. 장기적으로 수요가 크게 늘어날 것이 예상되는 경우에는 시설의 추가 확장을 통해 생산능력을 늘린다. 장기적인 시설 확장의 경우에는 많은 비용이 소요된다.

6.2.3 재고 수준 조정

재고를 보유함으로써 수요 변화에 탄력적으로 대응하는 방식이다. 미래의 수요가 증가할 경우에 대비하여 현재 수요보다 많은 양을 생산하여 재고를 보유하는 방식이다. 이 방법은 계절적 수요가 있는 제품군에 적합한 방식이라고 할 수 있다. 다만, 재고보유로 인한 재고유지비의 증가를 고려해야 한다.

6.2.4 납기 조정

시장의 수요가 생산능력을 초과할 경우에는 납기를 조절하여 이에 대응할 수 있다. 납기 조절 방법은 전체 수요를 지연시키는 방법과 일부 수요만 우선 충족시키는 분할 납품 방법이 있다. 납기 조정을 통해 수요 변동에 대응하기 위해서는 사전에 고객과의 협의가 필수적이다. 사전 협의 없이 납기를 지연시키거나 분할 납품을 할 경우, 고객의 신뢰도를 떨어뜨리는 결과를 가져오게 된다. 또한 사전 협의를 했다고 하더라도 이는 결과적으로 신용도 하락의 원인이 될 수 있으므로 납기를 조정하는 방법은 신중히 선택되어야 한다.

6.3 총괄생산계획 전략

총괄생산계획을 수립하는 것은 변수들(고용수준, 생산율, 재고, 납기)을 어떻게 적용하는가와 관련된 의사결정이다. 변수들을 어떻게 활용하느냐에 따라 총괄계획의 전략은 여러 가지로 달라질 수 있다. 먼저 다른 변수들은 고정하고 고용수준을 변화(채용과 해고)시키는 방법을 취할 수 있다. 또한, 다른 변수는 고정시키고 생산율을 변화(잔업, 단축근무)시키는 방법이 있다. 이 두 가지 방법은 모두 수요 변화에 따라 생산능력을 바로 변화시키는 방법으로 추종 전략이라고 한다. 고용수준과 생산율은 고정시키고, 재고 수준을 변화(재고보유, 미납주문 활용 등)시켜서 대응하는 전략은 평준화 전략이라고 한다. 이러한 전략들은 모두 한 가지 변수만을 변화시키는 전략으로 순수 전략이라고도 한다. 두 가지 변수를 동시에 변화시켜 대응하는 전략은 혼합 전략이라고 한다. [그림 6.2]는 각 변수와 전략과의 관계를 나타낸 것이다.

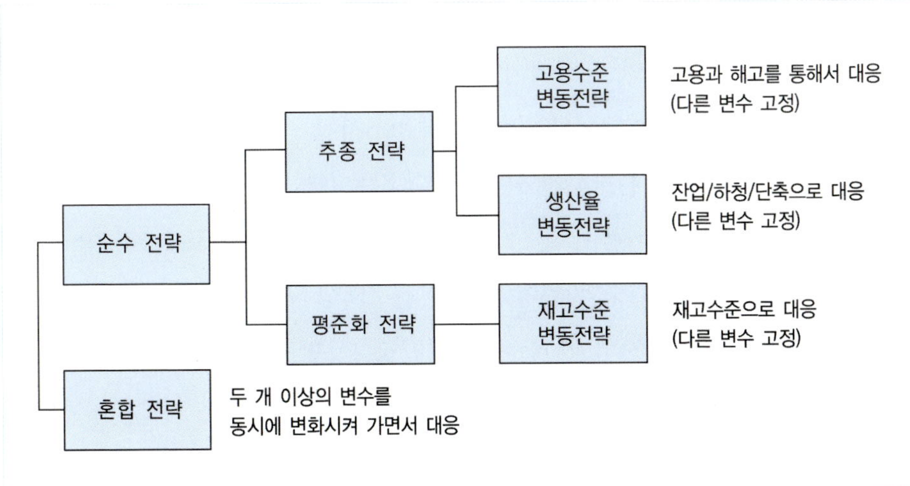

[그림 6.2] **총괄생산계획을 위한 전략과 변수의 관계**

이 책에서는 추종 전략과 평준화 전략에 대해 다음의 예를 들어 설명한다.

A 전자는 현재 200명의 종업원을 보유하고 있는 에어컨 전문 생산 기업으로 내년도의 생산계획을 수립하고자 한다. 수요예측 결과 에어컨 제품군에 대한 내년도 월별 수요가 〈표 6.1〉과 같다.

〈표 6.1〉 **월간 수요**

월	수요(대)
1	3,300
2	3,300
3	3,300
4	3,000
5	3,600
6	3,900
7	4,050
8	3,600
9	3,150
10	3,300
11	2,850
12	2,700
합계	40,050

이 회사의 종업원들은 정상적인 근무조건하에서 1인당 월 16대의 에어컨을 생산할 수 있다. 정상적인 환경에서는 월 근무일수가 매월 20일로 동일하며, 1일 근무시간은 8시간이다(정상 근무 시 월 160시간 근무이며, 1인당 10시간에 에어컨 한 대씩 생산한다). 직원 1명을 고용하는 데에는 100만원이 소요되며, 해고 시에는 50만원의 비용이 발생한다. 현재 이 회사는 최소 1,500대의 재고를 비축하고 있으며, 재고유지비용은 에어컨 1대당 월간 1만원이다. 종업원의 월 급여는 160만원이며 잔업 시 급여는 시간당 1.5만원이다. 그리고 잔업 시에는 에어컨 1대의 생산에 소요되는 시간이 11시간이다.

이상의 A 전자 사례를 기초로 각각의 전략에 의한 총괄생산계획 수립 과정을 살펴본다. 또한, 각 전략을 선택했을 때의 관련 생산비용에 대해서도 살펴본다.

6.3.1 추종 전략

순수한 추종 전략은 다른 변수는 고정시키고 고용과 해고를 활용하는 고용수준 변동전략과 잔업이나 하청을 활용하는 생산율 변동전략이 있다.

● 고용수준 변동

먼저 고용수준을 변동(고용, 해고)시키는 방법에 의해 수요를 추종하는 생산계획을 살펴본다. 매월 노동시간(A)은 총수요량과 단위당 작업시간의 곱으로 계산된다. 그러면 필요한 노동인력(B)은 노동시간을 월간 정상 작업시간으로 나눈 값이다.

필요노동력의 전월 말의 인력보다 많으면 그 차이만큼의 인력을 고용(C)하고, 전월말의 인력이 필요노동력보다 많으면 그 차이만큼의 인력을 해고(D)한다. 이상의 계산 절차는 아래 식과 같다.

노동시간(A) = 수요량 × 작업시간 / 단위 = 수요량 × 10

필요노동력(B) = 노동시간(A) / 월간 작업시간 = (A) / 160

전월말 노동력(E) < 필요노동력(B)이면, 고용인원(C) = (B) − (E)

전월말 노동력(E) > 필요노동력(B)이면, 해고인원(D) = (E) − (B)

위 식에 의해서 고용수준 변동전략에 의한 매월 고용인력과 해고인력을 계산한 결과가 〈표 6.2〉에 나타나 있다.

〈표 6.2〉 **고용수준 변동전략**

월	생산 가능일수	수요량	필요노동 시간 (A)	필요인원 (B)	고용인원 (C)	해고인원 (0)	월말인력 (E)
1	20	3,300	33,000	207	7		207
2	20	3,300	33,000	207			207
3	20	3,300	33,000	207			207
4	20	3,000	30,000	188		19	188
5	20	3,600	36,000	225	37		225
6	20	3,900	39,000	244	19		244
7	20	4,050	40,500	254	10		254
8	20	3,600	36,000	225		29	225
9	20	3,150	31,500	197		28	197
10	20	3,300	33,000	207	10		207
11	20	2,850	28,500	179		28	179
12	20	2,700	27,000	169		10	169
합계				2,509	83	114	2,509

필요노동력을 계산할 때 주의할 점은, 인력의 소수점은 모두 올림으로 계산하여야 한다는 점이다. 예를 들어, 1월의 필요노동력(B)은 33,000/160=206.25(명)이므로 실제 필요노동력은 207명으로 계산되어야 한다.

이 전략의 전체 비용을 계산해 보자. 비용항목은 인건비와 재고유지비, 그리고 고용비용과 해고비용으로 구성된다. 각각의 비용은 다음과 같이 계산된다.

(1) 인건비(만원) = 12개월간 전체 인력 × 월 급여

= 2,509명 × 160만원/월

= 401,440(만원)

이 전략은 매월 필요한 수량만을 생산하므로 재고량에는 변함이 없다. 따라서 최소재고 수준인 1,500대에 대한 재고유지비를 계산한다.

(2) 재고유지비(만원) = 1,500대 × 12월 × 10,000원/월, 대

= 18,000(만원)

(3) 고용비용(만원) = 총고용인원 × 1인당 고용비용

= 83(명) × 100만원/인

= 8,300(만원)

(4) 해고비용(만원) = 총 해고인원 × 1인당 해고비용

= 114(명) × 50만원/인

= 5,700(만원)

따라서 이 전략에 의한 총비용은

(1) + (2) + (3) + (4) = 401,440 + 18,000 + 8,300 + 5,700

= 433,440(만원)

이다.

생산율 변동

고용수준은 초기 고용인원 200명으로 고정시키고 필요시 잔업을 통해 수요를 충족시키는 생산율 변동 전략에 대해 살펴보자. 200명의 노동력으로 월간

작업가능 시간은 200×160=32,000시간이다. 따라서 월 32,000시간을 초과하는 작업시간에 대해서는 잔업을 통해 초과 수요에 대응한다(월 수요가 적더라도 단축근무는 없다고 가정하며, 이 경우 재고는 증가하게 된다).

생산율 변동을 통한 추종전략의 계산을 위해 〈표 6.3〉을 살펴보자. 먼저 1월의 경우, 수요량(A)은 3,300대이다. 정상 근무 시 생산 가능 수량은 200명×16대/인, 월=3,200대이다. 따라서 1월의 수요를 맞추기 위해 잔업을 통해 추가적으로 생산할 수량(B)은 100대가 된다. 잔업 시에는 1대상 11시간의 작업시간이 필요하므로 총 필요잔업시간(C)은 1,100시간이다. 1월의 기초재고(D)는 전년도 12월의 기말재고(E)와 동일하므로 1,500대이며,

기말재고(E) = 기초재고(D) + (3,200 + 추가생산수량(B)) − 수요량(A)

로부터 기말재고는 1,500대가 된다.

평균재고(F)는 기초재고(D)와 기말재고(E)의 평균으로 산출한다. 따라서 1월의 평균재고(F)는 1,500대이다. 같은 방식으로 2월, 3월의 잔업시간과 재고를 계산할 수 있다.

4월의 경우에는 수요량이 현 생산능력보다 적은 경우이다. 이 경우에는 잔업은 필요하지 않다. 따라서 추가생산수량(B)과 잔업시간(C)은 0이다. 그러나 실제 생산수량은 정상적인 작업을 통해 생산되는 3,200대이므로 수요량 200대보다 많아진다. 따라서 기말재고(E)가 200대 증가하여 1,700대가 된다.

이제 5월의 경우를 살펴보자. 5월의 총 수요(A)는 3,600대이므로 정상적 생산능력 3,200대보다 추가적으로 필요한 수량은 400대이다. 하지만 5월의 기초재고(=4월 기말재고)가 1,700대로 최소재고 수준 1,500대보다 200대의 여유가 있으므로 실제 추가생산수량(B)은 200대가 된다.

이상과 같은 과정을 거쳐 1월부터 12월까지의 잔업시간과 재고변화를 요약한 결과가 〈표 6.3〉에 나타나 있다.

〈표 6.3〉 생산율 변동전략

월	수요량 (A)	추가생산 수량(B)	필요잔업 시간(C)	기초재고 (D)	기말재고 (E)	평균재고 (F)
1	3,300	100	1,100	1,500	1,500	1,500
2	3,300	100	1,100	1,500	1,500	1,500
3	3,300	100	1,100	1,500	1,500	1,500
4	3,000	0	0	1,500	1,700	1,600
5	3,600	200	2,200	1,700	1,500	1,600
6	3,900	700	7,700	1,500	1,500	1,500
7	4,050	850	9,350	1,500	1,500	1,500
8	3,600	400	4,400	1,500	1,500	1,500
9	3,150	0	0	1,500	1,550	1,525
10	3,300	100	1,100	1,550	1,500	1,525
11	2,850	0	0	1,500	1,850	1,675
12	2,700	0	0	1,850	2,350	2,100
합계			27,500			19,025

이 전략의 전체 비용을 살펴보자. 비용항목은 인건비와 재고유지비이다. 단, 인건비는 정상근무 인건비와 잔업 인건비로 구분된다.

(1) 정상근무 인건비(만원) = 인원수 × 12 × 월 급여
= 200 × 12 × 160만원
= 384,000(만원)

(2) 잔업시 인건비(만원) = 잔업시간 × 잔업인건비/시간
= 27,500시간 × 1.5만원/시간
= 41,250(만원)

(3) 재고유지비(만원) = 연간 총 재고 × 대당 재고유지비
= 19,025(만원)

따라서 이 전략에 의한 총비용은

$$(1) + (2) + (3) = 384,000 + 41,250 + 19,025 = 444,275(\text{만원})$$

이다.

결론적으로 두 가지 추종 전략의 비용을 비교해 보면, 생산율 변동을 통한 추종 전략의 비용 444,275만원보다 고용수준 변동을 통한 추종 전략의 비용 433,440만원이 더 저렴함을 알 수 있다.

6.3.2 평준화 전략

평준화 전략은 연간 수요에 대비할 수 있는 안정적인 노동력을 확보하고, 수요 변동에 대해서는 재고 수준의 조절을 통해 대처하는 전략이다.

A 전자의 경우를 예로 들어, 평준화 전략 수립 과정을 살펴보자.

A 전자는 연간 40,050대의 제품을 생산해야 한다. 따라서 연간필요노동시간은 다음 식과 같이 계산된다.

$$\text{연간필요노동시간} = \text{연간 수요} \times \text{작업시간/대} = 40,050 \times 10 = 400,500(\text{시간})$$

따라서 필요한 노동력은 다음과 같다.

$$\text{필요한 노동력} = \frac{\text{연간노동시간}}{\text{1인당연간작업시간}} = \frac{400,500}{8 \times 240} = 208.6(\text{명})$$

현재 인력은 200명, 필요한 인력은 209명이므로 1월 초에 9명을 고용하여 209명의 인력을 1년간 유지한다.

209명을 기준으로 평준화된 월간생산수량(B)은 다음과 같다.

$$월간생산수량 = \frac{노동력 \times 월간작업시간}{단위당생산소요시간} = \frac{209 \times 160}{10} = 3,344(대)$$

또한 매월 기초재고(C), 기말재고(D) 및 평균재고(E)는 다음 식으로 계산된다.

기초재고(C) = 전월 기말재고(D) (단, 1월 기초재고 = 1,500)
기말재고(D) = 기초재고(C) + 월간생산수량(B) − 수요량(A)
평균재고(E) = (기초재고(C) + 기말재고(D)) / 2

이상의 계산 결과를 정리하면 〈표 6.4〉와 같다.

〈표 6.4〉 **평준화 전략**

월	수요량 (A)	월간생산 수량(B)	기초재고 (C)	기말재고 (D)	평균재고 (E)	재고유지비 (F)
1	3,300	3,344	1,500	1,544	1,522	1,522
2	3,300	3,344	1,544	1,588	1,566	1,566
3	3,300	3,344	1,588	1,632	1,610	1,610
4	3,000	3,344	1,632	1,976	1,804	1,804
5	3,600	3,344	1,976	1,720	1,848	1,848
6	3,900	3,344	1,720	1,164	1,442	1,442
7	4,050	3,344	1,164	458	811	811
8	3,600	3,344	458	202	330	330
9	3,150	3,344	202	396	299	299
10	3,300	3,344	396	440	418	418
11	2,850	3,344	440	934	687	68
12	2,700	3,344	934	1,578	1,256	1,256
합계	40,050	40,128		13,632	13,593	13,593

현재 상황에서의 비용 항목은 인건비와 고용비용 그리고 재고유지비이며, 각각은 다음과 같다.

(1) 인건비(만원) = 인원수 × 12 × 월 급여
= 209 × 12 × 160만원
= 401,280(만원)

(2) 고용비용(만원) = 총 고용인원 × 1인당 고용비용
= 9(명) × 100만원/인
= 900(만원)

(3) 재고유지비(만원) = 13,593(만원)

앞서 A 전자는 최소 1,500대의 재고를 유지해야 한다고 하였다. 따라서 〈표 6.4〉의 결과는 재고유지정책에 위배된다(6월부터 11월까지의 재고가 1,500 미만으로 떨어진다). 따라서 이 부족한 재고를 보완해야 하는데 두 가지 방법을 생각할 수 있다. 첫째는 잔업을 통한 보완이고 두 번째는 초기에 더 많은 재고를 확보하는 방안이다.

잔업을 통한 재고 보완

부족한 재고를 보충하기 위해 잔업을 할 경우, 더 많은 인건비와 재고유지비용이 추가된다. 재고가 가장 적은 시점은 8월 말로 202대이다. 이는 최소 수준인 1,500대보다 1,298대가 부족한 수준이다. 부족한 1,298대의 생산을 위해 잔업을 할 경우, 추가되는 인건비는 다음과 같다.

잔업 인건비 = 추가생산수량 × 소요시간/대 × 잔업비/시간
= 1,298(대) × 11(시간/대) × 1.5(만원/시간)
= 21,417(만원)

재고 수준이 1,500대 이하로 떨어지는 시점은 6월이다. 따라서 6월부터 잔업

이 필요하며, 6월에 부족한 수량 336대를 잔업으로 생산한다(〈표 6.5〉).

7월에도 역시 706대가 부족하며 이 수량을 잔업을 통해 생산한다. 8월 역시 256대가 부족하며 잔업을 통해 생산한다. 이렇게 하면, 평균 총 재고는 20,812대로 늘어나게 되고 따라서 재고비용 역시 7,219만원(20,812-13,593) 늘어난다. 결론적으로 잔업을 통해 추가되는 비용은 총 28,636만원(인건비 21,417만원+재고유지비 7,219만원)이다.

〈표 6.5〉 **잔업을 통한 재고보완**

월	수요량 (A)	생산수량 (B)	추가 생산량	잔업시간	기초재고 (C)	기말재고 (D)	평균재고 (E)
1	3,300	3,344			1,500	1,544	1,522
2	3,300	3,344			1,544	1,588	1,566
3	3,300	3,344			1,588	1,632	1,610
4	3,000	3,344			1,632	1,976	1,804
5	3,600	3,344			1,976	1,720	1,848
6	3,900	3,344	336	3,696	1,720	1,500	1,610
7	4,050	3,344	706	7,766	1,500	1,500	1,500
8	3,600	3,344	256	2,816	1,500	1,500	1,500
9	3,150	3,344			1,500	1,694	1,597
10	3,300	3,344			1,694	1,738	1,716
11	2,850	3,344			1,738	1,232	1,985
2	2,700	3,344			2,232	2,876	2,554
합계	40,050	40,128	1,298	14,278		21,500	20,812

추가적인 초기재고 확보를 통한 보완

잔업을 하지 않고 초기부터 추가적인 재고를 확보하는 방안이다. 이 경우 확보해야 할 재고량은 최소 수준이 202대이므로 1,298대를 1월 초에 더 확보하여야 한다(1월 기초재고는 1,500+1,298=2,798대가 된다). 이 경우 늘어나게 되는 재고유지비는 다음과 같다.

추가되는 재고유지비 = 1,298(대) × 12월/대 × 1만원/월

= 15,576(만원)

두 가지 방안(잔업, 초기재고확보)을 비교해 보면 잔업을 통한 방안(28,636만원)보다는 초기재고 확보를 통한 방안(15,576만원)이 더 좋은 대안이 됨을 알 수 있다.

6.4 수송계획법을 이용한 총괄생산계획

총괄생산계획을 수립하는데 다양한 수리적 모형을 이용할 수 있다. 수리적 모형의 결정변수는 정규생산량, 잔업생산량, 하청생산량, 고용수준, 고용 및 해고 등을 들 수 있다. 수리모형의 목적함수는 이러한 변수들을 포함하는 비용함수를 최소화하는 것이다. 여기에서는 수송계획법 모형으로 총괄생산계획 문제를 해결하기 위한 방법을 제시한다. 수송계획법을 적용하기 위해서 다음과 같은 상황을 가정한다.

가정 1) 각 기간별 수요예측치와 생산능력은 확정적이다.
가정 2) 원가는 생산량에 비례한다.
가정 3) 미납주문은 고려하지 않는다.

이상의 가정하에 먼저 다음과 같은 기호를 정의한다.

h : 단위당 기간당 재고유지비
r : 정규시간 생산 단위 비용
c : 초과근무시간 생산 단위 비용

s : 하청 시의 단위 비용

I_0 : 기초재고

I_t : t기말의 적정재고

R_t : 기간 t의 정규생산능력

O_t : 기간 t의 초과근무 생산능력

S_t : 기간 t의 하청 생산능력

D_t : 기간 t의 수요예측치

〈표 6.6〉 **총괄생산계획 수립을 위한 수송표(예시)**

대안		기간				여유생산능력	총생산능력
		1	2	3	4		
기간	기초재고	0	h	$2h$	$3h$		I_0
1	정규	r	$r+h$	$r+2h$	$r+3h$		R_1
	잔업	c	$c+h$	$c+2h$	$c+3h$		O_1
	하청	s	$s+h$	$s+2h$	$s+3h$		S_1
2	정규		r	$r+h$	$r+2h$		R_2
	잔업		c	$c+h$	$c+2h$		O_2
	하청		s	$s+h$	$s+2h$		S_2
3	정규			r	$r+h$		R_3
	잔업			c	$c+h$		O_3
	하청			s	$s+h$		S_3
4	정규				r		R_4
	잔업				c		O_4
	하청				s		S_4
수요량		D_1	D_2	D_3	D_4+I_4		

수송계획법의 수송표는 〈표 6.6〉과 같은 구조를 갖는다. 〈표 6.6〉의 각 행(row)은 공급대안을 의미한다. 첫 행은 초기 재고보유량을 나타내며, 필요한 경우, 계획 기간 중 언제든지 공급할 수 있다. 두 번째 행은 제 1기간의 정규생산량이며, 계획 기간 중 언제든지 수요를 충족시키기 위해 사용가능하다. 마찬가지로 세 번째 행은 잔업을, 네 번째 행은 하청을 의미한다. 〈표 6.6〉의 열(cloumn)은 각 계획 기간과 여유생산능력, 그리고 총생산능력을 나타낸다. 각 셀(cell)의 우측 상단은 해당 비용을 의미한다. 이는 해당 기간의 생산비와 재고유지비를 합한 것이다.

수송계획법의 자세한 해법 절차는 '5.3.5절 수송계획법'이나 기타 경영과학교재를 참고하기 바란다.

6.5 기준생산계획

총괄생산계획은 생산일정을 월단위로 광범위하게 정의한 계획이다. 특히 총괄생산계획은 제품을 그룹으로 나눈 제품군에 대한 계획이다. 이제 총괄생산계획의 하위개념으로 개별 제품에 대한 생산계획을 주간 단위로 수립하는 기준생산계획(MPS: master production schedule)에 대해 살펴보자. 주생산계획이라고도 하는 MPS는 제품군을 해체하여 개별 제품단위로 생산시기와 수량을 계획한다. 기준생산계획의 계획 일정 단위는 보통 주(week)를 기준으로 한다.

기준생산계획을 수립할 때 첫 번째 유의해야 할 점은 총괄생산계획과 일관성을 유지해야 한다는 점이다. 예를 들어 전체 제품군의 총괄계획일정상 월간 생산량이 1,000개라고 하면, 그 달의 개별 제품의 생산 수량의 합은 1,000이 되어야 한다. 두 번째 기준생산계획은 최종 완제품에 대한 계획이다. 따라서 완제품의 납기에 맞춰서 일정이 수립되어야 하며, 동시에 필요한 부품의 조달 일정도 고려하여 일정을 수립해야 한다(완제품에 대한 부품 조달 일정에 관한 문제는

'8장 자재소요계획'에서 자세히 다룬다). 〈표 6.7〉은 총괄생산계획이 어떻게 기준생산계획으로 나누어지는가를 보여준 예이다. 이 표에서 네 가지 모델의 냉장고를 생산하는 기업에서 향후 2개월간(5월, 6월)의 총괄생산계획은 냉장고 제품군을 각각 1,000대, 750대 생산하는 것이다. 이를 각 모델별로 주 단위로 계획한 것이 기준생산계획이다.

〈표 6.7〉 총괄생산계획과 기준생산계획

	5월				6월			
APP	1,000				750			
MPS	1주차	2주차	3주차	4주차	5주차	6주차	7주차	8주차
모델 A	150					150		
모델 B		250	250					250
모델 C				100			100	
모델 D	125			125	125		125	

요약

- 총괄생산계획은 보통 1년 동안의 수요예측 결과에 기초하여 제품군에 대한 생산량 및 생산일정을 계획하는 것이다. 기업은 총괄생산계획을 기초로 단위 제품에 대한 세부적인 생산일정인 기준생산계획 및 일정계획을 수립한다.
- 총괄생산계획 수립 시 고려할 변수로는 고용수준, 생산율, 재고, 납기 등이 있다.
- 총괄생산계획 수립을 위한 방법으로는 수요 변화에 따라 생산능력을 바로 변화시키는 방법으로 추종전략과 고용수준과 산출률은 고정시키고, 재고 수준을 변화시켜서 대응하는 전략인 평준화 전략이 있다.
- 수송계획법 등의 수리적 모형을 총괄생산계획 수립에 활용할 수 있다.
- 총괄생산계획과 기준생산계획은 수량의 일관성을 유지해야 하며, 기준생산계획은 보통 개별 제품에 대한 주(week) 단위 일정계획이다.

주요 용어

6.1 총괄생산계획의 개념

총괄생산계획(aggregate production planning)
기준생산계획(master production schedule)
제품군

6.2 총괄생산계획의 변수

고용수준
생산율
재고 수준
납기

6.3 총괄생산계획 전략

추종 전략
평준화 전략
혼합 전략

6.4 수송계획법을 이용한 총괄생산계획

수송계획법
수송표

연습문제

1. 총괄생산계획은 제품군에 대한 1년 동안의 장기생산계획이다. 제조업과 서비스업 각각에 대한 제품군의 예를 제시하라.

2. 총괄생산계획 수립에 필요한 입력 자료는 무엇이며, 각각에 대하여 설명하라.

3. 총괄생산계획 수립 시 통제할 수 있는 변수에는 무엇이 있는가? 각각은 어떻게 조정할 수 있는가를 설명하라.

4. 총괄생산계획 수립 전략 중 추종 전략과 평준화 전략을 비교하여 설명하라.

5. 생산능력계획 수립 시 규모의 경제와 규모의 비경제가 어떻게 영향을 끼치는지를 기술하시오.

6. L전자의 중국 현지 공장에서는 TV를 생산하고 있다. 이 공장에서는 작업시간에 따라 급여를 지급한다. 즉, 정규시간이라도 근무를 하지 않으면 급여지급이 되지 않는다. 정규 작업시간의 TV 생산 단가는 50만원(인건비 15만원, 재료비 및 제비용 35만원)이며, 잔업을 할 경우의 단가는 57만원이다. 그리고 하청을 할 경우에는 62만원이다. TV 한 대의 한 달간 재고유지비는 3만원이며, 현재 재고는 100대이다. 4월 말의 재고는 200대가 되어야 하며, 미납주문은 고려하지 않는다. 기타 필요한 자료는 다음과 같다. 이상의 자료를 이용하여 이 공장의 총괄계획을 수립하라.

기간(월)	수요	생산능력		
		정규시간	잔업	하청
1	2500	3300	650	500
2	3000	3300	650	500
3	4500	3300	650	500
4	6000	4000	800	500

7. A가구회사는 올 하반기 판매 계획을 수립하고자 한다. 월간 종업원 1인당 10개를 생산할 수 있다. 이 회사는 최근 노동조합과의 단체 협약에서 다음과 같은 사항을 합의하였다.

1) 정규임금은 월 200만원으로 한다.

2) 조업단축을 하더라도 정규임금은 정상 지급한다.

3) 잔업이나 하청은 하지 않는다.

4) 고용과 해고는 회사의 정책에 따라 유연하게 적용한다.

종업원 1명의 고용비용은 100만원이며, 해고비용은 80만원이다. 재고유지비는 개당 월 1만원이며, 현재 종업원 수는 200명이다. 또한 하반기 예상수요는 다음과 같다.

기간(월)	수요예측치
7	1200
8	2100
9	1900
10	2400
11	2400
12	3200

(1) 매월 고용 수준을 수요에 맞추어 변동시키는 방식으로 수요에 대응하기로 할 경우, 총 비용은 어떻게 되는가? 아래 양식에 맞춰 표를 작성하고, 예상되는 총비용을 계산하시오.

월	7	8	9	10	11	12
수요	1200	2100	1900	2400	2400	3200
생산량						
기초재고 기말재고						
평균재고						
고용인원 해고인원						
월말인원						
생산비						
재고유지비						
고용/해고비						

(2) 현재의 인력이 200명이고, 잔업이나 하청을 할 수 없으므로, 이 회사는 현재의 인력으로는 평준화 전략을 적용할 수 없다. 만약, 하반기에 평준화전략을 적용키 위해서는 7월 초에 몇 명을 더 고용해야 하는가? 인력 고용을 가정하고 아래 표를 완성하라. 이때의 총비용은 얼마인가?

월	7	8	9	10	11	12
수요	1200	2100	1900	2400	2400	3200
생산량						
기초재고						
기말재고						
평균재고						
고용인원						
해고인원						
월말인원						
생산비						
재고유지비						
고용/해고비						

Chapter

07

재고관리

Production and Operations Management

Production and Operations Management

07 Chapter 재고관리

재고(inventory)란 현시점 이후에 사용할 목적으로 기업이 보유하고 있는 원자재나 부품, 혹은 완제품을 말한다. 사용할 목적의 의미는 수요에 대응하기 위한 수량이다. 보유의 목적은 수요에 대응하기 위해 제품을 생산하거나 구매한 수량이다. 공급량이 수요량보다 많으면 재고가 발생하며, 공급량이 수요보다 적으면 재고부족 현상이 발생한다. 따라서 재고는 공급과 수요의 불균형으로 발생하게 된다. 재고가 남아돌거나 부족한 경우 모두 기업으로서 바람직한 현상은 아니며, 이에 적정한 수준의 재고를 확보하여 관리하는 것은 기업의 경쟁우위에 매우 중요한 요소이다.

이 장에서는 재고관리와 관련된 기본 개념과 함께 재고와 관련된 비용 요소들을 소개하고, 재고의 유형에는 어떤 것들이 있는지 살펴본다. 또한, 적절한 수준의 재고 유지를 위한 재고통제시스템을 확정적 모형과 확률적 모형으로 나누어 학습한다.

7.1 재고와 관련된 비용

재고와 관련한 의사결정은 경제적인 관점에서 이루어진다. 따라서 재고와 관련된 비용을 이해하는 것이 중요하다. 관련된 비용은 다음의 네 가지 항목으로 살펴본다.

7.1.1 재고유지비용

재고유지비(holding cost) 또는 재고보유비는 품목을 유지하는 데 들어가는 비용이다. 여기에는 품목의 보관비, 취급비, 세금, 상품 훼손이나 분실로 인한 비용, 보험비 그리고 재고를 유지함으로써 다른 투자 기회의 상실로 인한 기회비용 등이 포함된다. 재고 수준이 높을수록 이 비용은 커지게 된다. 일반적으로 기업이 연간 재고유지비로 지출하는 금액은 제품 가치의 20%에 달한다. 예를 들어, 연간 매출이 1,000억원이고, 연평균 재고 수준이 매출액의 30%, 단위당 연간 재고유지비용이 품목 단가의 20%라면 재고 유지를 위해 발생하는 비용은 총 60억원(1,000억원×0.3×0.2)이다. 만약 이 기업의 경상이익이 6%를 넘지 못하면 재고유지비용으로 인해 경상수지에 적자가 발생하게 되는 것이다. 따라서 기업은 재고 유지를 위해서 발생하는 비용을 감축할 필요가 있다. 재고유지비용을 구성하는 항목들의 특징은 다음과 같다.

- **보관/취급비용**

재고를 보관, 취급하는 데에는 비용이 발생하는데, 여기에 발생하는 대표적인 비용 요소는 보관을 위해 필요한 장소 사용료이다. 일반적으로 기업들은 품목 보관을 위한 창고를 별도로 보유하거나 외부 보관업체를 이용한다.

● 진부화 및 훼손

재고 보관기간이 길어짐으로 인해서 품목의 가치가 떨어지거나 아예 못쓰게 될 수도 있다. 이를 품목의 진부화라고 한다. 예를 들어 계절 변화에 따른 수요가 민감한 의류의 경우에는 제철이 지난 의류는 원래의 가격으로 판매하지 못하고 대폭 할인된 가격으로 제품을 팔게 되는데 이러한 경우가 진부화의 예이다. 어떤 경우에는 오랜 보관으로 인해 제품이 못쓰게 될 수도 있다. 예를 들어 유통기한이 지난 식품 등은 폐기 처분해야 한다. 이 밖에도 절도 등으로 인한 비용이 발생할 수도 있다.

● 세금 및 보험료

재고량이 증가하면, 부과되는 세금이 증가하고 보험료 역시 증가하게 된다.

● 기회비용

보유하고 있는 재고량이 늘어날수록 기회비용이 커지게 된다. 재고 유지에 투입된 자금은 즉각 현금으로 전환될 수 있다면 더 좋은 투자 기회가 발생할 수 있을 것이다.

7.1.2 발주비

판매할 상품[1]을 구매하거나, 원재료/부품을 조달할 때 발주비(ordering cost, 주문비라고도 한다)이 발생한다. 일반적으로 발주비용은 주문 로트 크기(lot size)와는 무관하며, 주문 시마다 발생한다. 따라서 주문 횟수가 많을수록 발주비용은 증가하게 된다. 한꺼번에 많은 수량을 주문하면 발주비용은 줄일 수 있으나 반대로 재고량이 급격하게 증가하여 재고유지비가 커지게 된다. 발주비용에는 주문생성비용, 주문독촉비용, 수송비용, 입고처리비용이 포함된다.

1) 구매한 후 별도의 재조/가공 없이 고객에게 판매하는 품목을 '상품'이라 하며, 이는 구입한 원자재를 이용하여 조립/가공을 거쳐 완성한 '제품'과 구별한다.

기업 내부에서 생산하는 품목의 경우 생산 품목을 교체할 때 설비 가동을 위한 생산준비비용(setup cost)이 발생한다. 생산준비비용은 일반적으로 로트 크기와 관계없이 일정하다. 소량으로 생산함으로써 재고는 줄일 수 있으나 그만큼 생산준비비용이 증가한다. 생산준비비용에는 작업 도구의 교체, 변경으로 인한 시간비용, 생산 중단으로 인한 손실비용이 포함된다.

7.1.3 재고부족비용

재고부족비용은 재고가 부족함으로 인해 발생하는 경제적 손실이다. 기업이 일정 수량의 재고를 확보하고 있지 못하면 고객 응대가 불가능해질 수가 있으며 궁극적으로 고객 서비스 수준의 하락을 가져온다. 재고부족 현상은 두 가지 유형으로 나타날 수 있다. 첫째 품절로 인한 재고고갈(stock out)이다. 이는 수요가 발생했을 때 재고부족으로 인해 이를 충족시키지 못하는 것으로 판매 기회를 잃게 된다. 두 번째는 미납주문(back order)이다. 이는 고객의 주문을 약속 시간에 충족시키지 못함으로써 고객에 대한 신뢰를 떨어뜨리거나, 할인을 해줘야 하는 일이 발생하는 경우이다. 고객이 주문 약속 시간을 기다려 준다고 하더라도 다음 거래 시에는 다른 회사로 거래처를 옮길 수도 있다. 이를 방지하기 위해 할인을 해줄 수 있는데 이 역시 재고부족으로 인한 비용 발생이다.

7.1.4 품목 원가

품목 원가는 개별 품목을 구매하거나 생산하는 데 드는 비용이다. 품목 원가는 원론적으로 재고비용과 무관하다. 하지만 1회 구매량 또는 생산량(로트 크기)이 증가하면 평균 재고량이 증가하여 재고유지비용은 늘어나게 되지만, 1회 구매량(또는 생산량)이 충분히 클 경우 구매(또는 생산) 가격이 할인되는 경우가 있다. 이 경우 재고유지비용 증가분보다 품목 원가 감소분이 더 큰 경우, 품목 원가도 재고유지비용과 함께 고려할 필요가 있다.

7.1.5 재고 수준과 재고비용의 관계

재고 수준이 높을수록 재고유지비용은 증가한다. 따라서 재고유지비용을 줄이기 위해서 재고는 적을수록 좋다. 그러나 낮은 재고 수준을 유지하기 위해서는 구매 품목의 주문 및 생산 품목의 생산준비에 들어가는 주문비용 및 생산준비비용의 증가를 초래한다. 뿐만 아니라 재고부족비용이 높아지는 원인이 되기도 한다. 결론적으로 비용 요소별로 재고를 비축해야 하는 요인이 되기도 하고, 재고를 줄여야 하는 요인이 되기도 한다. 재고관리는 다양한 재고 관련 비용을 고려하여 적절한 재고 수준을 유지하려는 관리기법이다.

7.2 재고의 유형

재고의 역할에 따라 구분할 수 있는 세 가지 형태의 재고 유형이 존재한다. 성공적인 재고관리 전략을 수립하기 위해서는 이들 세 가지 유형의 재고에 대한 이해가 필요하다.

7.2.1 주기재고

전체 재고 중에서 로트 크기에 따라 직접적으로 변하는 부분을 주기재고(cycle inventory)라고 한다. 로트란 한 번에 주문하는 수량(제조업체에서 직접 생산하는 경우에는 한 묶음으로 생산하는 수량)을 뜻한다. 이해를 돕기 위해 수요가 일정하다고 가정하자. 주문과 주문 사이의 간격(주문 간격)이 길수록 주기재고의 양이 증가하며, 반대로 주문 간격이 짧을수록 주기재고의 양은 감소한다. 즉, 로트 크기는 주문 간격에 비례한다. 재고가 줄어드는 비율[2)]은 항상 일정하며, 줄어든 재고는 일시에 보충된다. 보충되는 재고의 수량은 주문량과 같다. 1회 주문량을 Q라고 하면, 평균재고는 $\frac{Q}{2}$이다([그림 7.1]). 주기재고를 낮추기 위해서는 주문량(Q)을 낮추면 된다. 그러나 주문량을 낮추면 품절 발생의 위험이 있다. 따라서 재고와 관련된 제반 비용의 철저한 분석을 통해 적절한 수준의 주기재고를 산출하는 것이 중요하다.

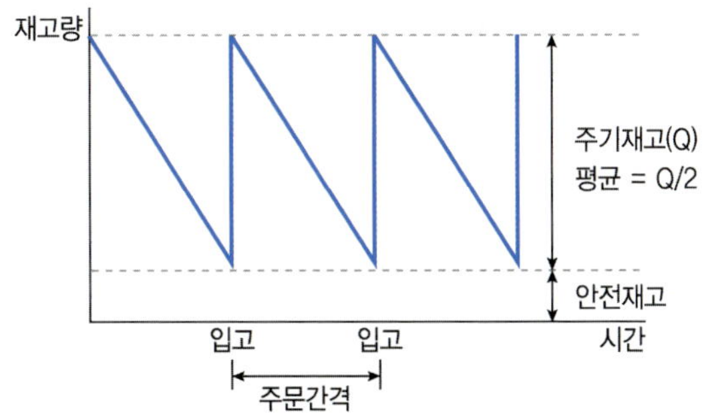

[그림 7.1] **주기재고와 안전재고**

7.2.2 안전재고

안전재고(safety stock)란 재고가 부족함으로써 생기는 품절이나 미납주문으로 인해 생길 수 있는 기회비용의 발생을 예방하기 위하여 평균적인 수요보다 더 비축하고 있는 재고를 말한다. [그림 7.1]에서와 같이 수요율이 일정하고, 리드타임(lead time: 주문에서 납품까지 걸리는 시간) 역시 확실한 경우에는 안전재고는 필요하지 않다. 그러나 실제로는 수요율과 리드타임은 불확실성을 내포하고 있으므로 평균적인 수요율 이상의 재고를 보유함으로써 품절이나 미납주문을 방지하고자 하는 것이 안전재고의 목적이다. 안전재고를 비축하는 방법은 예상되는 평균 수요보다 많은 양을 발주하는 방법과 평균 리드타임보다 일찍 발하는 방법이 있다.

2) 수요율이라고 한다. 재고가 소비되는 비율은 일정하다고 가정하였다.

안전재고의 수준을 낮추기 위해서는 무엇보다 정확한 수요예측이 중요하다. 예측의 오차가 적을수록 안전재고 수준을 낮게 설정할 수 있다. 또한 리드타임이 짧을수록 안전재고 수준을 낮출 수 있다. 극단적인 예로 리드타임이 없으면, 안전재고는 사실상 필요 없을 것이다. 최근에는 많은 기업들이 공급업체와의 공급사슬관리(SCM: Supply Chain Management) 시스템 구축을 통해 수요 및 판매계획을 공유함으로써 리드타임을 줄이려는 노력을 많이 진행하고 있다. 공급사슬관리에 대한 자세한 내용은 9장에서 다룬다.

7.2.3 수송재고

수송재고(pipeline inventory)는 한 지점에서 다른 지점으로 이동 중인 재고이다. 납품업체에서 유통센터로, 유통센터에서 도매점, 도매점에서 소매점으로 이동 중인 재고가 이에 해당한다. 기본적으로 이미 발주했으나 아직 도착하지 않은 재고를 말한다.

수송재고를 줄이기 위해서는 리드타임이 짧은 공급업체와 거래하는 것이 필요하다. 또한 공급업체와의 정보 공유 및 빠른 수송을 통해서도 수송재고를 줄일 수 있다.

7.3 확정적 재고 모형

재고 모형이란 앞서 기술한 재고 관련 비용을 최적화하기 위해서 적정재고 수준은 어떠해야 하는지를 설명해 주는 수리적 모형이다. 실제 재고 수준은 고객의 수요와 리드타임에 따라 시간에 따라 계속해서 변화한다. 따라서 정확한 재고 수준을 예측하여 재고 관련 모든 비용을 정확히 산정하기는 매우 어려운 일이다. 하지만 수요와 리드타임의 변동을 알 수 있다면 일정 범위에서는 적정

재고 수준을 예측할 수 있다. 재고 모형은 수요와 리드타임 정보를 이용하여 재고 변화를 예측하고 재고 관련 비용을 추정할 수 있도록 해준다.

재고 모형은 크게 두 가지 유형으로 나누어 볼 수 있다. 첫 번째 재고 모형은 수요와 리드타임이 고정되어 있으며, 정확히 알 수 있는 경우에 적용하는 모형으로 확정적 재고 모형이라고 한다. 두 번째 모형은 수요와 리드타임을 정확히 알 수는 없으나, 그 확률분포를 알 수 있을 때 적용하는 모형으로 확률적 재고 모형이라고 한다. 본 절에서는 확정적 재고 모형에 대해 살펴보고, 다음 절에서 확률적 재고 모형을 다룬다.

확정적 재고 모형은 다음과 같이 세 가지 유형의 모형으로 나누어 살펴본다.

(1) 재고 관련 비용 중 재고유지비와 발주비만을 고려한 고전적 EOQ 모형

(2) 재고유지비, 발주비 외에 재고부족비도 함께 고려한 재고부족을 고려한 EOQ 모형

(3) 재고 관련 비용과 함께 제품 가격도 고려한 가격할인이 있는 EOQ 모형

7.3.1 EOQ 모형

경제적 주문량(EOQ: Economic Order Quantity)이란 재고와 관련된 제 비용을 최소화할 수 있는 가장 경제적인 1회 발주량을 의미한다. EOQ 모형은 재고 관련 제 비용 중 재고유지비와 발주비만을 고려하여 가장 경제적인 1회 발주량(EOQ)을 구하는 모형으로 고전적 EOQ 모형이라고도 한다. EOQ 모형은 재고 관련 모형 중 가장 단순하면서도 전통적인 모형으로 다음과 같은 몇 가지 가정을 근거로 경제적 발주량을 산출한다.

● EOQ 모형의 기본 가정

가정 1) 발주비는 1회 발주량과 관계없이 항상 일정하다. 1회 발주량이 많다고 해서 발주비는 증가하지 않으며, 1회 발주량이 줄어든다고 발주비

용이 줄어드는 것은 아니다.

가정 2) 재고유지비는 발주량의 크기에 정비례한다. 즉, 재고유지비는 재고량에 정비례한다.

가정 3) 품절이나 미납주문은 발생하지 않는다고 가정한다. 따라서 재고부족비는 고려하지 않는다.

가정 4) 1회 발주량은 수량과 관계없이 한 번에 입고된다. 실제로는 1회 발주량을 분할하여 납품하는 경우가 발생할 수 있으나, EOQ 모형에서는 분할납품은 없다고 가정한다.

가정 5) 구매 단가는 항상 일정하다. 1회 발주량이 증가하더라도 대량구매로 인한 가격 할인은 없다고 본다.

가정 6) 재고가 사용되는 비율(수요율)은 항상 일정하며, 알려져 있다고 가정한다. 예를 들어, 하루 수요가 10개이면 이는 알려져 있으며, 변동 없이 항상 일정하다.

가정 7) 수요율과 마찬가지로, 발주 후 입고까지 걸리는 리드타임 역시 항상 일정하며, 알려져 있다.

고전적 EOQ 모형은 위 7가지 가정이 모두 충족될 경우에, 재고 관련 비용(재고유지비+발주비)을 최소화하는 1회 발주량을 결정하는 모형이다. 이때 재고 관련 비용을 최소화하는 1회 발주량을 경제적 주문량(EOQ)라고 한다.

실제 재고관리 현실에서 위 가정들은 타당하지 않을 수 있다. 가정 3)의 품절이나 미납주문은 재고 관련 업무 수행 시 수시로 발생할 수 있다. 가정 4)의 분할납품 역시 실제로 많이 발생하는 일이다. 가정 5)에서 언급한 일정한 구매 단가 역시 실제로는 대량구매에 따른 할인이 생기는 경우가 있다. 특히 가정 6)과 7)은 수요와 리드타임의 확실성에 관한 가정으로 실제로는 수요율과 리드타임은 상당한 불확실성을 내포하고 있다.

이와 같이 EOQ 모형은 실제 상황을 많은 부분 완화한 이상적인 모형이다. 그러나 EOQ 모형은 보다 실제적인 모형으로의 확장을 위한 가장 기초적인 지식을 제공하는 데에 의미가 있는 모형이다.

EOQ 모형에서 재고량의 변화 및 관련 비용들

EOQ 모형에서 재고량의 변화는 [그림 7.2]와 같다. 1회 발주량을 Q라고 하자. 발주한 물품이 도착하면 재고량은 Q만큼 증가한다.[3] 여기서 Q는 1회 발주량으로 본 모형의 결정변수(decision variable)이다. 재고량은 시간이 지남에 따라 일정한 비율로 감소하여 0에 도달하면 다시 Q로 일시에 증가한다. 이러한 변화가 계속 반복된다.

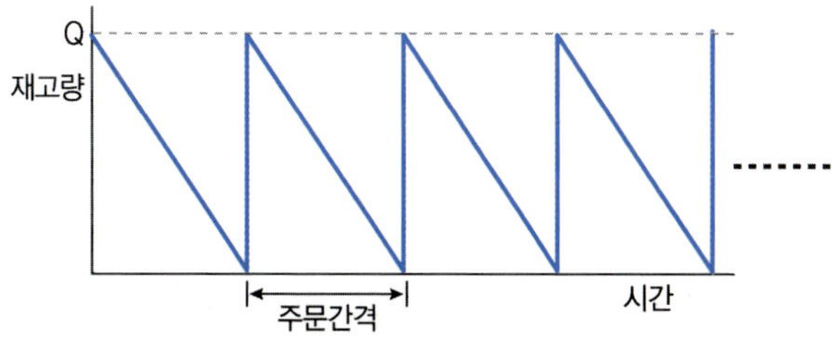

[그림 7.2] 고전적 EOQ 모형의 재고량 변화

이 모형에서 재고와 관련된 연간 총비용은 연간 재고유지비와 연간 발주비의 합이다(가정에 의해, 재고부족비와 가격 할인은 존재하지 않는다).

연간 총비용(TC) = 연간 재고유지비 + 연간 발주비

다음과 같이 기호를 정의한다.

S : 1회 발주비

H : 재고 1단위당 재고유지비

3) 가정 4)에 의해 1회 발주량은 한 번에 납품된다.

D : 연간 총 수요

Q : 1회 주문량(결정변수)

먼저 연간 재고유지비를 살펴보자. [그림 7.2]는 최대재고 Q, 최소재고 0인 주기재고의 패턴이다. 따라서 연평균 재고량은 $\frac{Q}{2}$이다. 재고 1단위당 재고유지비는 H이므로 연간 재고유지비는 $\frac{Q}{2} \times H$이다.

$$연간\ 재고유지비 = \frac{QH}{2}$$

연간 발주비는 연간 발주 횟수와 1회 발주비(S)의 곱이다. 연간 수요가 D이고 1회 발주량이 Q이므로 연간 발주 횟수는 $\frac{D}{Q}$가 된다. 예를 들어, 연간 수요가 1,200개이고 1회 발주량이 100개일 경우, 연간 발주 횟수는 $\frac{1,200}{100} = 12$ 회가 된다. 따라서 연간 발주비는 $\frac{D}{Q} \times S$이다.

$$연간\ 발주비 = \frac{DS}{Q}$$

따라서 EOQ 모형의 연간 총비용은 Q의 함수로써 다음과 같다.

$$TC(Q) = \frac{QH}{2} + \frac{DS}{Q}$$

1회 발주량 Q가 커지면 연간 재고유지비는 증가하며, 연간 발주비는 감소한다. 연간 재고유지비와 연간 발주비를 그림으로 나타내면 각각 [그림 7.3]의 (a)와 (b)이다. 이 둘을 합치면 [그림 7.3]의 (c)이다. 총비용 그래프 (c)는 발주량

Q의 증가에 따라 감소하다가 다시 증가하는 모습을 띠는데, 이때 총비용이 최소가 되는 Q의 값이 1회 경제적 주문량(EOQ)이다.

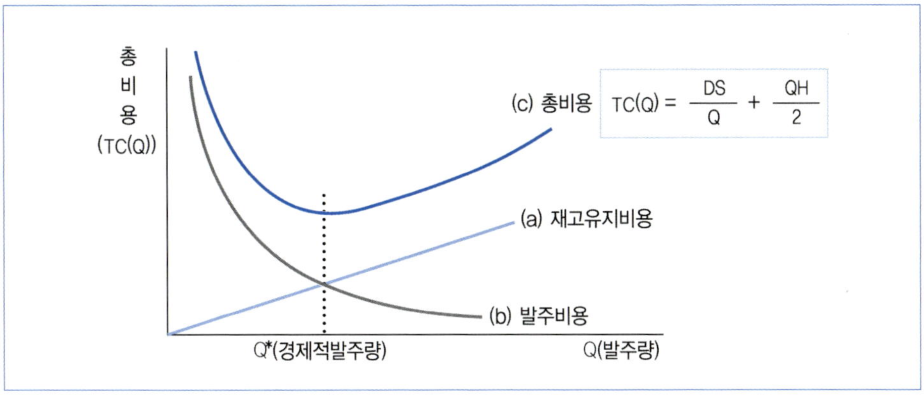

[그림 7.3] **고전적 EOQ 모형의 비용함수**

연간 총비용 TC는 Q의 함수이므로

$TC(Q) = \frac{QH}{2} + \frac{DS}{Q}$에서, $TC(Q)$를 Q에 대해서 미분하여 0으로 놓고, Q에 대해서 정리하면 EOQ를 구할 수 있다.

$$\frac{dTC(Q)}{dQ} = -\frac{DS}{Q^2} + \frac{H}{2} = 0$$

$$\frac{DS}{Q^2} = \frac{H}{2}$$

$$Q^2 = \frac{2SD}{H}$$

$$\therefore Q^* = \sqrt{\frac{2SD}{H}}$$

Q^*값을 이용하면 연간 총비용을 다음과 같이 계산할 수 있다.

$$
\begin{aligned}
TC(Q^*) &= \frac{DS}{Q^*} + \frac{Q^* H}{2} \\
&= \frac{DS\sqrt{H}}{\sqrt{2SD}} + \frac{H\sqrt{2SD}}{\sqrt{H}} \\
&= \frac{\sqrt{DSH}}{\sqrt{2}} + \frac{\sqrt{2SDH}}{2} \\
&= \sqrt{2DSH}
\end{aligned}
$$

연간 최적 발주 횟수는 연간 총수요를 경제적 발주량으로 나눈 $\frac{D}{Q^*}$가 된다. 또한 최적 발주 간격은 $\frac{Q^*}{D}$이다.

예제 7.1

어떤 품목의 연간 수요가 4,000개이다. 1회 발주비는 80,000원이며, 재고유지비는 단위당 연간 640원이다.

(1) 경제적 1회 발주량을 구하라.

(2) 연간 최적 총비용은 얼마인가?

(3) 연간 최적 발주 횟수는 몇 회인가?

(4) 적정 발주 간격을 구하라.

풀이

(1) $Q^* = \sqrt{\frac{2SD}{H}} = \sqrt{\frac{2 \times 640 \times 4{,}000}{80{,}000}} = 1{,}000$이므로, 경제적 1회 발주량은 1,000개이다.

(2) $TC(Q^*) = \frac{DS}{Q^*} + \frac{Q^* H}{2} = \frac{4{,}000 \times 80{,}000}{1{,}000} + \frac{1{,}000 \times 640}{2} = 640{,}000$ 원이다.

혹은 $TC(Q^*) = \sqrt{2DSH} = \sqrt{2 \times 4{,}000 \times 640 \times 80{,}000} = 640{,}000$과 같이 계산해도 같은 결과이다.

(3) 연간 최적 발주횟수는 $\frac{D}{Q^*} = \frac{4{,}000}{1{,}000} = 4$회이다.

(4) 적정 발주간격은 연간 발주횟수가 4회이므로, $\frac{1\text{년}}{4\text{회}}$=0.25년(혹은 3개월)이다. ■

[그림 7.4]는 [예제 7.1]에서 구한 경제적 발주량에 근거한 연간 재고량의 변화를 나타낸 것이다.

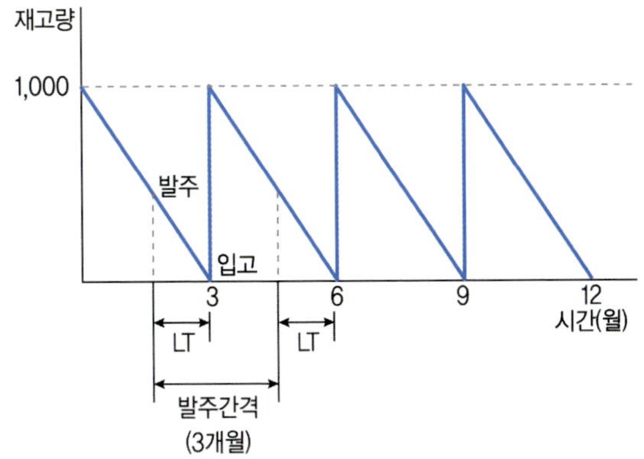

[그림 7.4] 예제 7.1의 재고량 변화

예제 7.2

A 유통센터의 품목 B의 연간 수요는 1,000개로 매일 일정한 비율로 수요가 발생한다. 재고유지비는 단위당 연간 200원, 1회 발주비는 1,000원으로 일정하다. 연간 영업일 수는 200일이라고 가정하고 다음 물음에 답하라.

(1) 고전적 EOQ 모형에 의한 경제적 주문량은 얼마인가?

(2) 연간 최적비용을 구하라.

(3) 만약 리드타임이 5일이라고 하면, 재고 수준이 얼마일 때, 주문해야 하는가?

풀이

(1) $EOQ=\sqrt{\dfrac{2SD}{H}}=\sqrt{\dfrac{2\times 1{,}000\times 1{,}000}{200}}=100$개이다.

(2) 연간 최적비용은

$$TC(Q^*)=\frac{DS}{Q^*}+\frac{Q^*H}{2}=\frac{1{,}000\times 1{,}000}{100}+\frac{100\times 200}{2}=20{,}000\text{원이 된다.}$$

(3) 연간 수요가 1,000개, 영업일 수는 200일이므로, 영업일 기준 하루 수요는

$\frac{1,000}{200}=2$개이다. 따라서, 5일(리드타임) 동안의 수요는 2(하루수요)×5(리드타임)=10개이므로, 재고가 10개 남았을 때 주문하면 된다([그림 7.5]). ■

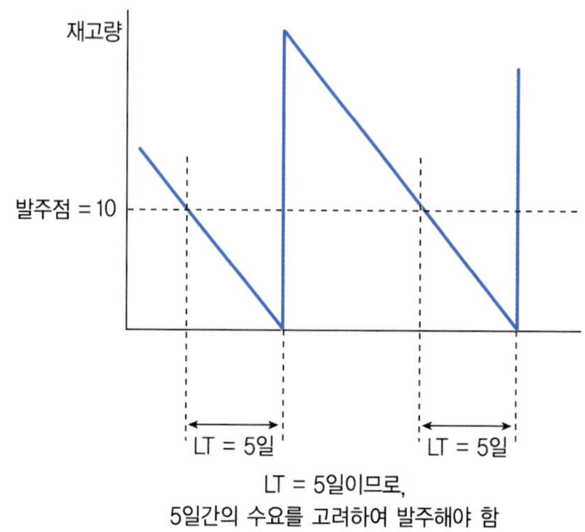

[그림 7.5] **예제 7.2의 재고량 변화와 발주점**

7.3.2 재고부족이 있는 EOQ 모형

재고관리 업무에서 재고를 보유함으로써 발생하는 재고유지비뿐만 아니라, 재고가 부족한 경우에도 재고부족으로 인한 비용이 발생할 수 있다. 그런데 재고부족으로 인해 발생하는 비용(재고부족비)이 재고를 보유함으로써 발생하는 비용(재고유지비)보다 적을 가능성이 있을 경우, 정책적으로 재고부족을 허용하는 모형을 고려할 수 있다. 재고부족을 허용하는 EOQ 모형에서는 고전적 EOQ 모형의 가정 3)이 제거된다(다른 가정은 동일).

● 재고량의 변화

재고부족을 허용할 경우, 주문한 물품이 입고되면 재고는 최고 수준에 이르며, 일정한 비율로 소진된다. 그러다 어느 시점부터는 재고가 부족한 상태가 된다. 이 과정이 계속 반복되는 형태이다. 이러한 변화가 [그림 7.6]에 나타나 있다. 여기서, X는 최대재고 수준, Y는 최대재고부족분, t_1은 재고를 보유하고 있는 기간, t_2는 재고가 부족한 기간, $t_0(=t_1+t_2)$는 발주간격이다.

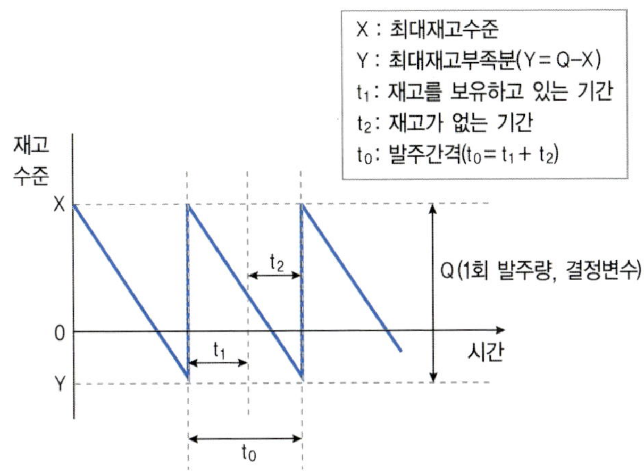

[그림 7.6] 재고부족이 있는 EOQ 모형의 재고량 변화

● 재고부족이 있는 경제적 발주량 모형(EOQ_R)

재고부족이 있는 경우에 연간 재고 관련 총비용에는 연간 재고유지비와 연간 발주비에 추가하여 연간 재고부족비가 추가된다. 따라서 재고부족이 있는 경우에 연간 총비용 TC_R은 다음과 같다.

$$TC_R = \text{연간 발주비} + \text{연간 재고유지비} + \text{연간 재고부족비}$$

연간 발주비는 고전적 EOQ 모형과 같이 연간 발주 횟수와 1회 발주비의 곱이다.

$$연간\ 발주비 = \frac{DS}{Q}$$

연간 재고유지비는 재고가 없는 기간이 존재함으로써, 고전적 EOQ 모형에서처럼 연평균 재고량을 얻기가 어렵다. 따라서 여기에서는 주기별 재고유지비와 연간 발주 횟수의 곱으로 연간 재고유지비를 계산한다.

연간 재고유지비 = 한 주기당 재고유지비 × 연간 발주 횟수

한 주기당 재고유지비는 한 주기의 평균 재고와 단위당 재고유지비의 곱으로 나타낼 수 있다. [그림 7.6]에서와 같이 한 주기 내에서 재고를 보유하고 있는 기간은 t_1이므로, 이 기간 동안의 평균 재고는 $\frac{X}{2}$이고, t_1 동안의 재고유지비는 t_1H이다. 따라서 한 주기당 재고유지비는 다음과 같다.

$$한\ 주기당\ 재고유지비 = \frac{X}{2} \times t_1H = \frac{t_1XH}{2}$$

또한 [그림 7.6]에서 $\frac{t_1}{t_0} = \frac{X}{Q}$이므로,

$$t_1 = \frac{t_0X}{Q} = \frac{(Q/D)X}{Q} = \frac{X}{D}$$가 된다.

결국 한 주기당 재고유지비는 다음과 같이 나타낼 수 있다.

$$한\ 주기당\ 재고유지비 = \frac{t_1XH}{2} = \frac{(X/D)XH}{2} = \frac{(Q-Y)^2H}{2D}$$

여기에 연간 발주 횟수 $\frac{D}{Q}$를 곱하면 연간 재고유지비는 다음과 같다.

$$\text{연간 재고유지비} = \frac{(Q-Y)^2H}{2D} \times \frac{D}{Q} = \frac{(Q-Y)^2H}{2Q}$$

연간 재고부족비 역시 비슷한 방법으로 구할 수 있다. 단위당 연간 재고부족비를 R이라고 하자. 그러면 연간 재고유지비를 계산하는 것과 유사한 방식으로 연간 재고부족비를 다음과 같이 얻을 수 있다.

$$\text{연간 재고부족비} = \frac{Y^2R}{2Q}$$

이제 재고부족이 있는 경우의 연간 총비용을 Q와 Y의 함수로 나타내면 다음과 같다(Q와 Y가 결정 변수이다).

$$\begin{aligned} TC_R(Q, Y) &= \text{연간 발주비} + \text{연간 재고유지비} + \text{연간 재고부족비} \\ &= \frac{DS}{Q} + \frac{(Q-Y)^2H}{2Q} + \frac{Y^2R}{2Q} \end{aligned}$$

재고부족이 있는 EOQ 모형 $TC_R(Q, Y) = \frac{DS}{Q} + \frac{(Q-Y)^2H}{2Q} + \frac{Y^2R}{2Q}$에서 $Y=0$이면,

$$\begin{aligned} TC_R(Q, Y=0) &= \frac{DS}{Q} + \frac{(Q-0)^2H}{2Q} + \frac{0^2R}{2Q} \\ &= \frac{DS}{Q} + \frac{Q^2H}{2Q} + 0 \\ &= \frac{DS}{Q} + \frac{QH}{2} \end{aligned}$$

가 되어, 고전적 EOQ 모형과 같아짐을 알 수 있다. 즉, 고전적 EOQ 모형은 재고부족이 있는 EOQ 모형의 특별한 경우이다.

모형 $TC_R(Q, Y)$에서 비용을 최소화하는 Q와 Y는 $TC_R(Q, Y)$를 Q와 Y로 각각 편미분한 후 0으로 놓고 Q와 Y의 연립방정식을 풀면 구할 수 있다. 이렇게 구한 최적 1회 발주량 Q^*와 최적 재고부족분 Y^*는 각각 다음과 같이 얻을 수 있다.

$$Q^* = \sqrt{\frac{2SD}{H}}\sqrt{\frac{H+R}{R}}$$

$$Y^* = \sqrt{\frac{2SD}{R}}\sqrt{\frac{H}{H+R}} \text{ 또는 } Q^*\frac{H}{H+R}$$

예제 7.3

[예제 7.2]의 A 유통센터에서 품목 B에 대한 재고부족 모형을 고려하고 있다. 재고부족을 허용할 경우 경제적 발주량과 연간 총비용은 어떻게 되는가? A 유통센터는 재고부족을 허용하는 것이 더 나은가? 이 모형에서 재고가 가장 많은 경우의 재고량은 얼마인가? 또한 최대재고부족분은 얼마인가? 단, 단위당 재고부족비는 연간 600원이다.

풀이

재고부족을 고려할 경우 1회 경제적 주문량은

$$Q^* = \sqrt{\frac{2SD}{H}}\sqrt{\frac{H+R}{R}} = \sqrt{\frac{2\times 1{,}000\times 1{,}000}{200}}\sqrt{\frac{200+600}{600}} \cong 115 \text{이고,}$$

최대재고부족분은

$$Y^* = Q^*\frac{H}{H+R} = 115\times\frac{200}{200+600} \cong 29 \text{이다.}$$

재고가 가장 많은 경우의 재고량은 $Q^* - Y^* = 115 - 29 = 86$개이다.

총비용은

$$\begin{aligned} TC_R(Q^*, Y^*) &= \frac{DS}{Q^*} + \frac{(Q^* - Y^*)^2 H}{2Q^*} + \frac{Y^{*2} R}{2Q^*} \\ &= \frac{1{,}000 \times 1{,}000}{115} + \frac{(115-29)^2 \times 200}{2 \times 115} + \frac{29^2 \times 600}{2 \times 115} \\ &\cong 17{,}321\text{원} \end{aligned}$$

이다.

고전적 EOQ 모형의 총비용 20,000원과 비교하면, 재고부족을 허용하는 것이 더 비용이 적다는 것을 알 수 있다. ■

7.3.3 가격 할인이 있는 경우의 EOQ 모형

일반적으로 한 번에 많은 양을 구매하는 경우 제품 단가를 할인받을 수 있는 경우가 있다. 여기에서는 1회 구매량이 증가함으로써, 제품 가격을 할인받을 수 있는 경우에 EOQ를 계산하는 방법을 살펴본다. 한 번에 많은 양을 구매하게 되면 대량구매에 따른 재고유지비용이 증가하게 되지만, 이보다 가격 할인에 따른 이익이 더 클 가능성이 있는 경우에 적용할 수 있는 방법이다. 이 모형에서는 재고와 관련된 3가지 비용(발주비, 재고유지비, 재고부족비)과 함께 구매가격을 동시에 고려하게 된다. 일반적으로 1회 구매량이 증가하면, 재고유지비는 증가하나 발주비, 재고부족비, 구매가격은 감소하게 된다.

가격 할인이 있는 경우의 EOQ 계산은 단순히 할인이 되는 구간과 할인이 되지 않는 구간으로 나누어 EOQ를 계산한 다음, 각각의 경우에 재고 관련 비용과 구매 가격의 합을 비교하여 최종 EOQ를 계산한다.

[예제 7.4]를 통해 가격할인이 있는 경우의 EOQ 계산 방법을 살펴보자.

예제 7.4

타이어 도매점에서 타이어 구매를 고려하고 있다. 타이어의 개당 가격은 100,000원이다. 하지만 1회 구매량이 1,000개 이상일 경우에는 2% 할인을 받아 개당 가격이 98,000원으로 할인된다. 타이어의 연간 수요는 5,000개이며, 1회 발주비용은 125,000원이다. 또한 재고유지비는 단위당 연간 20,000원이다. 재고부족은 허용하지 않는다. 이 경우, 경제적 주문량은 어떻게 되는가?

풀이

타이어 가격을 P라고 하자. 주어진 데이터는 다음과 같다.

$D = 5{,}000$(개)

$S = 125$(천원)

$H = 20$(천원)

$$P = \begin{cases} 100 \ (1\text{회 구매량} < 1{,}000) \\ 98 \ \ (1\text{회 구매량} \geq 1{,}000) \end{cases} (\text{천원})$$

먼저 할인이 없는 경우(1회 구매량$< 1{,}000$)를 살펴보면,

$$\sqrt{\frac{2SD}{H}} = \sqrt{\frac{2 \times 125 \times 5{,}000}{20}} = 250(< 1{,}000)\text{이므로,}$$

$EOQ = 250$이 된다. 이때의 재고비용과 구매 가격을 합한 총비용 TC_1는, $TC_1 = \frac{DS}{Q} + \frac{QH}{2} + DP$ 에서 $Q = 250$(개), $P = 100$(천원)이므로, TC_1은 다음과 같다.

$$TC_1 = \frac{5{,}000 \times 125}{250} + \frac{250 \times 20}{2} + 5{,}000 \times 100 = 505{,}000(\text{천원})$$

두 번째로 가격할인이 있는 경우(1회 구매량$\geq 1{,}000$)에는, EOQ가 250이 될 수 없다. 왜냐하면, 할인을 받기 위해서는 1회 구매량이 1,000개 이상이어야 하는데 250< 1,000이므로 이는 논리적으로 맞지 않는다. 이때의 경제적 주문량은 1,000이 된다([그림 7.7]). [그림 7.7]에서 할인이 있는 구간(1회 주문량$\geq 1{,}000$)에서 비용이 가장 낮은

구매량은 1,000임을 알 수 있다. 또한, 가격은 2% 할인되어 98(천원)이다.

따라서 $Q=1,000$(개), $P=98$(천원)이 되며 가격 할인이 있는 경우의 총비용 TC_2는 다음과 같이 계산된다.

$$TC_2 = \frac{5,000 \times 125}{1,000} + \frac{1,000 \times 20}{2} + 5,000 \times 98 = 500,625(\text{천원})$$

$TC_1 < TC_2$이므로, 경제적인 1회 발주량은 1,000개이다. ■

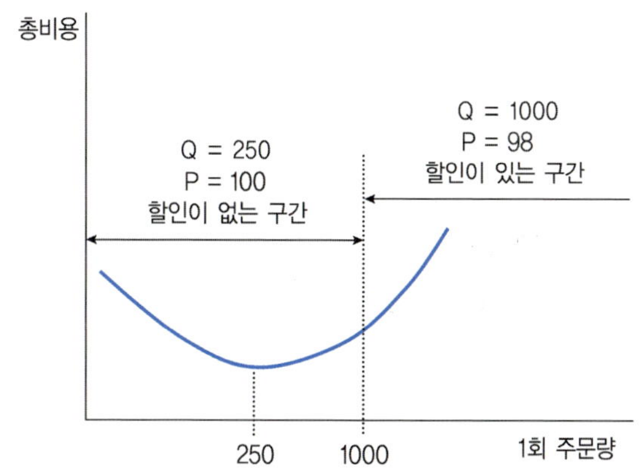

[그림 7.7] 가격할인이 있는 경우의 EOQ와 단가의 변화

7.4 확률적 재고 모형

확정적 재고 모형은 재고가 사용되는 비율(수요율)과 조달에 걸리는 리드타임이 일정하다는 가정에 근거를 두고 있다. 그러나 실제 상황에서의 재고의 변화는 매우 불확실한 형태로 나타난다. 즉, 수요와 조달 리드타임이 모두 불확실성을 지닌 경우가 대부분이다. 확률적 재고 모형은 수요 변화가 확률적 분포를

가지는 것을 고려한 모형이다. 확률적 모형에서는 불확실성에 대비하는 방법으로 안전재고를 고려하게 된다.

안전재고의 수준은 정책적으로 결정한 서비스 수준(service level)에 의해 정해지는데, 서비스 수준이란 고객으로부터 주문을 받았을 때, 품절을 일으키지 않고, 이미 보유하고 있는 재고로 물품을 공급하는 비율을 말한다. 예를 들어, 95%의 서비스 수준은 책정했다면 100번 중 95번은 주문받은 즉시 공급하고자 하는 재고 정책으로, 5% 품절위험수준과 동일한 의미로 사용된다. 서비스 수준을 높게 책정할 경우, 안전재고의 수준은 높아지게 되고 그만큼 재고보유량은 많아진다. 따라서 확률적 모형은 정책적으로 결정한 서비스 수준을 유지하기 위한 안전재고 수준을 결정하는 의사 결정이라고 말할 수 있다.

확률적 모형은 발주 형태에 따라 정량발주 모형과, 정기발주 모형, 그리고 이 두 가지를 혼합한 (s, S) 모형으로 나눌 수 있다. 정량발주 모형은 재고량이 일정 수준에 도달하면 정해진 수량만큼 발주하는 모형이다. 정기발주 모형은 일정기간이 경과하면 목표 수준의 재고량을 채우기 위해 필요한 수량만큼 발주하는 모형이다. 아래에서 수요가 정규분포를 갖는다고 가정하고, 세 가지 확률적 모형 각각에 대해 자세히 살펴본다.

7.4.1 정량발주 모형

정량발주 모형은 FOQ(Fixed Order Quantity) 시스템 혹은 Q 시스템이라고도 하는데, 재고 수준이 일정수준(재발주점, ROP; ReOrder Point)에 도달하면, 사전에 정해진 수량(Q)만큼 발주하는 재고관리 방식이다. [그림 7.8]은 정량발주 모형의 재고량 변화를 보여준다. [그림 7.8]에서 발주에서 입고까지 걸리는 리드타임은 발주마다 확률분포에 따라 달라진다($LT1 \neq LT2 \neq LT3$). 또한 재고 수준이 재발주점에 도달하는 시점도 수요율에 따라 확률적으로 변하기 때문에 발주간격 역시 변한다(발주간격1$\neq$발주간격2). 반면 입고되는 수량은 항상 일정(Q)하다. 그리고 입고시점의 재고 수준이 항상 다르기 때문에 최대 재고 수준도 일정하지 않다.

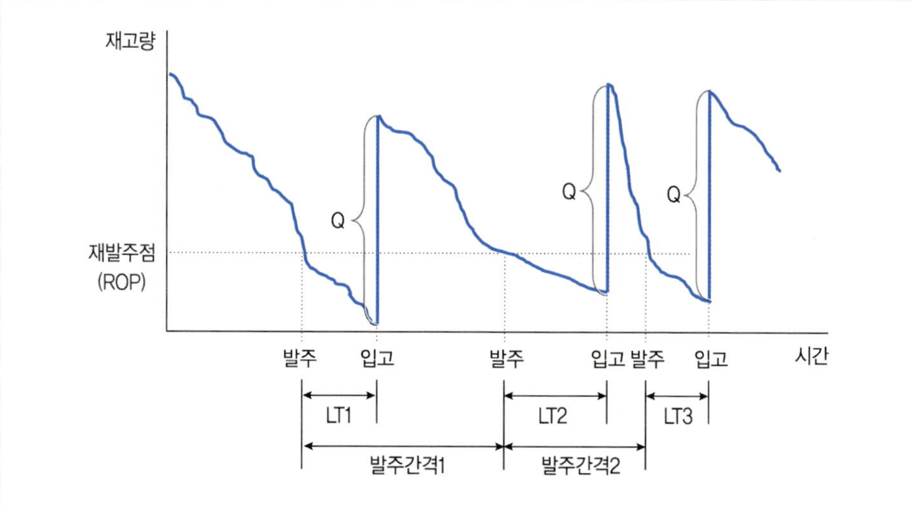

[그림 7.8] **정량발주 모형의 재고량 변화**

정량발주 시스템을 적용한 재고관리는 경제적 발주량과 재발주점에 의해서 정해진다. 먼저 경제적 1회 발주량은 EOQ 모형으로부터 추정할 수 있다. 연간 수요가 평균 $\overline{D}$, 표준편차 σ_D인 정규분포를 갖는다고 하자. 경제적 발주량은 다음과 같이 연간 평균수요 $\overline{D}$를 이용하여 그 추정치를 사용한다.

$$\text{경제적 발주량 추정치} = \sqrt{\frac{2S\overline{D}}{H}}$$

재발주점은 리드타임 동안의 수요와 서비스 수준 두 가지 항목에 따라 정해진다. 리드타임 동안의 수요가 많을수록 재발주점은 높아질 것이다. 또한 서비스 수준을 높게 책정할수록 안전재고는 많아야 하며, 재발주점을 높이는 결과를 가져온다. 결국 재발주점은 리드타임 동안의 수요와 안전재고의 합으로 구성된다.

$$\text{재발주점}(ROP) = \text{리드타임 동안의 평균수요} + \text{안전재고}$$

하루 수요의 확률분포가 평균 $\bar{d}$, 표준편차 σ_d인 정규분포라고 하자. 이때 리드타임(LT라고 하자) 동안의 수요는 정규분포의 성질에 의해서 평균 $\bar{d} \cdot LT$, 표준편차 $\sigma_d\sqrt{LT}$인 정규분포이다. 따라서 재발주점은 $ROP = \bar{d} \cdot LT + SS$가 된다. 여기서 SS는 안전재고 수준이다.

이제 서비스 수준에 따라 안전재고가 어떻게 결정되는지 살펴보자. 만약 안전재고를 보유하고 있지 않다면, 품절이 일어날 확률은 50%가 된다. 왜냐하면, 리드타임 동안의 평균 수요가 $\bar{d} \cdot LT$이고, 이 기간 동안 실제수요가 $\bar{d} \cdot LT$보다 클 확률은 정확히 50%이기 때문이다([그림 7.9 (a)]).

만약 일정한 수준의 안전재고를 보유하게 되면, 품절 확률은 줄어든다(서비스 수준이 높아진다). 예를 들어 어느 한 품목에 대한 서비스 수준을 95%로 하고자 한다고 가정하자(품절 확률 5%). 그러면 정규분포의 성질에 의해서 평균에서 표준편차의 $z = 1.65$배만큼 안전재고를 보유하면 서비스 수준을 95%로 할 수 있게 된다(표준정규분포 변환 값인 z값은 부록의 표준정규분포표에서 구할 수 있다). 따라서 안전재고 수준은 $1.65\sigma_d\sqrt{LT}$가 된다([그림 7.9 (b)]). 결론적으로 재발주점은 다음과 같다.

$$ROP = \bar{d} \cdot LT + z\sigma_d\sqrt{LT}, \text{ (단, } z\text{는 표준정규분포 변환값)}$$

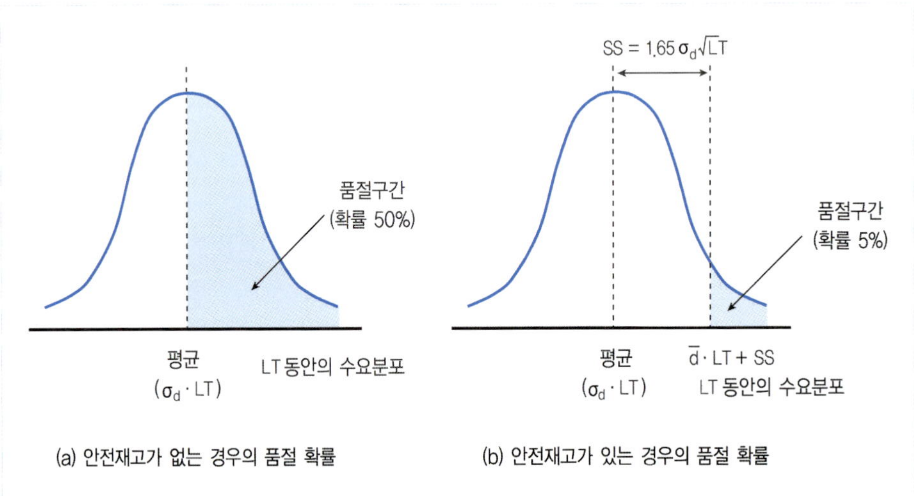

[그림 7.9] 안전재고 수준에 따른 품절 확률

예제 7.5

어느 호프집에서 맥주의 1일 수요는 평균 100병, 표준편차 10병인 정규분포를 따른다. 맥주의 리드타임은 8일이다. 이 호프집은 품절 위험을 2% 이내로 유지하고자 한다. 다음 물음에 답하라.

(1) 재발주점은 얼마인가?

(2) 재발주점이 815병으로 설정한다면, 이 호프집의 서비스 수준은 어떻게 되는가?

풀이

(1) 표준정규분포표로부터 품절확률 2%, 즉 서비스 수준 98%에 가장 가까운 값은 0.9798이다(아래 그림). 그리고 이때의 표준정규분포 변환값은 $z = 2.05$임을 알 수 있다.

	0.00	0.01	0.02	0.03	0.04	0.05	0.06	0.07	0.08
0.0	0.5000	0.5040	0.5080	0.5120	0.5160	0.5199	0.5239	0.5279	0.5319
0.1	0.5398	0.5438	0.5478	0.5517	0.5557	0.5596	0.5636	0.5675	0.5714
0.2	0.5793	0.5832	0.5871	0.5910	0.5948	0.5987	0.6026	0.6064	0.6103
0.3	0.6179	0.6217	0.6255	0.6293	0.6331	0.6368	0.6406	0.6443	0.6480
0.4	0.6554	0.6591	0.6628	0.6664	0.6700	0.6736	0.6772	0.6808	0.6844
0.5	0.6915	0.6950	0.6985	0.7019	0.7054	0.7088	0.7123	0.7157	0.7190
0.6	0.7257	0.7291	0.7324	0.7357	0.7389	0.7422	0.7454	0.7486	0.7517
0.7	0.7580	0.7611	0'7642	0.7673	0.7704	0.7734	0.7764	0.7794	0.7823
0.8	0.7881	0.7910	0.7939	0.7967	0.7995	0.8023	0.8051	0.8078	0.8106
0.9	0.8159	0.8186	0.8212	0.8238	0.8264	0.8289	0.8315	0.8340	0.8365
1.0	0.8413	0.8438	0.8461	0.8485	0.8508	0.8531	0.8554	0.8577	0.8599
1.1	0.8643	0.8665	0.8686	0.8708	0.8729	0.8749	0.8770	0.8790	0.8810
1.2	0.8849	0.8869	0.8888	0.8907	0.8925	0.8944	0.8962	0.8980	0.8997
1.3	0.9032	0.9049	0.9066	0.9082	0.9099	0.9115	0.9131	0.9147	0.9162
1.4	0.9192	0.9207	0.9222	0.9236	0.9251	0.9265	0.9279	0.9292	0.9306
1.5	0.9332	0.9345	0.9357	0.9370	0.9382	0.9394	0.9406	0.9418	0.9429
1.6	0.9452	0.9463	0.9474	0.9484	0.9495	0.9505	0.9515	0.9525	0.9535
1.7	0.9554	0.9564	0.9573	0.9582	0'9591	0'9599	0'9608	0.9616	0.9625
1.8	0.9641	0.9649	0.9656	0.9664	0.9671	0.9678	0.9686	0.9693	0.9699
1.9	0.9713	0.9719	0.9726	0.9732	0.9738	0.9744	0.9750	0.9756	0.9761
2.0	0.9772	0.9778	0.9783	0.9788	0.9793	0.9798	0.9803	0.9808	0.9812
2.1	0.9821	0.9826	0.9830	0.9834	0.9838	0.9842	0.9846	0.9850	0.9854
2.2	0.9861	0.9864	0.9868	0.9871	0.9875	0.9878	0.9881	0.9884	0.9887
2.3	0.9893	0.9896	0.9898	0.9901	0.9904	0.9906	0.9909	0.9911	0.9913
2.4	0.9918	0.9920	0.9922	0.9925	0.9927	0.9929	0.9931	0.9932	0.9934

$\bar{d}=100$, $\sigma_d=10$, $LT=8$이므로, 안전재고는

$SS=2.05\sigma_d\sqrt{LT}=2.05\times10\times\sqrt{8}\cong58$이고,

재발주점은 $ROP=\bar{d}\cdot LT+SS=100\times8+58=858$병이다.

(2) $ROP=\bar{d}\cdot LT+SS=100\times8+SS=815$이므로

$SS=z\sigma_d\sqrt{LT}=z\times10\sqrt{8}\cong15$이다. $z=0.53$이 된다.

표준정규분포표에서 $z=0.53$에 해당하는 서비스 수준은 0.7019, 즉 약 70%이다.

	0.00	0.01	0.02	0.03	0.04
0.0	0.5000	0.5040	0.5080	0.5120	0.5160
0.1	0.5398	0.5438	0.5478	0.5517	0.5557
0.2	0.5793	0.5832	0.5871	0.5910	0.5948
0.3	0.6179	0.6217	0.6255	0.6293	0.6331
0.4	0.6554	0.6591	0.6628	0.6664	0.6700
0.5	0.6915	0.6950	0.6985	0.7019	0.7054
0.6	0.7257	0.7291	0.7324	0.7357	0.7389
0.7	0.7580	0.7611	0'7642	0.7673	0.7704
0.8	0.7881	0.7910	0.7939	0.7967	0.7995

■

7.4.2 정기발주 모형

정기발주 모형은 재고 수준을 정기적으로 조사하고 그때마다 재고 수준을 일정한 목표수준까지 끌어올릴 수 있는 만큼의 수량을 주문하는 시스템으로, FIO(Fixed Interval Reorder) 시스템 혹은 P 시스템이라고 한다.

이 재고관리 모형에서는 재고 수준을 연속적으로 조사하지 않고 정해진 기간이 지날 때마다 정기적으로 재고 수준을 조사한다. 따라서 주문 간격은 고정되어 있다. 주문량은 재고조사 시점의 재고 수량에 따라 달라지므로 일정하지 않다. 정기발주 모형에서의 재고량은 [그림 7.10]과 같이 변화한다.

[그림 7.10]에서 발주 간격(P)은 항상 일정하다($P1=P2$). 발주 시점에 도달하면 목표재고 수준(T)과 현 재고 수준의 차이만큼 발주하게 된다. 따라서 매

번 발주하는 수량은 달라질 수 있다($Q1 \neq Q2 \neq Q3$). 리드타임도 확률 분포를 가지며, 발주별 리드타임은 달라질 수 있다($LT1 \neq LT2 \neq LT3$).

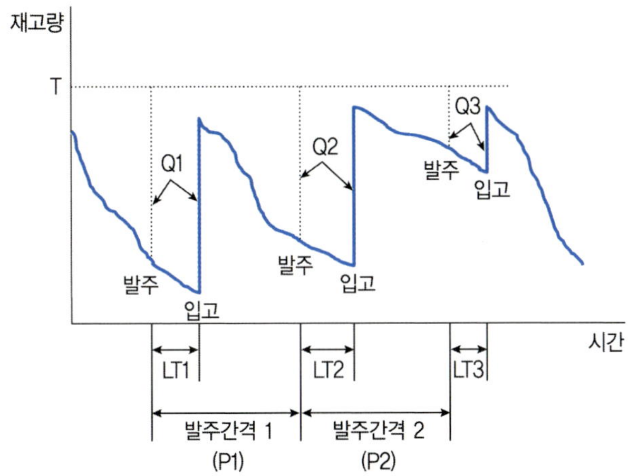

[그림 7.10] **정기발주 모형의 재고량 변화**

이 모형에서 결정해야 하는 사항은 발주간격(P)과 목표재고 수준(T)이다. 먼저 발주 간격은 경제적 1회 발주량을 연평균 수요로 나눈 값으로 추정할 수 있다.

$$발주간격(P)=\frac{EOQ}{\overline{D}},\ 여기서\ EOQ=\sqrt{\frac{2S\overline{D}}{H}}$$

다음으로 결정할 사항은 목표재고 수준(T)이다. 정량발주 모형의 경우 재고가 일정 수준 이하로 떨어지면, 언제든지 발주할 수 있지만, 정기발주는 정해진 시점에만 발주가 가능하다. 따라서 다음 주문시까지의 기간(P)와 주문에서 입고까지의 기간(LT) 동안의 수요 변화에 대응할 수 있는 안전재고를 확보할 수 있도록 주문해야 한다. 즉, $P+LT$ 동안의 수요의 불확실성에 대비할 수 있도록 목표수준을 설정하여야 한다. 하루 수요의 확률분포는 평균 $\overline{d}$, 표준편차 σ_d인 정규분포이므로, $P+LT$ 동안의 수요는 평균 $\overline{d}\cdot(P+LT)$, 표준편차

$\sigma_d \sqrt{P+LT}$인 정규분포이다. 따라서 목표재고 수준은 다음과 같다.

$$T = \bar{d}(P+LT) + z\sigma_d \sqrt{P+LT}$$

여기서, z서비스 수준에 의해서 결정되는 표준정규분포 변환값이며, $z\sigma_d \sqrt{P+LT}$는 정기발주시스템의 안전재고에 해당된다.

예제 7.6

[예제 7.5]의 호프집에서 EOQ 추정치가 2,000이라고 하자. 만약 이 호프집에서 정기발주 모형을 적용한다면, 발주간격과 목표재고 수준은 어떻게 되는가?

풀이

발주간격은 $\frac{EOQ}{\bar{d}} = \frac{2,000}{100} = 20$일이다.

목표재고 수준은

$$T = \bar{d}(P+LT) + z\sigma_d \sqrt{P+LT}$$
$$= 100(20+8) + 2.05 \times 10\sqrt{20+8} \cong 2,907$$이 된다. ■

정량발주 모형(Q시스템)과 정기발주 모형(P시스템)의 비교

Q시스템은 여러 품목의 재고를 관리할 때, 품목별로 조사 빈도를 다르게 설정하는 것이 가능하다. 또한 로트 크기가 클 경우, 수량 할인을 고려한 발주량을 결정할 수 있다. 그리고 P시스템에 비해 안전재고 수준이 상대적으로 낮다. P시스템이 $P+LT$ 동안의 비교적 긴 기간 동안의 변동성에 대비하는 안전재고를 책정하는 반면에 Q시스템은 LT 기간 동안의 수요에 대해서만 안전재고를 책정하기 때문이다.

반면에 P시스템은 연속적인 재고관리가 필요치 않기 때문에 상대적으로 관리가 용이한 장점이 있다. 또한 여러 품목을 같은 업체에서 납품받는 경우에는 동시에 여러 품목을 주문할 수 있는 이점이 존재한다.

7.4.3 (s, S) 시스템

이 모형은 정량발주의 재발주점(s)과 정기발주의 목표재고 수준(S) 개념을 결합한 시스템으로 조건부 보충시스템(optional replenishment system)이라고도 한다. 이 모형에서는 정기발주처럼 고정된 시간 간격마다 재고 수준을 조사한다. 이때 재고 수준이 사전에 정한 재발주점(s) 이하이면, 재고를 목표재고 수준(S)까지 끌어올릴 수 있을 만큼 주문한다. 만약 조사 시점에서 재고 수준이 재발주점 이상이면 주문하지 않는다. [그림 7.11]은 (s, S) 시스템의 재고량 변화의 한 예이다. 이 예에서 목표재고 수준은 200이고 재발주점은 120이다. 첫 번째 검토시점 $t1$ 에서의 재고 수준은 130으로 재발주점($s = 120$)보다 높으므로 주문하지 않고 그냥 지나간다. 두 번째 검토시점 $t2$에서는 재고 수준이 50으로 재발주점($s = 120$) 이하이므로 목표재고 수준($S = 200$)과의 차인 150개를 주문한다. 이 시스템은 연속 조사를 하지 않기 때문에 주문비용과 재고조사비용이 큰 경우에 유용한 시스템이다.

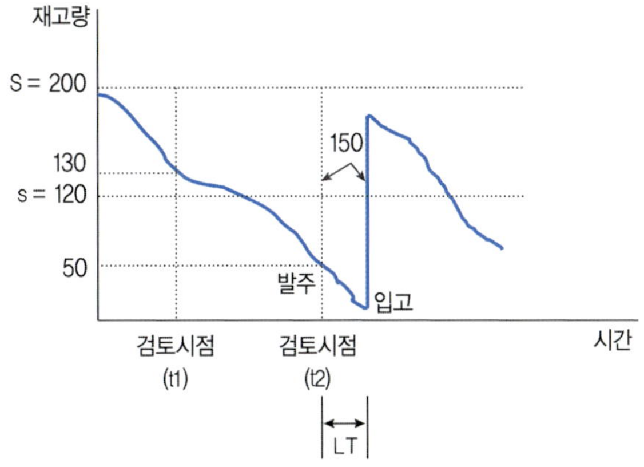

[그림 7.11] (s, S) 시스템의 재고량 변화

요약

- 재고란 현 시점 이후에 사용할 목적으로 기업이 보유하고 있는 원자재나 부품, 혹은 완제품을 말한다.

- 기업은 재고를 보유함으로써, 기회비용, 보관/임대비용, 세금 및 보험료, 진부화 및 훼손에 따른 비용 등 재고유지비용이 발생하나, 재고가 부족할 경우에는 재고고갈이나 미납주문에 따른 판매손실비용, 준비비용 등의 비용이 발생하므로, 적절한 재고 수준에 대한 의사결정이 매우 중요하다.

- 재고 유형은 주기재고(전체 재고 중에서 로트 크기에 따라 직접적으로 변하는 부분), 안전재고(재고가 부족함으로써 생기는 품절이나 미납 주문으로 인해 생길 수 있는 기회비용의 발생을 예방하기 위하여 평균적인 수요보다 더 비축하고 있는 재고), 그리고 수송재고(한 지점에서 다른 지점으로 이동 중인 재고)로 구분할 수 있다.

- 재고모형은 확정적 재고모형과 확률적 재고모형으로 구분할 수 있다. 확정적 재고모형은 수요와 리드타임이 일정한 값으로 고정되어 있는 경우에 적용하는 모형이다. 확률적 재고모형은 수요와 리드타임이 불확실한(확률 분포를 갖는) 경우에 적용할 수 있는 모형이다.

- 고전적 EOQ 모형은 재고유지비와 발주비만을 고려하여 가장 경제적인 1회 발주량(EOQ)을 구하는 모형으로, 다음 식에 의해 구할 수 있다.

$$EOQ=\sqrt{\frac{2SD}{H}}$$

- 재고유지비, 발주비, 재고부족비를 모두 고려한 EOQ 모형에서의 경제적 발주량은 다음 식에 의해 구할 수 있다.

$$EOQ=\sqrt{\frac{2SD}{H}}\sqrt{\frac{H+R}{R}}$$

또한 최대재고부족분은 다음 식에 의해 구한다.

$$Y^*=\sqrt{\frac{2SD}{R}}\sqrt{\frac{H}{H+R}}$$

- 확률적 모형에는 정량발주 모형, 정기발주 모형, 조건부 보충 모형((s, S) 모형)이 있다. 정량발주 모형은 재고량이 일정 수준에 도달하면 정해진 수량만큼 발주하는 모형이고, 정기발주 모형은 일정기간이 경과하면 목표 수준의 재고량을 채우기 위해 필요한 수량만큼 발주하는 모형이다. 조건부 보충 모형은 정량발주 모형의 재발주점과 정기발주 모형의 목표재고 수준은 혼합한 형태의 모형이다.

주요 용어

7.1 재고와 관련된 비용

재고(inventory)
재고유지비(holding cost)
발주비(ordering cost)
생산준비비(setup cost)
재고부족비
재고고갈(stockout)
미납주문(back order)

7.2 재고의 유형

로트 크기(lot size)
주기재고(cycle inventory)
안전재고(safety stock)
리드타임(lead time)
수송재고(pipeline inventory)
수요율
공급사슬관리(supply chain management)

7.3 확정적 재고 모형

경제적 주문량(economic order quantity)
EOQ 모형(EOQ model)
재고부족이 있는 EOQ 모형
가격할인이 있는 경우의 EOQ 모형
발주간격

7.4 확률적 재고 모형

리드타임(lead time)
서비스 수준
재주문점(reopder point)
정량발주(fixed order quantity)
정기발주(fixed interval reorder)
목표재고 수준
조건부 보충시스템(optional replenishment system)

연 습 문 제

1. 재고와 관련된 비용항목 중 주문비에는 어떤 항목들이 포함되는지를 설명하라.

2. 재고와 관련된 비용항목 중 재고유지비에는 어떤 항목들이 포함되는지를 설명하라.

3. 특정 제품의 안전재고 수준을 결정하기 위해 필요한 정보는 무엇인지를 말하고, 각각에 대하여 설명하라.

4. 재고의 세 가지 유형은 무엇인가? 각각에 대해 설명하라.

5. 공급사슬에서 안전재고가 어떤 역할을 하는지 설명하라. 공급사슬 전체의 관점에서 재고를 줄이기 위한 방안은 무엇이 있을까?

6. 한 유통업체에서 취급하고 있는 품목 A의 연간 수요는 4,000개이며, 매주 일정한 수요율을 나타내고 있다. 품목 A를 구매하기 위하여 발주할 때에는 발주량에 관계없이 회당 발주비는 1,000원이다. 또한 매 발주시마다 항상 동일한 수량을 발주하며, 발주 후 품목 A가 도착할 때까지의 리드타임은 2주이다. 1년은 50주(week)로 가정하고 다음 물음에 답하라.

   (1) 품목 A의 경제적인 1회 발주량을 구하시오.

   (2) 연간 총 재고유지비는 얼마인가? 연간 총 발주비는 얼마인가?

   (3) 재고 수준이 얼마일 때, 발주가 이루어져야 하는가?

   (4) 품목 A의 발주 간격은 어떻게 되는가?

7. 한 보일러 중간 도매점의 연간 수요는 1,000개로 일정하다. 보일러를 공급사에 주문할 때마다 1회 발주비는 발주량에 관계없이 3,000원으로 일정하다. 리드타임은 2주이다. 단위당 연간 재고유지비는 600원이다. 만약 재고가 부족할 경우에는 늦더라도 보일러 대리점에 공급할 수가 있으며, 이때 재고부족으로 인해 발생하는 비용은 단위당 200원이다. 1년을 50주로 가정하고, 다음 물음에 답하라.

   (1) 경제적인 1회 주문량은 몇 개인가?

(2) 주문은 몇 주에 한 번씩 이루어져야 하는가?

(3) 1년 중 재고를 보유하고 있는 기간은 대략 몇 주 정도인가?

8. A 찜질방은 1년에 1,000상자의 비누를 구입하며, 수요는 일정하다. 연간 재고유지비는 상자당 1원이며 1회 발주비용은 45원이다. 재고부족은 허용하지 않으며, 대량구매 시 가격할인을 받을 수 있는데, 발주량에 따른 단가는 다음과 같다. 다음 물음에 답하라.

발주량(상자)	단가(원)
1~199	10
200~499	9
500 이상	8

(1) 만약 가격할인이 없을 경우, 경제적 발주량(EOQ)은 얼마인가?

(2) 가격할인이 있을 경우의 경제적 발주량은 얼마인가?

(3) 가격할인이 있을 경우 제품가격을 포함한 연간총비용을 계산하라.

9. 어떤 품목의 현재고가 50개, 주간 평균 사용량은 200개, 리드타임은 2주, 안전재고는 50이다. 재발주점(reorder point)은?

10. 어떤 제품의 리드타임 동안의 평균 수요가 100개이며, 안전재고가 50인 경우, 정량발주시스템에서의 재발주점은?

11. 위 10번 문제에서, 리드타임을 2주라고 하자. 만약, 동일한 서비스 수준하에서 정기발주시스템을 적용할 경우, 정량발주시스템에 비해 안전재고 수준은 어떻게 달라지는가? 단, 발주 간격은 3주이다.

12. 어떤 회사에서 품목 A의 재고관리를 위해 선택적 보충시스템((s, S) 시스템)을 이용하고 있다. 현재 매 3주에 한 번씩 재고를 체크하고 있으며, 리드타임은 1주이다. 또한 현재의 안전재고 수준은 100이다. 만약 이 회사가 재고관리 방식을 정량발주시스템으로 변경할 경우 안전개고 수준은 어떻게 될까? 단, 서비스 수준은 현재와 같은 수준을 유지한다.

13. 재고부족이 있는 경제적 발주량 모형에서, 연간 재고부족비는 $\frac{Y^2R}{2Q}$임을 보여라.

14. 어느 제품의 리드타임 동안의 수요는 평균 450, 표준편차 20인 정규분포이다. 5%의 품절확률을 유지하기 위한 안전재고 수준은 얼마인가?

15. A 공장은 연간 8,000개의 부품 X를 일정한 비율로 이용한다. 개당 구입가격은 1,000원이며, 연간재고유지비는 구입가격의 25%이다. 1회 발주비는 2,500원이며, 재고부족은 발생하지 않는다. 만약 리드타임이 2주라고 하면, 재발주점은 얼마인가? 단, A공장의 연간 가동기간은 40주이다.

16. 한 보일러 중간 도매점의 연간 수요는 3,000개로 일정하다. 보일러를 공급사에 주문할 때마다 1회 발주비는 발주량에 관계없이 100원, 리드타임은 2주, 단위당 연간 재고유지비는 60원이다. 만약 재고가 부족할 경우에는 늦더라도 보일러 대리점에 공급할 수가 있으며, 이때 재고부족으로 인해 발생하는 비용은 단위당 20원이다. 1년을 50주로 가정하고, 다음 물음에 답하라.

(1) 경제적인 1회 주문량은 몇 개인가?

(2) 주문은 몇 주에 한 번씩 이루어져야 하는가?

(3) 1년 중 재고가 가장 많은 경우의 재고량은 얼마인가?

(4) 1년 중 재고부족이 발생하는 기간은 얼마나 되는가?

(5) 연간 총 재고부족비용은 얼마인가?

Chapter

08 자재소요계획

Production and Operations Management

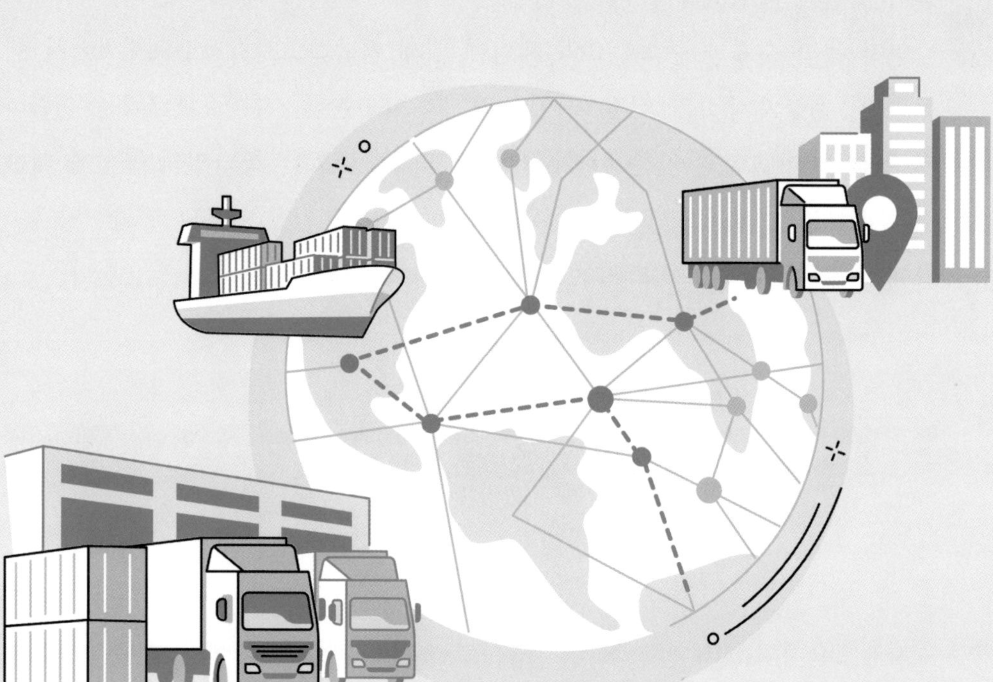

08 Chapter 자재소요계획

기업의 생산운영 담당자는 제품이나 서비스의 생산에 필요한 자원을 필요한 시점에 필요한 양을 준비해야 한다. 이 역할을 원활히 수행하기 위해서는 수십~수만 가지의 부품 또는 원자재를 관리해야 한다. 이 장에서는 원자재 및 부품의 조달과 일정 관리를 위한 기법인 자재소요계획에 대해 다룬다.

먼저 독립 수요와 종속수요의 개념에 대해 학습하고, 자재소요계획에서 이 두 가지 유형의 수요가 어떤 차이가 있는지 살펴본다. 자재소요계획을 수립하기 위한 입력 요소인 기준생산계획, 자재명세서, 재고기록파일의 구성에 대해서 살펴보고, 자재소요계획 수립 시 어떻게 반영되는가 알아본다. 또한, 자재소요계획 수립 시의 로트 크기는 어떻게 결정하는지에 대해서도 학습한다.

8.1 자재소요계획의 개념

자재소요계획(MRP: Material Requirement Planning)이란 기준생산계획(MPS: Master Production Schedule)에 의한 생산 일정에 맞춰, 소요되는 자

재의 조달 수량 및 일정을 수립하는 것이다. MRP는 원자재에 대한 소요계획을 수립하는 것이므로, 종속수요부품(dependent item)에 대한 재고관리라고 할 수 있다. 자전거를 예로 들어 종속수요의 개념을 살펴보자.

자전거 제품 생산업체의 경우, 자전거는 이 업체의 최종 생산품이다. 이러한 최종 제품의 수요는 일반적으로 다른 부품이나 제품의 수요에 종속되지 않는 독립된 수요를 가진다. 즉, 자전거의 수요는 고객의 시장 상황에 의해서 결정되는 것이지 다른 자전거의 수요에 의해서는 결정되지 않기 때문이다. 반면, 자전거를 구성하는 부품인 자전거 바퀴의 경우에는 시장 상황에 의해서 결정된다기보다는 이 업체의 자전거 생산계획에 따라서 결정되는 수요이다(월 자전거 생산 예정 수량이 1,000대일 경우, 바퀴의 수요는 2,000개가 된다). 이와 같이 완제품을 구성하는 부품의 경우에는 완제품의 수요에 따라 부품의 수요가 결정되는데 이를 종속수요라고 한다. 따라서 종속수요 부품은 수요예측을 따로 할 필요가 없다. 하지만 완제품을 구성하는 부품의 계층과 종류가 매우 많고 다양하기 때문에 이 부품에 대한 수요를 정확히 계산하는 것은 기업의 입장에서는 매우 중요한 작업이다. 이렇게 부품이나 원자재와 같이 종속수요 부품에 대한 필요 수량과 일정을 파악하고 원자재 및 부품의 수급 계획을 수립하는 것을 자재소요계획이라고 한다.

8.2 MRP 시스템의 입력 요소

정확한 자재소요계획을 수립하기 위해서는 세 가지 필수적인 입력 자료가 필요하다. 먼저 해당 품목을 구성하는 모든 부품의 구성을 나타내는 자재명세서가 있어야 한다. 또한 최종 제품 생산의 일정계획인 기준생산계획이 요구된다. 그리고 현재의 재고상황에 대한 자료인 재고 기록이 필요하다.

8.2.1 자재명세서

MRP 시스템의 중요한 입력 자료 중 하나는 자재명세서(BOM: Bill of Materials)이다. 자재명세서란 최종 제품과 이를 구성하는 부품간의 관계에 대한 정보를 제공하는 자료이다. 여기에는 해당 품목을 구성하는 부품들의 계층구조, 상위 품목과 하위 품목과의 관계, 각 부품의 사용량을 포함하고 있다. [그림 8.1]은 의자를 구성하는 부품들의 명세를 보여주는 자재명세서를 도식적으로 나타낸 것이다. 최종 제품은 의자(M)이며, 최종 제품을 구성하는 9가지 부품들의 구성을 보여준다.

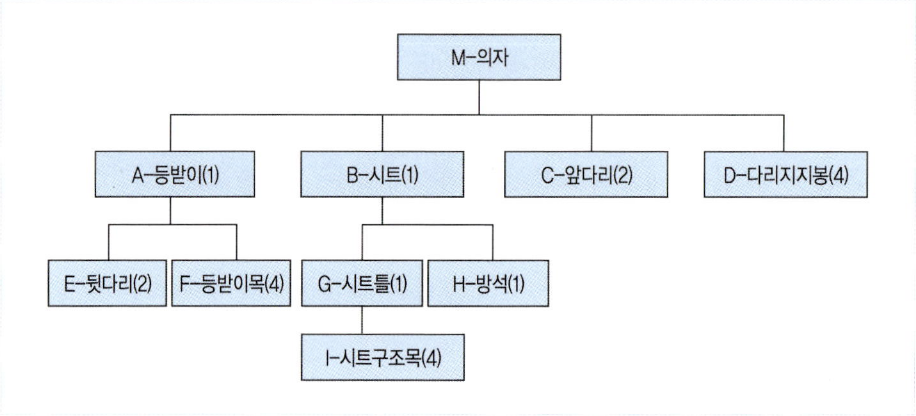

[그림 8.1] 자재명세서의 예

[그림 8.1]의 경우를 예로, 자재명세서에 포함된 정보를 살펴보면, 먼저 의자(M)는 부품 A(등받이) 1개, B(시트) 1개, C(앞다리) 2개, D(다리지지봉) 2개로 구성되어 있다. 또한, A는 E(뒷다리) 2개, F(등받이목) 4개로 구성되어 있다. B는 G(시트틀) 1개와 H(방석) 1개로 이루어진다. 그리고 G는 I(시트구조목) 4개로 구성된다. 이러한 정보들이 BOM에 모두 나타나 있다. 이 예에서, M(의자) 50개를 생산하기 위해서는 부품 I(시트구조목)는 모두 200개가 필요함을 알 수 있다.

BOM 상의 품목들은 몇 가지로 구분될 수 있다. 계속해서 [그림 8.1]을 예로 들어 설명하면, BOM 구조의 최상위 품목인 M(의자)은 최종 품목(end item)이라고 한다. 최종 품목에는 자신의 상위 품목이 존재하지 않는다. BOM 구조에서 자신보다 상위에 있는 품목은 상위 품목, 하위에 있는 품목은 부품이라고 한다. 예를 들어 A(등받이)의 상위 품목은 M(의자)이며, A의 부품은 E(뒷다리)와 F(등받이목)이다. 이렇게 상위 품목과 부품을 가지고 있는 품목을 중간 품목(intermediate item)이라고 한다. [그림 8.1]에서는 A(등받이), B(시트), G(시트틀)가 여기에 해당한다. 중간 품목 중 두 개 이상을 부품을 이용하여 조립해서 만드는 부품을 조립 품목(subassembly item)이라고 한다. 여기에서는 중간 품목 A(등받이), B(시트), G(시트틀)가 모두 조립 품목에 해당한다. 하나의 부품만을 갖는 중간 품목은 가공 품목이라고 한다. G의 경우에는 부품이 한 종류이나 부품의 수는 4개이므로 가공 품목이 아니라 조립 품목이다. BOM 상에 최하위 계층에 있는 품목은 더 이상의 부품이 없다. 이는 기업 내부에서 직접 조립하거나 가공하는 품목이 아니라 외부로부터 구입하는 것임을 의미한다. 이러한 품목을 구입 품목(purchased item)이라고 한다. [그림 8.1]에서는 C(앞다리), D(다리지지봉), E(뒷다리), F(등받이목), H(방석), I(시트구조목)가 구입 품목이다.

예제 8.1

[그림 8.2]의 BOM을 보고 다음 물음에 답하라.

(1) 품목 D의 상위 품목과 부품은 무엇인가?

(2) 중간 품목은 무엇인가?

(3) 중간 품목 중 조립 품목과 가공 품목은 무엇인가?

(4) 구매 품목은 무엇인가?

(5) 최종 품목 X를 100단위 생산하는데 필요한 품목 F의 수량은? 단 품목 Y는 현재 재고가 50단위 있다.

(6) 최종 품목 X를 100단위 생산하는데 부품 E는 모두 몇 개 필요한가? 관련 품목의 재고는 없다.

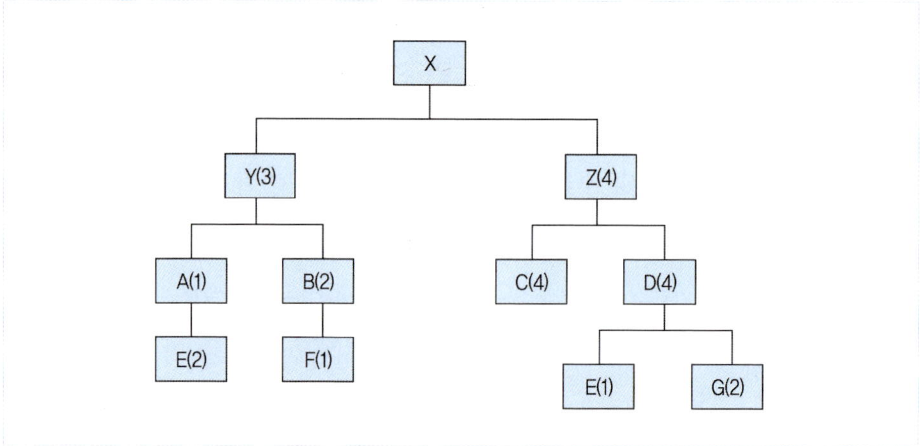

[그림 8.2] **예제 8.1의 BOM 구성**

풀이

(1) D의 상위 품목은 Z, 부품은 E, G이다.

(2) 중간 품목은 Y, Z, A, B, D이다.

(3) Y, Z, A, D는 조립 품목이다. B는 F 1단위를 이용하여 생산되므로, B는 가공 품목이다.

(4) 구매 품목은 E, F, C, G이다.

(5) X 100단위를 생산하기 위해서는 Y가 300단위 필요하다. 그런데 Y의 재고가 50단위이므로 실제 필요한 양은 (300−50)=250단위이다. 그러면 B는 500(250×2)단위가 필요하며, 따라서 F는 500(500×1)단위가 필요하다.

(6) E는 A의 생산과 D의 생산에 모두 필요하다. 먼저 Y−A−E의 경우 600(100×3×1×2)단위, Z−D−E의 경우 1,600(100×4×4×1)단위가 필요하므로, 총 2,200단위가 필요하다. ■

8.2.2 기준생산계획

생산을 시작하기 전에 생산하고자 하는 제품의 종류, 수량, 가격, 생산방법, 장소, 일정 등의 방법을 결정하는 것을 생산계획(production planning)이라고 한다. 생산계획을 수립하기 위해서는 다양한 내 외부 정보를 필요로 한다. 외부

정보란 시장 수요, 경제 상황, 경쟁업체 정보, 원자재 수급 여부, 제도 및 법규 등을 말한다. 내부정보란 기업 내의 생산능력이나 보유 재고를 말하는데, 설비 능력, 작업 능력, 재고 수준 등이 포함된다.

생산계획은 계획 기간에 따라 장기, 중기, 단기로 구분할 수 있다. 장기 생산계획은 연 단위 이상의 계획으로, 조직의 목표 및 전략에 따라 수립되는 계획이다. 중기 생산계획은 6~12개월 단위의 계획으로, 생산능력/자원 분배가 중요한 의사결정의 기준이 된다. 단기 생산계획은 1~2개월의 월 단위 계획으로, 생산요소의 효율적 사용이 목표이다.

● 총괄생산계획

약 1년간의 수요 변화에 적절하게 대응할 수 있도록 월 단위로 기업의 전반적인 생산 수준, 고용 수준, 잔업 및 하청, 재고 수준 등을 결정하는 것을 총괄생산계획(APP: Aggregate Production Planning)이라고 한다. APP는 단일 제품에 대한 계획이 아니라 유사한 여러 제품을 하나의 제품군으로 묶어, 일정 기간의 생산계획을 수립하게 되며, 통상, 1년 동안의 월별 혹은 분기별로 계획을 수립하는 중장기적 생산계획이다. 여기서 제품군이란 개별 제품들을 유사한 그룹으로 묶어 놓은 것이다. 예를 들어 냉장고를 생산하는 업체의 경우 여러 모델의 냉장고를 한데 묶어 생산계획을 수립할 경우, 이는 APP가 된다.

● 기준생산계획과 MRP

총괄생산계획하에서 개별 제품별, 기간별 생산계획을 수립한 것을 기준생산계획(MPS: Master Production Schedule)이라고 한다. MRP는 수립된 개별 제품의 MPS에 의해서 각 제품별로 필요한 원자재의 필요 수량을 계산하게 된다. [그림 8.3]은 APP 및 MPS와 MRP의 관계를 나타낸 것이다.

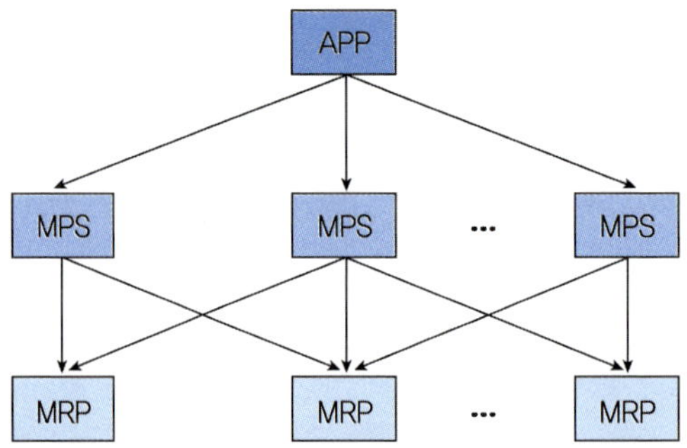

[그림 8.3] APP, MPS, MRP의 관계

기준생산계획은 월 단위의 총괄생산계획(제품군에 대한 생산계획)을 각 제품별로 주 단위로 수립하는 것이 일반적이다. 〈표 8.1〉은 본 교재 6장에서 다루었던 총괄생산계획 및 기준생산계획의 관계를 보여주는 예이다.

〈표 8.1〉 총괄생산계획과 기준생산계획

	5월				6월			
APP	1,000				750			
MPS	1주차	2주차	3주차	4주차	5주차	6주차	7주차	8주차
모델 A	150					150		
모델 B		250	250					250
모델 C				100			100	
모델 D	125			125	125		125	

네 가지 모델의 냉장고를 생산하는 기업에서 냉장고 제품군(모델 A, B, C, D)을 5월에 1,000대, 6월에 750대 생산하는 총괄생산계획을 보여주고 있다. 이를 모델별로 주 단위로 계획한 것이 기준생산계획이다. 〈표 8.1〉의 기준생산계획에 의하면, 1주차에 모델 A를 150단위와 모델 D 125단위를 생산한다. 2, 3주차에는 모델 B를 각각 250단위씩 생산하며, 4주차에는 모델 C 100단위, 모델 D 125단위를 생산한다. 5주차에는 모델 D 125단위의 생산계획을 가지고 있다.

6주차에는 모델 A 150단위를 생산한다. 7주차에는 모델 C 100단위와 모델 D 125단위를 계획하고 있다. 마지막으로 8주차에는 모델 B 250단위를 생산할 계획을 하고 있다. 1주부터 8주차까지의 기준생산계획은 앞 절에서 다룬 BOM과 함께 MRP 계산을 위한 입력 요소로 사용된다.

8.2.3 재고 기록

MRP에 필요한 마지막 입력 자료는 재고 기록이다. 재고 기록은 어떤 품목의 로트 크기 정책, 리드타임, 시간대별 재고 상황을 담고 있는 자료이다. 구체적으로 재고 기록에는 총소요량(gross requirements), 예정입고(scheduled receipts), 예상재고(projected inventory), 계획입고(planned receipts), 계획발주(planned order)에 대한 정보가 포함되어 있다. 이들 각각에 대해서 〈표 8.1〉의 냉장고 제품 MPS를 예로 들어 재고 기록에 포함된 각 정보에 대해 살펴보자. 특정 품목 X가 냉장고 제품군 중 모델 A와 C를 생산할 때, 각각 하나씩 필요하다고 하자. 또한 X의 현 보유 재고는 46개라고 하자. 그리고 X에 대한 리드타임은 2주이며, 로트 크기는 190이다.

● 총소요량

총소요량은 해당 부품의 모든 상위 품목들을 생산하는데 필요한 총수량이다. 품목 X는 모델 A와 C의 생산시점에 필요한 부품이다(모델 B와 D에는 품목 X가 사용되지 않는다). 모델 A의 MPS가 1주차에 150, 6주차에 150이므로, 품목 X는 1주차와 6주차에 각각 150단위가 소요된다. 또한 모델 B의 MPS에 의해 품목 X는 4주차와 7주차에 각각 100단위가 소요된다. 결론적으로, 품목 X는 1주차에 150단위, 4주차에 100단위, 6주차에 150단위, 7주차에 100단위가 필요하다. 이것이 X의 총소요량이 된다. [그림 8.4]에 품목 X에 대한 총소요량이 나타나 있다.

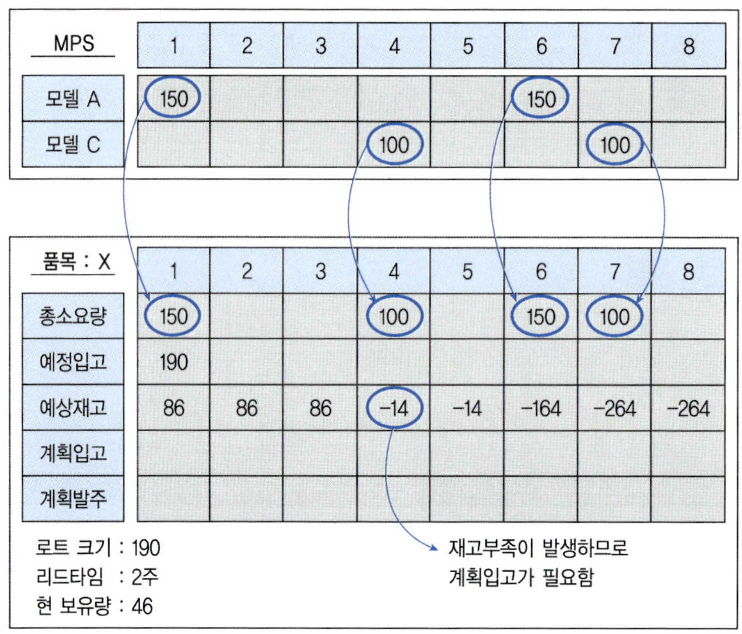

[그림 8.4] **품목 X의 재고기록 구성(계획입고 미반영)**

예정입고

예정입고란 이미 발주가 이루어졌으나 아직 입고되지 않은 주문을 말하는데, 기발주주문(open orders)이라고도 한다. 구매 품목의 경우에는 공급업체에서 생산을 진행 중이거나 수송 중인 품목이다. 중간 품목인 경우에는 기업 내 작업장에서 현재 생산이 진행 중인 품목이다. 가령 품목 X에 대해서 이미 2주 전에 190개에 대한 발주가 이루어졌다고 하면, X는 1주차에 입고가 이루어질 것이다. 이때 1주차의 X의 예정입고는 190이 된다. 따라서 [그림 8.4]의 1주차 예정입고 수량이 190이 된다.

예상재고

예상재고란 현 재고에서 매주 늘어나는 양을 더하고 사용되는 양을 뺀 예상재고량이다. 예정입고와 계획입고는 추가되는 양이며, 총소요량은 사용되는 양이므로, t주의 예상재고 I_t는 다음 식에 의해 구할 수 있다.

$$I_t = I_{t-1} + S_t + P_t - R_t$$

단, I_t : t주의 예상재고

S_t: t주의 예정입고

P_t: t주의 계획입고

R_t: t주의 총소요량

여기서 계획입고란 아직 발주를 하지 않은 수량을 말한다. [그림 8.4]에서는 모든 주의 계획입고가 0인데, 이는 1주차 이후 발주 계획이 아직 정해지지 않았기 때문이다.

먼저 1주차의 예상재고를 살펴보자. 현 보유량(0주차)은 46(I_0), 1주차 예정입고 190(S_1), 1주차 계획입고는 0(P_1), 1주차 총소요량은 150(R_1)이므로, 1주차 예상재고(I_1)는

$$I_1 = I_0 + S_1 + P_1 - R_1 = 46 + 190 + 0 - 150 = 86$$

이다. 같은 방식으로 2주차부터 8주차까지의 예상재고를 계산하면 다음과 같다.

2주 예상재고(I_2) $= 86 + 0 - 0 = 86$

3주 예상재고(I_3) $= 86 + 0 - 0 = 86$

4주 예상재고(I_4) $= 86 + 0 - 100 = -14$

5주 예상재고(I_5) $= -14 + 0 - 0 = -14$

6주 예상재고(I_6) $= -14 + 0 - 150 = -164$

7주 예상재고(I_7) $= -164 + 0 - 100 = -264$

8주 예상재고(I_8) $= -264 + 0 - 0 = -264$

이 결과는 [그림 8.4]의 '예상재고' 행에 기록되어 있다. 여기서 4주차의 예상재고는 −14가 되는데, 이는 4주차에 품목 X의 필요 수량 중 14개가 부족하게 됨을 뜻한다. 즉, 4주차에 제품 생산에 차질을 빚게 된다. 따라서 4주차에 부품 X가 입고되어야 하는 계획입고가 필요하다는 것을 의미한다. 마찬가지로 5주 이후에도 재고부족이 발생할 수 있으므로 이후에도 적절한 시점에 계획입고가 이루어져야 한다.

계획입고

계획입고란 예상재고가 부족해지는 현상을 방지하기 위해 계획된 입고를 의미한다. [그림 8.4]에서 4주차의 예상재고가 −14로 재고부족이 발생한다. 따라서 4주차에 계획입고가 발생한다. 계획 입고 값은 로트 크기인 190이 된다. 그러면 4주차 예상재고는 3주 말 예상재고 86에 190이 추가되고 4주 총소요량 100이 소진되어 176개가 된다.

$$\text{계획입고가 반영된 4주 예상재고} = 86 + 190 - 100 = 176$$

4주 이후의 예상재고 역시 계속 달라진다. 5주차 예상재고는 4주차와 마찬가지로 176개이다.

$$\begin{aligned}\text{계획입고가 반영된 5주 예상재고} &= I_4 + S_5 + P_5 - R_5 \\ &= 176 + 0 + 0 - 0 \\ &= 176\end{aligned}$$

6주차에는 총소요량 150이 사용되어 예상재고는 26이 된다.

$$\begin{aligned}\text{계획입고가 반영된 6주 예상재고} &= I_5 + S_6 + P_6 - R_6 \\ &= 176 + 0 + 0 - 150 \\ &= 26\end{aligned}$$

7주차에는 계획입고가 없으면 예상재고는 -74(= 26-100)가 되어 재고부족이 발생한다. 따라서 7주차에 계획입고가 반영된다. 계획입고 190개를 반영한 후 7주차 예상재고는 다음과 같다.

$$
\begin{aligned}
\text{계획입고가 반영된 7주 예상재고} &= I_6 + S_7 + P_7 - R_7 \\
&= 26 + 0 + 190 - 100 \\
&= 116
\end{aligned}
$$

8주차 예상재고는 입고 수량도 없고 소요량도 없으므로 7주와 마찬가지로 116이다. 이상의 계산 결과가 [그림 8.5]에 나타나 있다.

86+190−100 (4주차)　　26+196−100 (7주차)

품목 : X	1	2	3	4	5	6	7	8
총소요량	150			100		150	100	
예정입고	190							
예상재고	86	86	86	176	176	26	116	116
계획입고				190			190	
계획발주		190			190			

로트 크기 : 190
리드타임 : 2주
현 보유량 : 46

2주(LT) 전 계획발주　　2주(LT) 전 계획발주

[그림 8.5] **계획입고/계획발주가 반영된 재고기록**

계획발주

계획발주는 계획입고된 수량을 언제 발주한 것인가에 대한 계획이다. [그림 8.5]에서 4주차의 계획입고 수량이 190이므로 리드타임인 2주 전에 발주가 이루어져야 한다. 따라서 2주차의 계획발주가 190이 된다. 마찬가지로 7주차의 계획입고가 190이므로 2주 전(7−2=5주차)에 계획발주는 190이 된다. 이 계획발주에 의해서 의사결정자는 2주차와 5주차에 품목 X 190단위를 발주하는 행위를 하게 될 것이다.

MRP 시스템의 전체 구성

이상의 세 가지 입력요소 기준생산계획, 자재명세서, 재고기록을 이용하여 MRP를 수립하게 되며 MRP 실행 결과를 토대로 자재조달 및 생산 활동을 실행할 수 있게 된다([그림 8.6]).

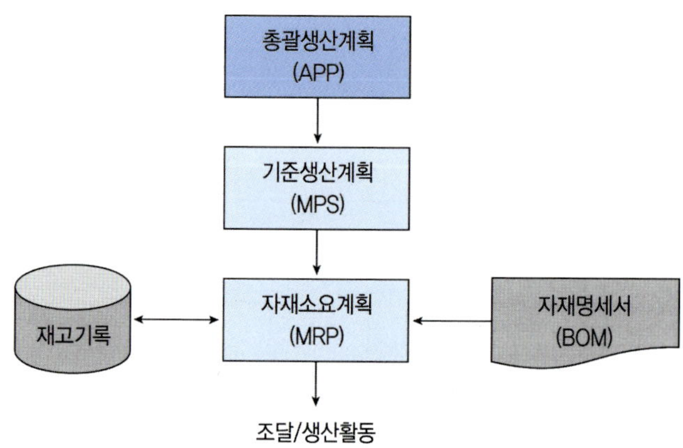

[그림 8.6] MRP 시스템의 전체 구성

8.3 MRP 실행을 위한 결정 변수

앞 절에서 설명한 입력 요소들을 이용하여 자재소요계획을 실행할 때, 사전에 결정 또는 예측해야 하는 사항들이 있다. 이 절에서는 이들 각각에 대해 살펴본다.

8.3.1 리드타임

리드타임(lead time)은 어떤 품목을 발주하여 입고될 때까지 걸리는 시간을 예측한 값이다. 자체 생산하는 품목의 리드타임에는 생산준비 시간, 가공 혹은 조립 시간 등이 포함되며, 구매 품목의 경우에는 주문 발생을 위한 작업에서부터 최종 입고까지의 시간이 포함된다.

리드타임을 정확히 예측하는 것은 매우 중요하다. 만약 어떤 품목의 리드타임을 너무 길게 추정하여 예정보다 빨리 입고하게 되면 재고유지비가 증가한다. 반대로 리드타임을 짧게 추정하여 추정한 시간보다 늦게 입고되면 재고부족 현상이 발생하며, 이는 결국 생산 차질을 초래한다.

8.3.2 로트 크기

로트 크기(lot size)는 한 번에 생산하는 수량 혹은 한 번에 주문하는 수량이다. 로트 크기에 따라서 주문의 크기와 주문 시기뿐만 아니라, 발주비, 재고유지비 등이 영향을 받기 때문에 로트 크기는 신중하게 결정해야 한다. 로트 크기는 고정주문량, 주기주문량, 대응발주량의 세 가지 방식으로 결정할 수 있다.

● 고정주문량

고정주문량(FOQ: Fixed Order Quantity) 방식은 발주할 때마다 사전에 정한 고정된 수량을 주문하는 방식이다. 일반적으로 생산준비비용이 큰 경우에 많이 이용된다. 구매 품목의 경우에는 대량구매 시 가격 할인을 받을 수 있는 경우나, 수송 수단의 적재 용량 등을 감안하여 결정할 수 있다. 다른 방법으로는 '7장 재고관리'에서 다룬 EOQ 공식을 이용하여 결정할 수도 있다. 앞서 [그림 8.5]의 재고 기록은 고정주문량 방식에 의한 주문량 결정의 한 예이다. [그림 8.5]에서 사전에 정의된 1회 주문량은 190단위로, 2주차와 5주차에 각각 190단위씩 발주하였다.

주기주문량

주기주문량(POQ: Periodic Order Quantity)방식은 일정한 시간 간격(p)마다 주문을 하며, 발주 수량은 예상 재고량이 안전재고보다 적어지지 않도록 결정한다. 하지만 p기간 후의 예상재고량이 안전재고보다 크면 발주하지 않고 다음에 필요한 시점에서 p기간만큼 필요한 수량을 산출하여 발주한다. [그림 8.5]의 예에서 품목 X의 안전재고를 50이라고 가정하자. 또한 로트 크기는 기간 3주의 주기주문량(POQ, $p=3$) 방식으로 적용한다고 하자. 리드타임과 현 재고 보유량은 각각 2주, 46단위로 동일하다.

1, 2, 3주차 예상재고(I_1)는 고정주문량 방식과 마찬가지로 다음과 같다.

1주 예상재고: $I_1 = I_0 + S_1 + P_1 - R_1 = 46 + 190 + 0 - 150 = 86$

2주 예상재고: $I_2 = I_1 + S_2 + P_2 - R_2 = 86 + 0 + 0 - 0 = 86$

3주 예상재고: $I_3 = I_2 + S_3 + P_3 - R_3 = 86 + 0 + 0 - 0 = 86$

3주까지의 예상재고는 86개로 모두 안전재고 수량보다 높아 자재 수급에 문제가 없다. 그러나 4주차의 경우에는 계획입고가 없다면 예상재고는 $I_3 = 86 + 0 + 0 - 100 = -14$가 되어 안전재고 이하로 재고량이 떨어진다. 따라서 4주차에 계획입고가 필요하다. 주기 주문량 (기간 $p=3$) 방식에 의한 계획입고 수량은 4, 5, 6주차의 소요량 및 안전재고 수량을 고려하여 수립하는데, 이는 다음 식과 같다.

4주의 계획입고 = (4, 5, 6주의 총소요량)
+ (안전재고)
− (3주 말의 예상재고)

따라서 4주차의 계획입고는 (4주 총소요량)+(6주 총소요량)+(안전재고)−(3주 말 예상재고) = 100+150+50−86 = 214가 된다. 이제 4주차의 계획입고를 반영한 4, 5, 6주 예상재고는 다음과 같다.

$$4\text{주 예상재고: } I_4 = I_3 + S_4 + P_4 - R_4 = 86 + 0 + 214 - 100 = 200$$

$$5\text{주 예상재고: } I_5 = I_4 + S_5 + P_5 - R_5 = 200 + 0 + 0 - 0 = 200$$

$$6\text{주 예상재고: } I_6 = I_5 + S_6 + P_6 - R_6 = 200 + 0 + 0 - 150 = 50$$

7주차의 경우, 계획입고가 없으면 예상재고가 −50이 되어 품절이 발생한다. 따라서 계획입고가 있어야 한다. 7주 계획입고 수량은 (7~9주 총소요량)+(안전재고)−(6주 말 예상재고) = 100+50−50 = 100이 된다. 그러면 7주와 8주차 예상재고는 다음과 같다.

$$7\text{주 예상재고: } I_7 = I_6 + S_7 + P_7 - R_7 = 50 + 0 + 100 - 100 = 50$$

$$8\text{주 예상재고: } I_8 = I_7 + S_8 + P_8 - R_8 = 50 + 0 + 0 - 0 = 50$$

이상의 예상재고 및 계획입고 계산 결과를 [그림 8.7]에서 확인할 수 있다. 리드타임이 2주이므로 계획발주는 2주차에 214, 5주차에 100이다.

품목 : X	1	2	3	4	5	6	7	8
총소요량	150			100		150	100	
예정입고	190							
예상재고	86	86	86	200	200	50	50	50
계획입고				214			100	
계획발주		214			100			

로트 크기 : POQ(p=3)
리드타임 : 2주
현 보유량 : 46
안전재고 : 50

(7주 총소요량) + (안전재고) − (6주 예상재고)
= 100+50−50

(4, 5, 6주 총소요량) + (안전재고) − (3주 예상재고)
= 250+50−86

[그림 8.7] **주기 주문량 방식의 발주량 산출**

대응 주문량

대응 주문량(LFL: Lot For Lot) 방식은 해당 주에 부족한 수량만큼 계획입고 수량을 결정하는 방식으로 POQ의 특수한 경우($p=1$)에 해당된다. LFL 방식에서 계획입고가 필요한 주의 계획입고 수량은 다음 식에 의해서 계산한다.

$$
\begin{aligned}
t\text{주의 계획입고수량} &= (t\text{주의 총소요량}) \\
&\quad + (\text{안전재고}) \\
&\quad - (t-1\text{주의 예상재고})
\end{aligned}
$$

품목 X에 대해서 대응 주문량 방식을 적용한 결과가 [그림 8.8]에 나타나 있다.

(6주 총소요량) + (안전재고) − (5주 예상재고)
= 150+50−50

품목 : X	1	2	3	4	5	6	7	8
총소요량	150			100		150	100	
예정입고	190							
예상재고	86	86	86	50	50	50	50	50
계획입고				64		150	100	
계획발주		64		150	100			

로트 크기 : LFL
리드타임 : 2주
현 보유량 : 46
안전재고 : 50

(7주 총소요량) + (안전재고) − (6주 예상재고)
= 100+50−50

(4주 총소요량) + (안전재고) − (3주 예상재고)
= 100+50−86

[그림 8.8] 대응 주문량 방식의 발주량 산출

1, 2, 3주차 예상재고(I_t)는 주기 주문량 방식과 마찬가지로 다음과 같다.

1주 예상재고: $I_1 = I_0 + S_1 + P_1 - R_1 = 46 + 190 + 0 - 150 = 86$

2주 예상재고: $I_2 = I_1 + S_2 + P_2 - R_2 = 86 + 0 + 0 - 0 = 86$

$$3\text{주 예상재고: } I_3 = I_2 + S_3 + P_3 - R_3 = 86 + 0 + 0 - 0 = 86$$

4주차의 경우에는 계획입고가 없다면 예상재고는 -14가 되어 품절이 발생하므로 계획입고가 필요하다. 대응 주문 방식에서 4주의 계획입고는 (4주의 총소요량)+(안전재고)−(3주 예상재고)=100+50-86=64이다.

이제 4주, 5주의 예상재고는 다음과 구한다.

$$4\text{주 예상재고: } I_4 = I_3 + S_4 + P_4 - R_4 = 86 + 0 + 64 - 100 = 50$$

$$5\text{주 예상재고: } I_5 = I_4 + S_5 + P_5 - R_5 = 50 + 0 + 0 - 0 = 50$$

6주차는 총소요량이 150이므로, 계획입고가 필요하다. 6주의 계획입고는 (6주의 총소요량)+(안전재고)−(5주 예상재고)=150+50-50=150이다. 따라서 6주 예상재고는 다음과 같다.

$$6\text{주 예상재고: } I_6 = I_5 + S_6 + P_6 - R_6 = 50 + 0 + 150 - 150 = 50$$

6주차 역시 계획입고가 필요하다. 7주의 계획입고는 (7주의 총소요량)+(안전재고)−(6주 예상재고)=100+50-50=100이다. 이제 7주, 8주의 예상재고는 다음과 같다.

$$7\text{주 예상재고: } I_7 = I_6 + S_7 + P_7 - R_7 = 50 + 0 + 100 - 100 = 50$$

$$8\text{주 예상재고: } I_8 = I_7 + S_8 + P_8 - R_8 = 50 + 0 + 0 - 0 = 50$$

대응 주문량 방식에서는 4, 6, 7주차에 계획입고가 수립되었다. 따라서 각 주차별로 이보다 2주 전에 계획발주가 있어야 한다. 그러므로 계획발주는 2주차 64, 4주차 150, 5주차 100이 각각 발생한다.

로트 크기 결정 방식의 비교

세 가지 방식 중 어떠한 방식을 선택하느냐 하는 문제는 해당 품목의 재고관리에 있어서 매우 중요하다. 각 방식에 따라 재고유지비, 발주비 등에 차이가 있기 때문이다. 세 가지를 비교해 보면, 먼저 FOQ 방식은 항상 정해진 수량을 주문하기 때문에 남는 재고가 생긴다. 따라서 평균 재고량이 높아지고 재고유지비가 커지게 된다. 그러나 설비 준비비용이 큰 경우나 대량구매에 따른 할인 이익이 있을 경우에는 다른 방식보다 선호된다.

POQ 방식은 총소요량에 따라 발주량이 변동되므로 평균 재고량을 감소시킨다. LFL 방식도 해당 시기에 필요한 수량만 발주하므로 평균 재고량은 가장 적다. 하지만 잦은 발주로 인해 발주비 증가의 원인이 된다.

8.3.3 안전재고

MRP 시스템은 종속 품목에 대한 소요를 계산하는 것으로 이론상 안전재고가 필요한 것은 아니다. 그러나 예상치 못한 사건에 의해 계획대로 진행되지 못하는 경우가 발생할 수도 있다. 예를 들어, 발주한 자재의 도착이 지연되거나, 내부의 부품 생산이 지연되면 상위 품목의 생산 일정에 영향을 끼치게 된다. 또한 생산 도중의 손실 발생, 기타 예기치 못한 상황 등도 일정상에 문제를 초래할 수 있다. 따라서 일정한 수준의 안전재고가 필요하다. 그러나 너무 많은 안전재고는 재고유지비의 증가를 초래하여 비용 부담의 원인이 된다.

안전재고를 줄이기 위한 노력이 필요한데, 이를 위해서는 리드타임 관리를 철저히 하고, 리드타임의 변동이 심한 품목에는 큰 여유를 부여하도록 한다. 또한 여유분의 생산능력을 확보하는 것도 한 가지 방법이다.

8.4 MRP 전개

이 절에서는 BOM, MPS, 재고 기록이 주어진 상황에서 최종 제품 생산을 위한 MRP 전개 과정을 예를 들어 설명한다. [그림 8.9]는 최종 품목 A의 BOM이다. 품목 B, C, D, E의 괄호 안의 숫자는 상위 품목 한 단위를 생산하는 데 필요한 수량이다. 또한, 각 품목에는 제품 생산 혹은 조달에 걸리는 리드타임이 나타나 있다.

〈표 8.2〉는 각 품목의 현 재고 기록에 대한 자료이다. 〈표 8.3〉은 품목 A의 MPS 계획수량이다. 최종 제품 A는 2주에 120개, 4주에 200개, 6주에 150개, 7주에 160개, 8주에 50개의 생산이 시작될 계획이다. 이상의 자료를 이용하여 향후 8주간의 품목 B, C, D, E의 MRP 수립 과정을 살펴본다.

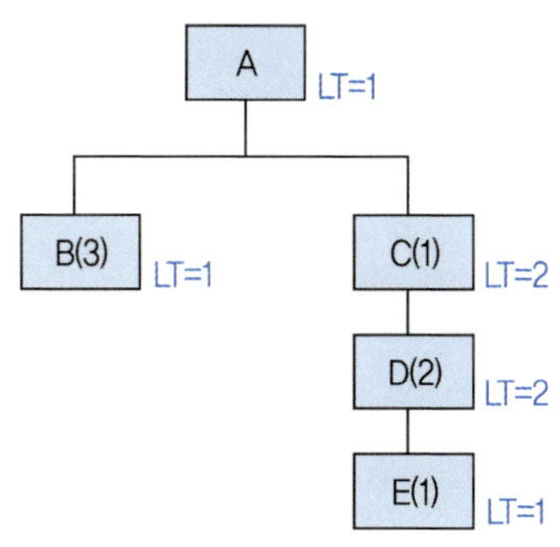

[그림 8.9] BOM

〈표 8.2〉 재고 기록

항목	품목			
	B	C	D	E
현 재고	60	0	325	50
예정입고	0	200(1주)	0	500(1주)
로트 크기	POQ(p=3)	LFL	FOQ=325	FOQ(500)
안전재고	50	40	0	200

〈표 8.3〉 최종 품목 A의 MPS

주	1	2	3	4	5	6	7	8
MPS 수량	–	120	–	200	–	150	160	50

품목 B

품목 B의 총소요량을 먼저 계산한다. BOM에 의하면 품목 B의 상위 품목인 A 1단위 생산에 소요되는 품목 B의 수량은 3단위이다. 따라서 품목 B의 총소요량은 다음과 같다.

2주 총소요량 $= 120 \times 3 = 360$

4주 총소요량 $= 200 \times 3 = 600$

6주 총소요량 $= 150 \times 3 = 450$

7주 총소요량 $= 160 \times 3 = 480$

8주 총소요량 $= 50 \times 3 = 150$

품목 B의 1주 예상재고는 60이다. 2주 총소요량이 360이므로, 2주차에 아무런 계획입고를 설정하지 않으면 품절이 발생한다. 따라서 2주차에 계획입고가 필요하다.

2주 계획입고 = (2, 3, 4주 총소요량 + 안전재고) − (1주 예상재고)

$= (360 + 600 + 50) - (60) = 950$

2주 예상재고는 다음과 같다.

2주 예상재고 = (1주 예상재고 + 2주 계획입고) − (2주 총소요량)

$= (60 + 950) - (360) = 650$

5주까지는 재고부족이 발생하지 않지만, 아무런 행위를 하지 않을 경우 6주차에는 재고가 부족해진다. 따라서 6주차 계획입고를 설정해야 한다.

6주 계획입고 = (6,7,8주 총소요량 + 안전재고) − (5주 예상재고)
= (450 + 480 + 150 + 50) − (50) = 1,080

계획입고를 반영한 6주 예상재고는 다음과 같다.

6주 예상재고 = (5주 예상재고 + 6주 계획입고) − (6주 총소요량)
= (50 + 1,080) − (450) = 680

7주 이후에는 재고부족이 발생하지 않는다.

품목 B의 리드타임은 1주이므로, 계획입고가 발생하는 시점보다 1주 전에 계획발주가 발생한다.

1주 계획발주 = 2주 계획입고 = 950
5주 계획발주 = 6주 계획입고 = 1,080

품목 B에 대한 MRP 결과는 [그림 8.10]과 같다.

	1	2	3	4	5	6	7	8	9	10
총소요량		360		600		450	480	150		
예정입고										
예상재고	60	650	650	50	50	650	200	50	50	50
계획입고		950				1080				
계획발주	950				1080					

[그림 8.10] 품목 B의 MRP 전개 결과

품목 C

BOM에 의해 품목 A 1단위 생산에 품목 C 1단위가 필요하다. 따라서 품목 C의 총소요량은 품목 A의 MPS 수량과 동일하다.

2주 총소요량 = 120 × 1 = 120

4주 총소요량 = 200 × 1 = 200

6주 총소요량 = 150 × 1 = 150

7주 총소요량 = 160 × 1 = 160

8주 총소요량 = 50 × 1 = 50

품목 C의 1주 예정입고가 200이므로 예상재고는 200이다. 2주 총소요량 120을 사용하면 2주 예상재고 80이 되고, 이는 3주차에도 유지된다. 4주차에 아무런 계획입고를 수립하지 않으면 재고부족이 발생한다. 따라서 4주차에 계획입고가 필요하며 다음과 같다.

4주 계획입고 = (4주 총소요량 + 안전재고) − (3주 예상재고)
= (200 + 40) − (80) = 160

예상재고는 다음과 같다.

4주 예상재고 = (3주 예상재고 + 4주 계획입고) − (4주 총소요량)
= (80 + 160) − (200) = 40

5주에는 소요량이 없어, 5주 예상재고는 전주와 같은 40이다. 6주에는 계획입고가 필요하면 계획입고 수량과 예상재고는 다음과 같다.

6주 계획입고 = (6주 총소요량 + 안전재고) − (5주 예상재고)
= (150 + 40) − (40) = 150

6주 예상재고 = (5주 예상재고 + 6주 계획입고) − (6주 총소요량)

= (40 + 150) − (150) = 40

같은 방식으로, 7, 8주의 계획입고는 160, 50이며, 예상재고는 7, 8주 모두 40이다.

품목 C의 리드타임은 1주이므로, 계획입고가 발생하는 시점보다 2주 전에 계획발주가 발생한다.

2주 계획발주 = 4주 계획입고 = 160

4주 계획발주 = 6주 계획입고 = 150

5주 계획발주 = 7주 계획입고 = 160

6주 계획발주 = 8주 계획입고 = 50

품목 C에 대한 MRP 결과는 [그림 8.11]과 같다.

	1	2	3	4	5	6	7	8	9	10
총소요량		120		200		150	160	50		
예정입고	200									
예상재고	200	80	80	40	40	40	40	40	40	40
계획입고				160		150	160	50		
계획발주		160		150	160	50				

[그림 8.11] **품목 C의 MRP 전개 결과**

품목 D

품목 D의 상위 품목은 품목 C이므로 품목 C의 계획발주에 맞춰 품목 D의 총소요량을 파악해야 한다. 따라서 품목 D의 총소요량은 다음과 같이 계산된다.

2주 총소요량 = 품목 C의 2주 계획발주(160) × 2 = 320
4주 총소요량 = 품목 C의 4주 계획발주(150) × 2 = 300
5주 총소요량 = 품목 C의 5주 계획발주(160) × 2 = 320
6주 총소요량 = 품목 C의 6주 계획발주(50) × 2 = 100

품목 D의 1주 예상재고는 현재고와 같은 325이다. 2주 예상재고는 현재고 325에서 2주 총소요량 320을 뺀 5가 된다. 3주 예상재고 역시 계속 5이다. 4주에는 현 재고보다 많은 총소요량이 발생하므로 계획입고가 필요한데, 품목 D의 로트 크기는 FOQ = 325이므로 예상재고는 다음과 같다.

4주 예상재고 = (3주 예상재고 + 4주 계획입고) − (4주 총소요량)
= (5 + 325) − (300) = 30

5주 및 6주차에도 계획입고가 필요하며, 예상재고는 다음과 같다.

5주 예상재고 = (4주 예상재고 + 5주 계획입고) − (5주 총소요량)
= (30 + 325) − (320) = 35

6주 예상재고 = (5주 예상재고 + 6주 계획입고) − (6주 총소요량)
= (35 + 325) − (100) = 260

7주차 이후에는 총소요량 발생이 없다. 따라서 8주 이후의 예상재고는 모두 7주 예상재고와 동일하다.

품목 D의 리드타임은 1주이므로, 계획입고가 발생하는 시점보다 2주 전에 계획발주가 발생한다.

2주 계획발주 = 4주 계획입고 = 325

3주 계획발주 = 5주 계획입고 = 325

4주 계획발주 = 6주 계획입고 = 325

품목 D에 대한 MRP 결과는 [그림 8.11]과 같다.

	1	2	3	4	5	6	7	8	9	10
총소요량		320		300	320	100				
예정입고										
예상재고	325	5	5	30	35	260	260	260	260	260
계획입고				325	325	325				
계획발주		325	325	325						

[그림 8.12] 품목 D의 MRP 전개 결과

[그림 8.13]은 품목 E의 MRP 결과이다. 품목 E의 MRP 전개과정은 연습문제를 참고하라.

	1	2	3	4	5	6	7	8	9	10
총소요량		325	325	325						
예정입고	500									
예상재고	500	675	350	525	525	525	525	525	525	525
계획입고		500		500						
계획발주	500		500							

[그림 8.13] 품목 E의 MRP 전개 결과

요약

- MRP는 종속수요 부품에 대한 재고관리로 MPS에 의한 생산계획에 맞춰, 소요되는 자재의 조달계획을 수립한다.

- 정확한 자재소요계획을 수립을 위해서는 자재명세서, 기준생산계획, 그리고 현재의 재고 상황에 대한 자료인 재고기록이 필요하다.

- 자재명세서란 최종 제품과 이를 구성하는 부품 간의 관계에 대한 정보를 제공하는 자료이다.

- 재고 기록에는 총소요량, 예정입고, 예상재고, 계획입고, 계획발주에 대한 정보가 포함되어 있다.

- MRP 수립 시 리드타임을 정확히 예측하는 것은 중요하다. 어떤 품목의 리드타임을 너무 길게 추정하여 예정보다 빨리 입고하게 되면 재고유지비용이 증가하게 되고, 반대로 너무 늦게 입고되면 재고부족현상이 발생하여 생산에 차질을 빚게 된다.

- 로트 크기는 한번에 생산하는 수량 혹은 한번에 주문하는 수량으로 로트 크기에 따라서 주문의 크기와 주문시기뿐만 아니라 발주비용, 재고유지비용 등이 영향을 받는다.

- 로트 크기를 결정하는 방법으로는 항상 일정한 양을 주문하는 고정주문량, 일정간격마다 주문하는 주기주문량, 필요할 때 필요한 수량만큼 주문하는 대응발주량의 세 가지 방식이 있다.

주요 용어

8.1 자재소요계획의 개념

자재소요계획(material requirement planning)

종속수요(dependent item)

8.2 MRP 시스템의 구성 요소

자재명세서(bill of materials)

최종 품목(end item)

중간 품목(intermediate item)

조립 품목(subassembly item)

가공 품목

구입 품목(purchased item)

기준생산계획(master production schedule)

재고기록

총소요량(gross requirements)

예정입고(scheduled receipts)

예상재고(projected inventory)

계획입고(planned receipts)

계획발주(planned order)

기발주주문(open order)

8.3 자재소요계획을 위한 결정 변수

리드타임(lead time)

로트 크기(lot size)

고정주문량(fixed order quantity)

주기주문량(periodic order quantity)

대응 발주(lot for lot)

안전재고(safety stock)

8.4 MRP 전개

MRP 전개(MRP explosion)

연습문제

1. MRP 계산을 위한 세 가지 입력 항목은 무엇인가?

2. 제품 A의 구조가 다음과 같이 주어져 있으며, 제품 A의 로트 크기는 50개이다. 또한, 제품 A는 현재 재고가 없다. 각 부품의 재고는 B 10개, E 10개, F 5개, G 500개가 있다. 다음 물음에 답하라.

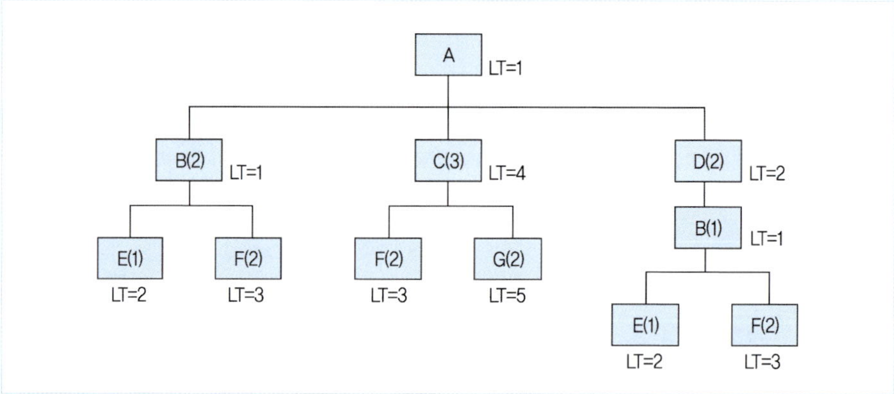

(1) 구매 품목은 모두 몇 가지인가?

(2) 조립 품목에 해당하는 것을 모두 찾아라.

(3) 가장 먼저 발주 혹은 생산에 착수해야 하는 부품은?

(4) 부품 F의 구매 (혹은 생산) 수량은?

(5) 부품 C의 구매 (혹은 생산) 수량은?

3. 다음과 같은 BOM이 주어져 있다. 현재 보유하고 있는 재고는 B 1개, F 2개, G 2개이다. A를 10개 만들기 위해서는 D, E, F를 각각 몇 개씩 구매하여야 하는가?

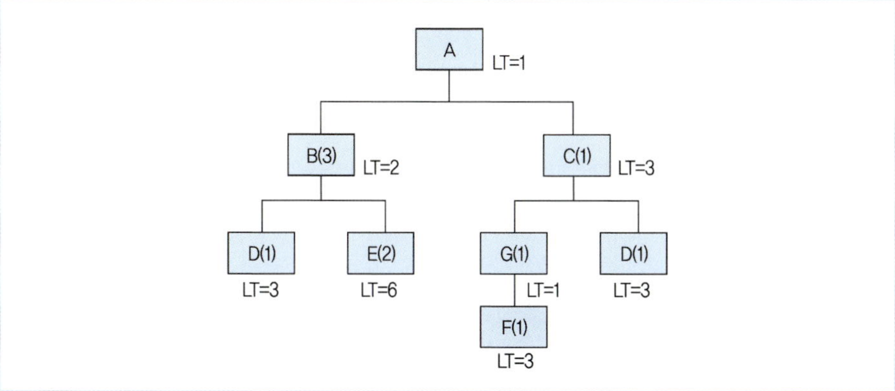

4. 다음은 제품 A에 대한 BOM이다. 아래 물음에 답하라. 단, 그림에서 리드타임(LT)의 단위는 주(week)이다.

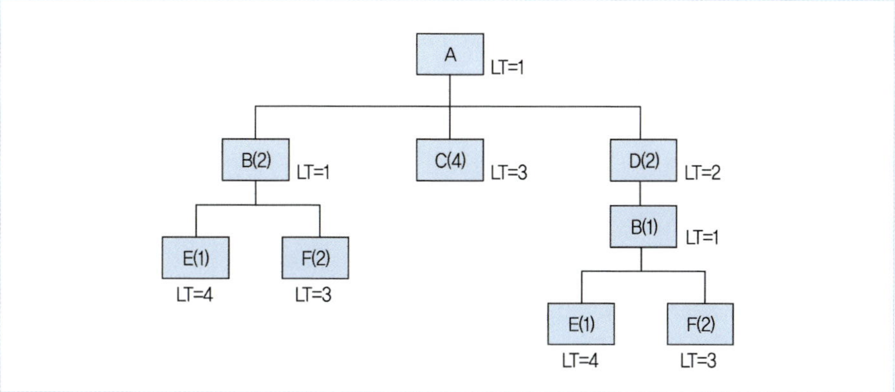

(1) 제품 A를 생산하기 위해서는 다섯 종류의 부품이 필요하다. 각 품목별로 구매 품목, 조립 품목, 가공 품목을 구분하라.

(2) 현재 제품 A를 비롯한 모든 품목의 재고가 하나도 없을 경우, 최초로 제품이 완성되기까지는 적어도 어느 정도의 시간이 필요한가?

(3) 제품 A의 연간 수요가 100개라고 할 때, 품목 F의 1년간 구매 혹은 생산해야 하는 수량은 모두 몇 개인가? 단, 품목 B의 현재 재고는 100개, D의 현재 재고는 50개이며, 제품 A와 품목 C, E, F의 재고는 없다.

(4) 제품 A의 MPS에 의하면, 2주에 120개, 4주에 150개, 5주에 100개, 8주에 120개를 생산하여야 한다. 다음의 재고기록 자료를 이용하여 각 품목에 대한 8주까지의 MRP를 수립하라.

구분	품목				
	B	C	D	E	F
로트 크기	FOQ(Q=650)	LFL	FOQ(Q=650)	POQ(p=3)	LFL
안전재고	0	0	0	50	30
예정입고	650(1주)	150(2주)	500(2주)	–	800(1주)
기초재고	230	150	100	700	0

5. 다음은 어느 공장에서 보유하고 있는 제품 A에 대한 BOM이다. 아래 물음에 답하라

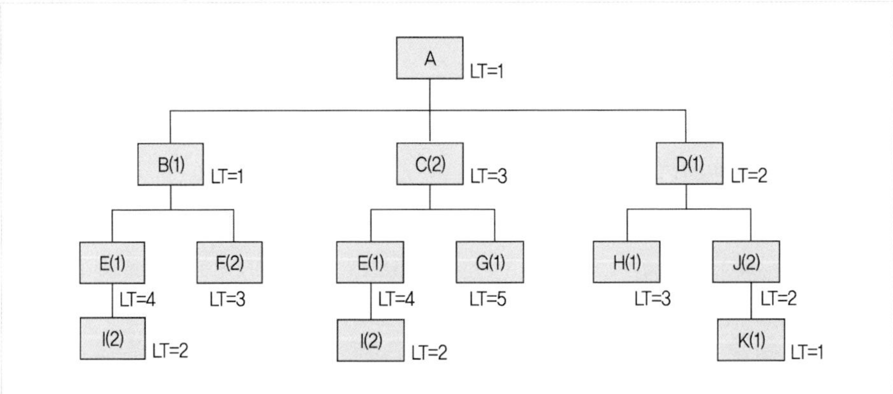

(1) 위 BOM상에서 품목 I의 상위 품목은 모두 몇 가지인가?

(2) 품목 A(최종 제품)의 부품 중 구매 품목은 몇 가지인가?

(3) BOM상에 나타난 리드타임을 감안할 경우, 최종제품의 출하보다 얼마나 앞서 최초의 구매발주가 이루어져야 하는가? 단, 재고는 고려하지 않으며, LT의 단위는 주(week)이다.

(4) A 제품을 생산하기 위해서는 가공공정과 조립공정을 모두 거친다. 만약 이 공장에서 A 제품을 생산하기 위해 조립부품은 자체적으로 생산하나, 가공은 외주를 맡겨서 생산한다고 할 때, 외주가공을 위해 필요한 원자재를 모두 써라.

6. 품목 E의 MRP 전개 결과가 [그림 8.13]과 같음을 보여라.

Chapter

09

공급사슬관리

Production and Operations Management

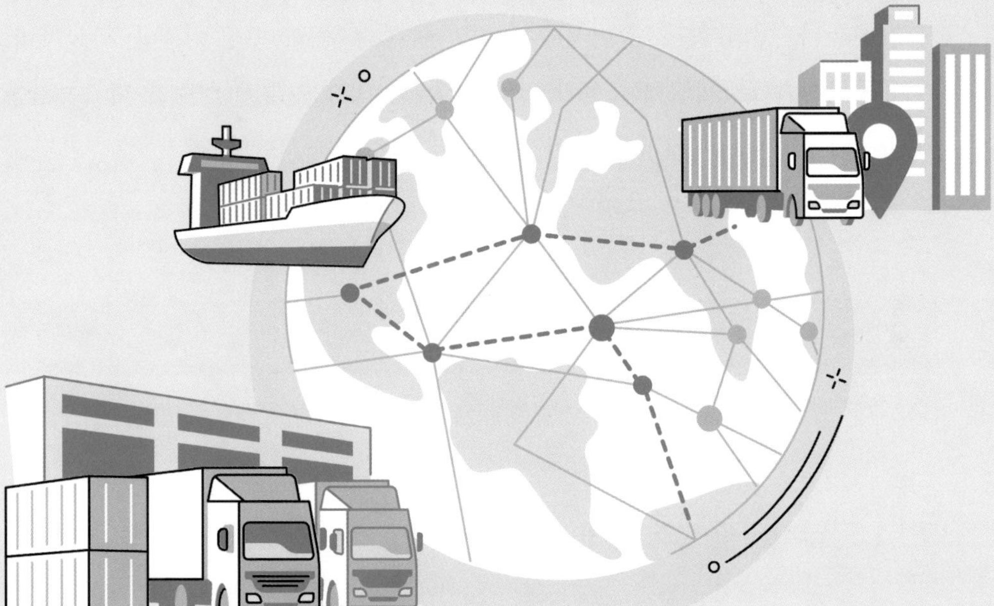

09 Chapter

Production and Operations Management

공급사슬관리

공급사슬관리는 기업의 구매자 및 공급자와의 프로세스를 동기화하여, 자재와 정보의 흐름을 관리하고자 하는 노력이다. 이 장에서는 기업의 경계를 뛰어넘는 프로세스인 공급사슬관리의 기본 개념과 이것이 등장하게 된 배경을 살펴본다. 또한 효율적인 공급사슬관리를 위해서 기업이 주목해야 할 항목들은 무엇이 있는지 살펴보고 각각이 공급사슬전략 수립에 어떻게 반영되어야 하는지를 제시한다. 이와 함께, 공급사슬의 성과 측정 및 전략 수립 방안을 제시하며, 실제 공급사슬에서의 정보공유가 기업의 재고관리에 어떻게 영향을 끼치는가를 알아볼 수 있는 모의실험인 비어게임에 대해서도 소개한다.

9.1 공급사슬관리의 개념

9.1.1 공급사슬관리의 정의

공급사슬관리(supply chain management)에 대한 정의에 앞서 공급사슬의 의미에 대해 먼저 살펴보자. 우리가 항상 입고 있는 옷을 최종 구매할 때까지의 과정을 살펴보면, 먼저 실을 만드는 원사제조업체에서 생산된 원사가 원단업체로 전달된다. 원단제조업체에서는 구매한 원사를 이용하여 원단을 제조한다. 이 원단은 의류업체에서 옷으로 만들어지고, 이 옷은 판매업체 매장을 통해 고객에게 전달된다. 이 예에서 최종 옷이 소비자에게 전달될 때까지 모두 다섯 단계를 거쳤음을 볼 수 있다. 이와 같이 최초의 원재료부터 변환 과정을 거친 최종 완성품에 이르기까지 수요와 공급이 연쇄적으로 상호 연결된 사슬관계를 공급사슬이라고 한다. [그림 9.1]은 의류산업의 공급사슬을 보여준다.

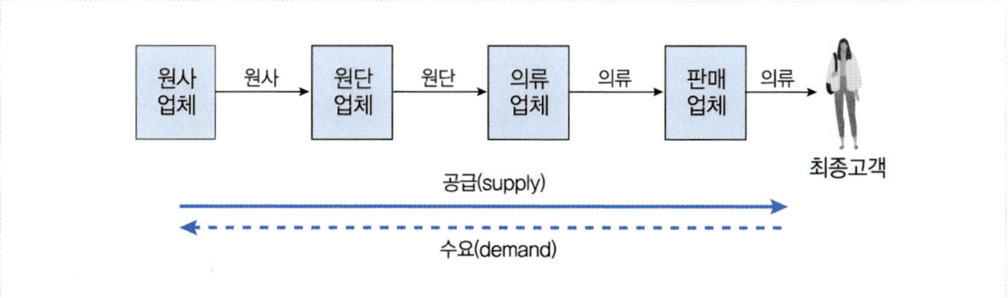

[그림 9.1] **의류산업의 공급사슬**

지금까지 의류산업의 공급사슬에 대해 살펴보았다. 일반적으로 공급사슬이란, 원재료 획득, 제품으로 변환, 고객에게 유통시키는 데 참여하는 조직들 간의 비즈니스 프로세스(business process)들의 네트워크로서, 원자재의 조달에서부터 생산을 거쳐 고객에게 판매되기까지의 전 과정에 걸친 개체 간의 수요와 공급의 사슬관계로 정의할 수 있다.

공급사슬에 참여한 기업들 간에는 원재료 및 정보의 흐름을 지니고 있다. 즉, 공급사슬을 구성하는 기업들은 다수의 수요자와 다수의 공급자들을 가지고 있으며, 이들은 최초의 원재료 공급자에서 최종 소비자 방향으로 제품을 공급하고, 소비자는 최초 공급자의 방향으로 수요를 만들어 낸다. 공급사슬관리란 이렇게 공급사슬을 구성하는 주체들 간의 원활한 비즈니스 수행을 위해 공급사슬에 대한 계획을 수립하고, 실행하며, 이에 대한 성과 평가를 통해 개선시켜 나가는 일련의 활동이다. 다시 말해, 공급사슬관리는 공급사슬상의 프로세스 실행 시간, 중복된 노력, 재고비용 등을 감소시키면서 정보, 제품, 자금의 흐름을 가속화시키기 위한 비즈니스 프로세스에 대한 조정으로 정의될 수 있다. 또한 공급사슬에서의 정보, 자금, 물자의 흐름을 관리하고 통제하는 경영기법이라고도 정의할 수 있다. 공급사슬을 구성하는 기업들은 공급사슬상에서 자재의 흐름을 효과적·효율적으로 관리하고 불확실성과 위험을 줄임으로써 재고 수준, 리드타임 및 고객 서비스 수준 향상을 달성할 수 있다. [그림 9.2]는 공급사슬의 일반적인 구성과 정보 흐름을 나타낸 것이다.

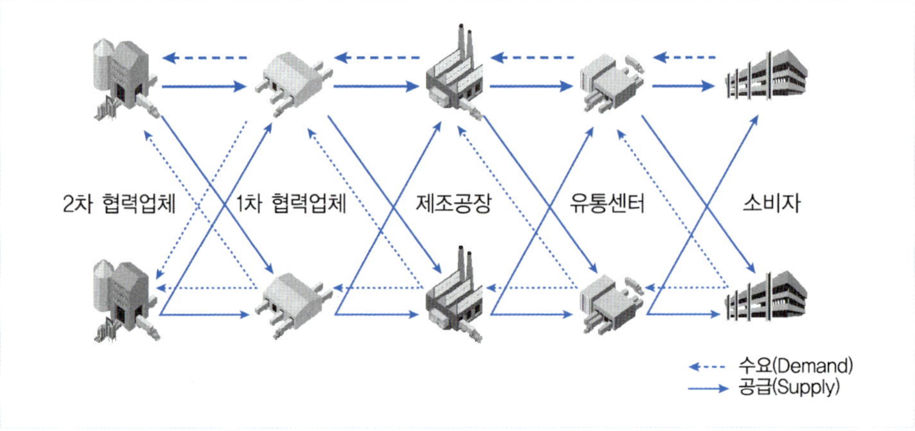

[그림 9.2] 공급사슬의 구성

9.1.2 공급사슬의 발전 과정

공급사슬은 기업 내부의 공급사슬과 외부기업과 연계된 공급사슬로 구분할 수 있다. 내부 공급사슬이란 기업 내에서의 자재의 흐름과 관련된 사슬로 주로 구매 및 생산통제와 관련된 기능을 수행하는 것을 의미한다. 외부 공급사슬은 기업의 외부 공급자 및 수요자와의 연계를 포함하는 사슬이다. 기업이 공급사슬관리를 원하는 목표대로 추진하기 위해서는 공급사슬 참여자들을 통합시키고자 하는 노력이 필요하다. 이에 여기에서는 기업이 독립적인 공급사슬의 한 개체에서 어떻게 외부기업들과 공급사슬을 형성하게 되는지를 단계별로 살펴본다.

● 기능별 분리 상태

공급사슬에 대한 관리가 실행되기 이전의 단계로 외부 공급자 및 고객은 기업과는 독립적으로 간주된다. 또한 기업 내부의 구매, 생산, 물류기능도 지역적 최적화를 목적으로 한다. 구매업무는 자재소요계획(material requirement planning)을 통해서 최적의 재고통제기능을 수행하고, 생산통제와 물류시스템 역시 독자적인 기능 자체의 최적화를 추구한다. 이 상태에서는 각 기능별 최적화는 가능하지만, 전체 기업의 입장에서나 공급사슬의 입장에서는 최적이 아닐 가능성이 존재한다. 이는 조직적, 기능적 장벽 때문이며, 공급사슬 전반에 걸친 많은 재고가 발생한다. 따라서 자재 및 서비스의 전체적인 흐름은 효율적이지 못하다([그림 9.3(c)]).

● 내부 기능 통합

공급사슬 참여 기업들 간의 통합에 앞서 먼저 기업 내 통합이 필요하다. 구매, 생산 및 물류 기능을 통합함으로 내부 기능 간 통합이 가능해진다. 이 단계에서 기업은 구매에서 생산을 거친 유통물류에 이르기까지 전사적자원관리(enterprise resource planning)가 구축된다. 하지만, 여전히 공급자 및 고객은 기업 외부의 독립적 개체로 인식된다([그림 9.3(b)]).

● 공급사슬의 연계

기업 내부의 최적화 다음 단계는 공급사슬 전체의 최적화이다. 공급사슬 연계를 통해 공급사슬 전체를 구성하는 모든 구성원들이 정보를 공유하고 통합된 의사결정을 할 수 있는 체계가 구축된다. 이 단계는 기업의 직접적인 통제하에 있지 않은 외부기업들을 연결함으로써 전체적으로 공급사슬 통합(supply chain integration)이 가능해진다([그림 9.3(a)]).

[그림 9.3]은 공급사슬의 발전과정을 단계별로 나타낸 것이다.

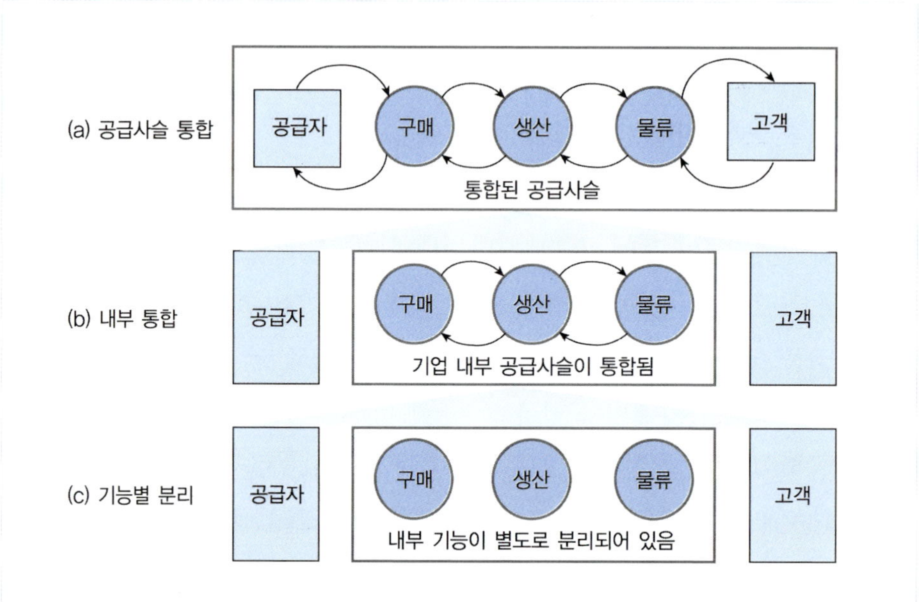

[그림 9.3] **공급사슬의 통합 과정**

9.2 공급사슬관리의 등장 배경

최근 들어 많은 기업들이 공급사슬관리에 관심을 가지게 된 배경에는 여러 가지 이유가 존재한다. 먼저 경영 패러다임의 변화를 들 수 있다. 과거의 분업화와 개별 기능 중심의 경영에서 최근의 통합지향적 경영 그리고 프로세스 관점의 경영 등이 한 예이다. 또한, 많은 기업들이 ERP 등의 정보시스템 도입을 통해 기업 내부 최적화를 추구해 왔으나, 공급사슬 전체 관점에서는 최적의 방식이 되지 못함을 인식해 나가고 있다. 물류비용의 증가 역시 공급사슬관리에 관심을 기울이게 된 한 가지 이유이다. 아래에서는 각각에 대한 내용을 살펴본다.

9.2.1 경영환경의 변화

오늘날 기업을 둘러싸고 있는 경영환경은 다양한 관점에서 변화되고 있다.

첫째는 경영 패러다임 자체의 변화이다. 과거의 분업화되고 고도의 전문화를 지향하는 경영방식이 보다 통합적으로 변해가고 있다. 또한 기능 중심의 조직은 프로세스 중심으로 개편되고 있다. 분업과 기능 중심의 조직은 해당 기능 분야에서는 운영상의 최적의 결과를 내놓을 수 있으나, 이것이 기능 간 상호 연결된 프로세스의 관점에서는 오히려 최적이 아닌 경우가 많이 존재한다. 기업은 이제 이러한 글로벌 최적화의 관점에서 경영 패러다임을 바꿔 나가고 있는 것이다. 또한 경쟁우위 요소에 대한 관점 역시 달라지고 있다. 고전적인 기업들이 가장 관심을 가지는 경쟁우위 요소는 원가와 품질이었다. 그러나 고객 중심의 현대 경영에서는 점차 시간 중심, 유연성 중심으로 변화해 나가고 있다. 공급사슬 전체 관점의 대응이 점차 중요해지는 이유이다. 기업의 조직 역시 관료적인 조직 형태에서 보다 자율적이고 권한을 이양하며, 나아가 기업 외부에 권한을 넘겨주려는 시도가 점차 증가하고 있다. 그 예로 공급자 재고관리(vendor managed inventories)를 들 수 있다. 이는 특정 기업의 원자재나 완성품 재고를 공급업체가 직접 관리하는 방식이다(9.6절 참조). 〈표 9.1〉은 최근의 경영 패러다임의 변화를 정리한 것이다.

〈표 9.1〉 **경영 패러다임의 변화**

과거의 경영방식	오늘날의 경영방식
분업과 전문화를 추구	통합을 지향
개별 기능 중심의 경영	프로세스 관점의 경영
원가 및 품질 중심의 경쟁우위	시간과 유연성 중심의 경쟁우위
관료적/폐쇄적 조직구조	기업 내/외부의 개방된 권한 이양

경영 패러다임의 변화는 경쟁우위전략에서도 변화를 가져온다. 최근 들어 많은 기업들이 자신들이 잘할 수 있고 가장 경쟁력 있는 분야를 제외하고는 모두 아웃소싱을 통해 해결하고자 한다. 이러한 노력은 공급사슬에 대한 관심을 증

대시킨다.

기업 환경의 글로벌화 역시 공급사슬관리의 중요성을 부각시키는 요인이다. 과거의 기업 시장이 단일 국가에서 점차 여러 국가로 확장되는 국가 간 거래의 형태로 변화하고 있으며, 공급 채널 역시 한 곳의 공급처에서 국경을 넘어 여러 공급처로 확장되고 있다. 이는 공급사슬 자체가 점차 복잡해지고 글로벌화하는 것으로 과거의 공급채널 및 고객관계관리 방식이 더 이상 유효하지 않게 되었음을 의미한다.

9.2.2 기업 내부 최적화의 한계

기업은 외부로부터의 변동성과 불확실성을 흡수하고 완충하기 위한 장치로 안전재고와 충분한 리드타임을 확보하고자 한다. 갑작스런 수요 증가에 대비하기 위하여 안전재고의 수준을 높이고, 또한 공급업체의 적시 공급의 불확실성에 대비하기 위해 리드타임을 충분히 설정해 예측치 못한 공급 차질을 없애고자 노력한다. 충분한 생산시간, 충분한 조달 및 배송 시간의 설정, 보다 정확한 수요예측 기법의 적용, 적절한 안전재고의 설정 등을 위해서 MRP, ERP(enterprise resource planning), CIM(computer integrated manufacturing)을 도입하는 것이 그 예이다.

하지만 이는 결과적으로 공급사슬 전체의 불확실성을 없애는 것이 아니라, 수요자나 공급자에게 불확실성으로 인한 손실을 전가하는 것이다. 공급사슬 내의 타 업체를 상호 보완적인 혹은 협조적인 관계로 보는 것이 아니라 적대적 사업관계(adversary game)로 인식함으로써 궁극적으로는 공급사슬 참여자 전체에게 그 부담이 전가되는 결과를 가져오게 된다. 이에 기업들은 적대적 관계에서 공급사슬의 불확실성에 대비하는 것보다는 공급사슬 자체의 문제를 공동해결하고자 하는 노력을 기울이기 시작했다.

9.2.3 물류비용의 증가

최종 소비자에게 전달되는 제품의 부가가치 중 직접적인 '생산' 활동 이외의 다른 영역에서 발생하는 비율이 60~70%에 이른다. 이 중 많은 부분이 보관, 운송 등의 물류 부분에서 발생하고 있으며, 제품 가격의 15~20%에 이른다는 보고가 있다. 이렇게 많은 물류비용이 발생하는 원인은 결국 공급사슬 구성원 간의 미흡한 정보공유와 책임 전가 때문이다.

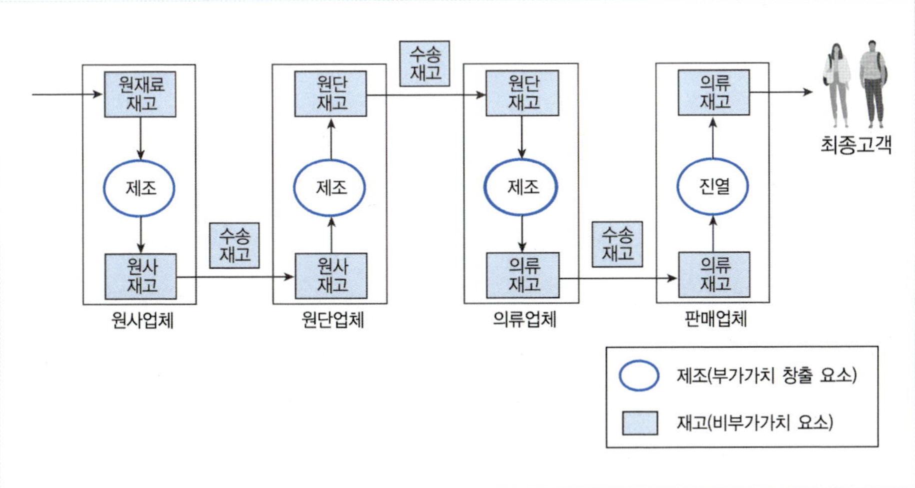

[그림 9.4] **공급사슬에서 발생하는 비효율적 재고의 예**

[그림 9.4]는 의류산업의 공급사슬에서 나타나는 재고를 표현한 것이다. 원사업체는 원단업체의 수요 변동성에 대비하기 위한 일정 수량의 안전재고를 확보하고 있다. 원단업체 역시 원사업체의 공급차질에 대비하기 위한 일정 재고를 확보하고 있다. 이런 현상은 원단업체와 의류업체 간에도 발생한다. 원단업체는 의류업체의 수요 변동에 대비한 안전재고를 확보한다. 의류업체는 원단업체의 공급 차질에 대비하기 위한 원단재고를 보유하게 된다. 마찬가지로 의류업체와 판매사 간에도 완성품 의류의 재고를 각각 별도로 보관함으로써 공급사슬 전체 관점에서 과잉재고를 보유하게 된다. 뿐만 아니라 공급사슬상의 인접한

두 개체 간에는 이동 중인 수송재고(pipeline inventory)도 존재한다. 이러한 현상은 결국 공급사슬 전체의 과잉재고로 이어지고 원가상승의 요인이 되며, 이는 결국 공급사슬 참여자들의 부담으로 이어져 해당 공급사슬의 경쟁력은 떨어지게 되는 것이다.

9.2.4 수요 정보의 왜곡

공급사슬에서는 제품에 대한 수요 정보가 공급사슬상의 참여자들을 거쳐서 전달될 때마다 계속 증폭·왜곡되어 가는 현상이 발생하는데, 이를 채찍 효과(bullwhip effect)라고 한다. 채찍 효과가 알려지기 시작한 것은 프록터앤드갬블(P&G: The Procter & Gamble Company)사의 팸퍼스 공급사례에서이다. P&G의 팸퍼스 소매점포의 판매량은 변동이 존재하기는 하지만 그 폭이 상당히 미미했다. 그러나 중간 유통센터의 주문량은 그 변동폭이 더 컸으며, P&G 사원재료 공급업체인 3M에 내는 주문량의 변동폭은 더욱 컸다. 이렇게 공급사슬을 거슬러 올라갈수록 수요 변화의 정도가 증폭되고 최종고객 시장의 수요와 괴리가 커지는 현상이 채찍 효과이다. [그림 9.5]는 공급사슬 참여자들의 주문량 변화를 통한 채찍 효과를 보여주고 있다.

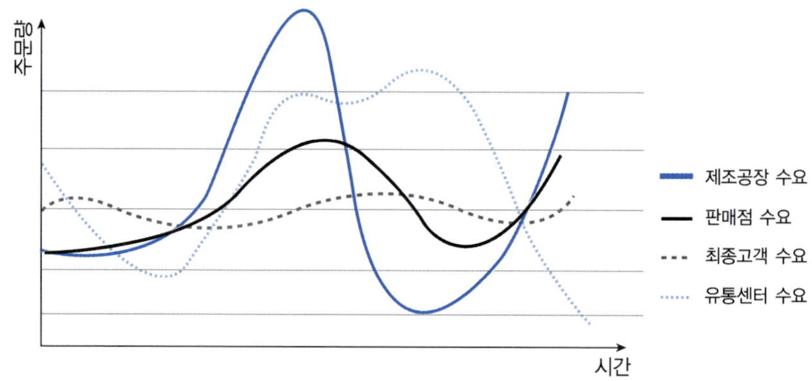

[그림 9.5] 채찍 효과[4)]

공급사슬의 채찍 효과 발생은 기업의 정상적인 구매 및 생산계획 그리고 물류 활동을 위축시킨다. 또한 원자재 재고비용의 증가와 생산능력의 비효율성, 잔업의 증가, 물류창고 및 수송비 증가의 원인이 된다. 채찍 효과가 발생하는 원인은 다양하다.

첫째, 여러 단계를 거친 수요예측 때문이다. 수요예측치는 기업의 직접적인 고객의 과거 주문량에 기초하여 결정된다. 소매점포는 과거 판매량에 기초하여 예측을 한 후 이를 기초로 상위 단계로의 주문량을 결정하는데, 자신이 예측한 수요예측치에 일정 수준의 안전재고를 추가하여 주문을 하게 된다. 이 주 문을 받은 상위 단계 기업은 다시 자신의 상위 기업에 주문을 할 때 자신만의 안전재고를 추가한다. 이렇게 공급사슬의 각 단계마다 독립적으로 수요를 예측함으로써, 중간 단계의 수가 증가함에 따라 수요 정보가 왜곡되고 증폭되는 현상이 발생하게 된다.

둘째, 일시적인 수요 증가이다. 기업은 제품수명주기(product life cycle)상 성숙기에 다다른 경우에 시장점유율 유지를 위한 마케팅 전략의 일환으로 가격 인하 정책을 활용하는 경우가 있다. 이때 고객은 자신이 현재 필요한 수요보다 많은 양을 구매하게 되고 결과적으로 재고누적 혹은 반품을 발생시킨다. 이는 공급사슬의 관련자들에게 수요 패턴을 왜곡시키고 이미 수립한 생산 계획을 불안전하게 만든다. 또한 효율적인 물류관리 자체가 어려워진다.

셋째, 공급부족으로 인한 수요 거품현상이다. 수요가 공급을 초과하는 경우, 공급자는 고객들의 주문량에 따라 수량을 배정하는 것이 일반적이다. 따라서 수요자는 물량 부족이 예상될 경우에는 아직 필요한 시점이 아님에도 불구하고 주문을 하거나 필요 이상으로 많은 주문을 하게 되는데, 일종의 거품 수요(bubble demand)를 일으킨다. 그러다가 다시 공급이 늘어나게 되거나 수요가 위축되면 주문량은 급격히 줄어들게 되고 주문취소나 반품 등이 발생한다. 이는 재고비용의 증가로 이어지며, 실제적인 수요 정보를 왜곡시킨다. 공급사슬이 복잡할수록 채찍 효과는 더욱 커지게 된다.

4) Tom McGuffry (1998). Electronic Commerce and Value Chain Management.

넷째, 배치(batch)주문 방식 때문이다. 기업은 보통 당장 필요한 수량을 필요한 수량만을 주문하는 것이 아니라 정량발주방식이나 정기발주방식 등 자신들만의 재고관리 정책에 따라서 일정기간 필요한 수량을 한번에 주문한다('7장 재고관리' 참고). 여러 고객을 대상으로 판매하는 공급자의 경우에는 모든 수요자의 재고관리 정책을 수용할 수 없게 되어 실수요보다 많은 재고를 필요로 하게 된다.

이 장의 마지막 '9.7절 부록'에는 실제 실험을 통해 채찍 효과를 알 수 있는 모의게임인 비어 게임(beer game)에 대한 내용이 나와 있다.

9.3 효율적 공급사슬관리를 위한 고려사항

공급사슬관리를 위해 필요한 의사결정사항들이 다양한 관점에서 존재한다. 여러 기준에서 다음과 같은 항목들을 고려하여 공급사슬 전략수립에 반영하여야 한다.

- 공급사슬에서 어떤 부분을 아웃소싱할 것인가?
- 공급업체를 어떻게 선정할 것인가?
- 공급업체와는 어떤 관계를 유지할 것인가?
- 구매방식은 어떻게 할 것인가?
- 적시구매환경을 어떻게 구축할 것인가?
- 국제간 거래환경을 어떻게 구축할 것인가?
- 완제품을 공급사슬상의 어떤 위치에 둘 것인가?

9.3.1 자작/외주 의사결정

공급사슬을 통합하고 관리하기에 앞서 먼저 재화나 서비스를 기업 내부에서 생산할 것인가 아니면 외부에서 구매할 것인가의 의사결정이 필요한데 이를 자작/외주 의사결정(make-or-buy decision)이라고 한다. 전통적으로 기업들은 기업의 모든 업무를 내부에서 처리하는 것으로 인식해 왔으나, 오늘날의 기업들은 유연성, 핵심역량에의 집중, 고객근접성, 생산성과 경쟁력 등을 강조하는 경영추세에 따라 외부 구매를 선호하는 추세이다. 한 기업이 모든 영역에서 경쟁력을 갖추기란 사실상 어려운 일이다. 따라서 기업은 자체적으로 보다 잘할 수 있는 핵심 역량에 집중하고, 그렇지 않은 부분은 외부 구매를 함으로써 경쟁력을 향상시킬 수 있다.

이렇게 기업 외부를 활용하려는 의사결정을 아웃소싱(outsourcing)이라 한다. 아웃소싱이란 생산/구매 의사결정의 한 유형으로서 원래 기업 내부에서 생산하던 재화나 서비스를 기업 외부로부터 구입함을 뜻한다. 기업은 아웃소싱을 통해 핵심역량에 초점을 맞추고 원가를 낮춤으로써 경쟁우위를 창출할 수 있다. 아웃소생을 위해서는 먼저 아웃소싱의 잠재적 대상이 되는 기능을 파악해야 한다. 그런 다음 그 기능을 세부 요소로 분해하여, 전략적이거나 매우 중요한 활동들은 내부에 남기고 그렇지 않은 것은 아웃소싱한다.

9.3.2 공급업체 선정

공급사슬관리를 위한 중요한 의사결정 중의 하나는 어떤 공급업체와 거래를 할 것인가이다. 공급업체 선정을 위한 기준은 보통 구매가격, 품질, 그리고 납기이다. 기업은 여러 공급업체 중에 낮은 가격을 제시하는 공급업체와 거래를 원한다. 하지만 동시에 품질 좋은 제품 혹은 부품을 공급할 수 있는 공급자를 원하기도 한다. 이 두 가지를 모두 만족시키는 공급업체를 선택하기는 쉽지 않은 일이다. 또한 납기 측면에서도 짧은 리드타임이 가능한 공급업체와의 거래를 선호한다. 이 세 가지 관점에서 가장 적절한 공급업체를 선정하는 것이 필요하다.

이와 함께 공급업체의 실행 능력 또한 중요한 평가기준이 되어야 한다. 실행 능력을 평가한다는 것은 잠재적 공급업체가 기업이 원하는 원가와 품질, 납기를 실제 충족시킬 수 있는지 직접 공급업체를 방문하고 업무 프로세스와 정보기술의 지원 등을 파악하여 그 실행 능력을 인증하는 과정이다. 인증을 받은 공급업체에 대해서는 일정 기간이 경과한 후, 또는 그 기간 내라도 성과가 좋지 못하면 재인증을 실시한다.

9.3.3 공급업체와의 관계 설정

공급업체와 어떤 관계를 유지할 것인가에 대한 의사결정이 필요하다. 두 가지로 나눌 수 있는데 하나는 경쟁적 관계이며, 또 다른 하나는 협력적 관계이다. 기업을 둘러싸고 있는 경영환경에 대한 이해와 분석을 통해 적절한 관계 설정이 필요하다.

경쟁적 관계

경쟁적 관계(competitive relationship)란 구매자에게 유리하도록 공급자들 간의 경쟁을 유도하는 것을 말한다. 공급업체와의 협상 시 주요 고려사항은 가격이 된다. 마이클 포터의 경쟁세력 모형[5](competitive forces model)에서 언급한 것처럼 구매자가 대량구매자이거나, 단골 구매자인 경우에는 공급업체에 대한 교섭력이 커지게 된다. 따라서 가격인하나 품질 격상 등의 요구를 할 수 있는 위치가 되며, 이때는 경쟁적 관계를 유지할 수 있는 환경이 된다. 그러나 공급자의 교섭력이 클 경우에는 경쟁적 관계를 유지하는 데에 많은 주의를 기울 여야 한다. 결국 기업이 처한 산업의 경쟁 강도에 대한 분석을 통해 누가 주

5) 경쟁세력 모형이란 특정 산업 내의 경쟁 정도를 분석하기 위한 도구로, 기업은 해당 산업 내에 있는 5개의 경쟁세력(기존 경쟁사, 신규 진입자, 대체재 및 용역, 공급자, 구매자)과 경쟁한다고 정의한다.

도권을 쥐고 있느냐에 그 결정이 달려 있다.

협력적 관계

협력적 관계(cooperative relationship)란 구매자와 공급자 모두에게 이익이 되도록 소수의 공급업체와 장기적인 계약을 통해 협력관계를 형성하는 것이다. 보통 한 가지 품목이나 서비스에 대해 단일 공급업체를 선정하는 단일 공급자 전략(single sourcing strategy)을 많이 선택한다. 협력적 관계의 장점은 공급사슬에서 공급자의 수를 줄여 공급사슬을 단순화할 수 있다는 점이다. 반면 공급자의 수를 줄이게 되면 공급 중단의 위험이 수반된다.

9.3.4 구매방식의 선정

병원이나 공장, 유통소매기업 등과 같이 한 기업이 여러 시설을 보유하고 있는 경우에는 필요한 원자재나 상품을 어떤 방식으로 구매할 것인지에 대한 결정이 필요하다. 본사 등 한 곳에서 구매하여 조직 내 기관에 분배할 것인지 혹은 각 시설별로 개별적으로 구매할 것인지에 대한 의사결정이 필요하다.

일괄구매

기업 내 구매를 담당하는 한 곳에서 구매하여 여러 시설로 나누어 주는 방식이다. 일괄구매의 가장 큰 장점은 대량구매를 통해 단가 할인이 가능하다는 점이다. 또한 구매력 증가로 가격 이외의 더 나은 편의 서비스(예를 들어 수송비의 공급자 부담 등)를 제공받을 수 있으며, 장기적인 공급선 확보가 가능하다. 특히 해외에 공급업체를 둔 기업들은 국제간 거래에 따른 전문성으로 인해 일괄 구매가 보다 효율적이다. 최근에는 인터넷과 정보시스템의 발달로 인해 일괄구매 방식이 더 선호되고 있다.

개별구매

개별사업장에서 필요한 수량만큼 각자 구매하는 방식이 개별구매이다. 특정 시설이나 설비에만 고유하게 필요한 품목이거나, 매우 빠른 납기가 요구되고 생산일정과의 연관성이 큰 품목의 경우에는 개별구매가 더 선호된다. 특히 생산시설이 해외에 있는 경우 원자재는 해당 국가에서 구매하는 것이 더 바람직하다.

9.3.5 적시생산시스템의 도입

적시(JIT: just in time)생산시스템이란 필요한 부품을 필요한 수량만큼 필요한 시기에 생산함으로써, 모든 낭비적인 요소를 제거하기 위하여 도입된 생산관리시스템을 말한다. JIT 생산시스템의 기본 철학은 좋은 품질의 자재를 소량씩, 자주, 적시에 납품하도록 하여 낭비적인 요소를 줄이자는 것이다. JIT는 소규모 로트 크기를 지향하며, 빈번하고 신뢰할 수 있는 납품 일정이 보장되어야 하고, 짧으면서도 매우 신뢰할 수 있는 리드타임이 확보되어야 한다. 또한 자재의 일관된 높은 품질이 요구된다. 따라서 JIT 도입을 위해서는 공급자와 장기적인 관계 정립이 선행되어야 하며, 공급업체와의 협력적 관계 결정이 필요하다. 또한, JIT 체계하에서의 원자재 구매가 기능하기 위해서는 특정 종류의 부품은 단일의 공급자로부터 구매하는 단일 공급자 전략을 채택해야 하고, 공급자는 구매자의 인근에 위치해야 한다. 이러한 조건이 맞는다면, 기업은 JIT 체계를 통해 일관된 품질과 낭비되는 자원의 절약, 원가 절감 등의 효과를 볼 수 있다. JIT 생산시스템에 대한 보다 자세한 내용은 10장에서 다룬다.

9.3.6 글로벌 소싱

경영환경의 변화는 글로벌 소싱(global sourcing)에 대한 관심을 커지게 만들었다. 글로벌 소싱은 국제경쟁에 대처하기 위한 원가 절감을 목표로 시작되었다. 오늘날에는 원가 절감뿐만 아니라 국내에서는 조달할 수 없는 제품이나 노동력의 획득, 해외 공급자의 우수한 기술, 신속한 납품 및 높은 품질 등과 관련된 전략적인 이유에서도 글로벌 소싱이 이루어지고 있다. 글로벌 소싱의 주요 대상 품목은 주로 제조업에서 원자재나 부품, 기계장비 등이다.

9.3.7 완제품 재고의 위치

완성된 제품을 어디에 위치시키느냐에 대한 의사결정으로 전방배치와 후방배치 두 가지 방식이 있다.

전방배치는 완제품 재고를 고객에게 가까운 창고나 유통센터 또는 도매상이나 소매상에 위치시키는 것으로 신속한 납품과 수송비용 절감의 이득을 얻을 수 있다. 반면, 후방배치는 완제품 재고를 생산현장인 공장에 모두 모아 놓는 방식이다. 후방배치는 완제품에 수요가 지역에 따라 편차가 클 경우에 재고를 공동 사용하고자 하는 전략으로 전체적으로 재고 수준을 줄이고자 하는 경우에 유용하다.

9.3.8 물류운송방식

원자재나 제품을 공급사슬을 따라 이동시키기 위해서는 운송 수단이 필요하다. 운송 수단으로는 차량, 철도, 선박, 항공, 그리고 파이프라인이 있다. 어떤 수단을 선택하느냐는 기업의 경쟁우선순위에 따라 달라진다. 원가를 경쟁우선순위로 할 경우에는 철도나 선박 또는 파이프라인이 선호되며, 시간을 경쟁우선순위로 하고자 하는 경우에는 항공을 선택한다. 반면 차량의 경우에는 유연성이 높아진다. 일반적으로 많은 양의 수송을 필요로 하는 경우 수송량의 변화에 따른 수송비에 대한 손익분기점을 분석하여 결정한다.

9.4 공급사슬의 성과측정

공급사슬관리의 주요 목표 중 한 가지는 공급사슬상의 재고를 줄이고자 하는 것이다. 여기에서는 공급사슬상의 성과측정 방식 중 중요한 요소인 재고와 관련된 세 가지 지표, 즉 평균총재고가치, 재고일수, 재고회전율을 소재한다.

9.4.1 평균총재고가치

평균총재고가치(average aggregate inventory value)란 기업이 보유하고 있는 모든 재고의 총가치이다. 여기서 재고는 기업이 보유하고 있는 원자재와 재공품 그리고 완제품 모두를 포함하여 원가로 계산하며 다음 식에 의해 산출한다.

$$\text{평균총재고가치} = \sum_{i \in I} v_i c_i$$

여기서, v_i = 품목 i의 총 보유량

c_i = 품목 i의 단위당 원고

I = 보유 중인 모든 원자재, 재공품, 완제품의 집합

기업은 평균총재고가치를 통해서 기업의 자산 중 재고자산이 차지하는 비율을 쉽게 알 수 있다. 일반적으로 전통적인 제조업의 경우에는 총자산 중 약 25%가 재고에 해당되며, 도소매 유통업의 경우에는 약 75%에 이른다.

9.4.2 재고일수

재고일수(weeks of supply)는 평균총재고가치를 주당 판매된 제품의 매출원가로 나눈 값으로 다음 식으로 계산된다.

$$재고일수 = \frac{평균총재고가치}{주당매출원가}$$

재고일수의 분자에는 원자재, 재공품, 완제품이 모두 포함되어 있고, 분모에는 완제품만 포함되어 있다. 이 값이 작아질수록 기업의 전반적인 재고 수준은 낮아졌음을 의미한다.

9.4.3 재고회전율

재고회전율(inventory turnover)이란 연간 매출원가를 연간 평균총재고가치로 나눈 값으로 다음 식으로 표현된다.

$$재고회전율 = \frac{연간매출원가}{연간평균총재고가치}$$

재고회전율이 높다는 것은 그만큼 빠른 변화가 일어난다는 것이고 이는 재고자산이 정체되지 않고 있음을 의미한다.

예제 9.1

어느 기업의 작년 매출원가가 300억원이었으며, 연간 영업기간은 52주이다. 이 기업이 보유하고 있는 품목은 원자재 4, 재공품 3, 완제품 2이다. 다음 표는 각 품목의 작년 평균 재고와 원가로 나타낸 가치이다.

구분	품목명	평균재고	단위당 원가(천원)
원자재	R1	1,500	10
	R2	800	6
	R3	2,600	12
	R4	2,000	4
재공품	W1	600	80
	W2	450	45
	W3	700	60
완제품	G1	200	500
	G2	250	430

(1) 평균총재고가치는 얼마인가?

(2) 재고일수는 몇 주인가?

(3) 재고회전율은 얼마인가?

풀이

(1) 평균총재고가치는 다음 표와 같다.

품목명	평균재고×단위당원가=총가치(천원)
R1	1,500×10 = 15,000
R2	800× 6 = 4,800
R3	2,600×12 = 31,200
R4	2,000× 4 = 8,000
W1	600× 80 = 48,000
W2	450× 45 = 20,250
W3	700× 60 = 42,000
G1	200×500 = 100,000
G2	250×430 = 107,500
평균총재고가치: 376,500	

(2) $\text{주당매출원가} = \frac{\text{연간매출원가}}{52\text{주}} = \frac{30,000,000}{52} = 576,923(\text{천원})$이므로,

$$\text{재고일수} = \frac{\text{평균총재고가치}}{\text{주당매출원가}} = \frac{376,500(\text{천원})}{376,500(\text{천원})} = 0.65(\text{주})$$

(3) $\text{재고회전율} = \frac{\text{연간매출원가}}{\text{연간평균총재고가치}} = \frac{30,000,000}{376,500} = 79.68(\text{회전})$ ■

9.5 공급사슬관리 전략

공급사슬관리를 의한 전략을 생산운영전략 관점에서 바라본다면, 경쟁우선순위를 고려하여 수립되어야 할 것이다. 여기서는 두 가지 관점의 공급사슬관리 전략을 소개한다.[6)]

먼저 효율적 공급사슬은 재고를 최소화하고 공급사슬상에서의 기업 효율성을 최대화할 수 있도록 자재나 서비스의 흐름을 조정하고자 하는 전략이다. 이 방식은 제품이나 서비스의 수명 주기가 걸고, 신제품이 자주 나오지 않으며, 다양성은 많지 않은 경우에 적합하다. 이런 경우 일반적으로 가격, 고품질, 적시인도가 경쟁우선순위가 되며, 효율성을 중요시한다. 생산이나 서비스 공정은 표준화된 산출물의 대량생산에 중점을 둔 라인 생산이 적합하다. 또한 높은 재고회전율로 인해 재고 수준은 낮아질 수 있다.

두 번째 반응적 공급사슬은 수요예측이 어렵고 변동이 심한 산업에서 재고와 생산능력의 적절한 조정을 통해 시장수요에 신속하게 대응하고자 하는 경우 적합한 전략이다. 효율적 공급사슬 환경과는 달리 제품 및 서비스의 다양성이 높으며, 수요예측의 정확도가 떨어진다. 또한 특정 제품이나 서비스의 수요가 오랜 기간 지속되지 않는 특징이 있다. 이러한 특징은 질적 유연성(고객화), 빠른 인도시간, 신속한 제품개발시간을 경쟁우선순위로 요구한다. 또한 고객화된 다양한 제품과 서비스를 수용할 수 있는 유연한 생산시스템이 요구되며, 신속한 제품 공급을 위해 상대적으로 높은 재고를 유지한다. 〈표 9.2〉는 두 가지 전략을 비교한 것이다.

6) Fisher, M. L. (1997). "What is the Right Supply Chain for Your Product?" Harvard Business Review.

〈표 9.2〉 효율적 공급사슬과 반응적 공급사슬의 비교

구분	효율적 공급사슬	반응적 공급사슬
통제수단	자재나 서비스의 흐름을 조정	재고와 생산능력의 적절한 조정
수요변동	예측가능하며 오차가 적음	예측이 어렵고 변동이 심함
경쟁우선순위	저원가, 일관성 있는 품질, 적시 인도	질적/양적 유연성, 빠른 인도시간, 고품질, 신속한 개발
제품/서비스 수명	장기	단기
생산형태	라인생산	유연생산
재고	비교적 낮음	상대적으로 높음
리드타임	짧음	매우 짧음

9.6 정보기술과 공급사슬관리

최근의 정보기술(information technology)의 급속한 발전은 공급사슬관리를 보다 원활하게 구현할 수 있도록 해주는 원동력이다. 공급업체(제조공장)와 수요업체(판매점)와의 네트워크를 이용한 실시간 정보공유를 통해 재고를 감소시키는 예를 소개한다.

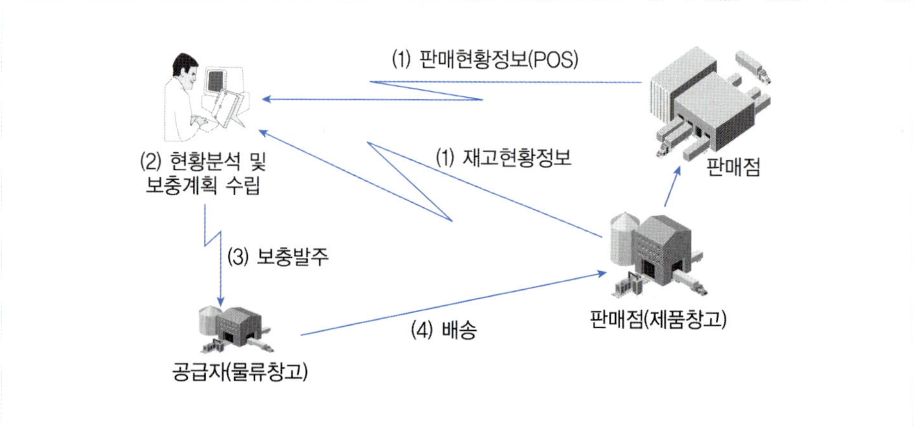

[그림 9.6] SCM 구현 예: 공급자 재고관리

[그림 9.6]은 공급자 재고관리(VMI: Vendor Management Inventory)가 어떻게 이루어지는가를 나타낸 것이다. 판매점에서 제품을 판매하는 시점에 얻어진 POS(point of sales) 정보는 공급자에게 연결된 네트워크를 통해 실시간으로 전달된다(1). 이때 공급자는 판매점의 해당 제품에 대한 재고현황을 분석하여 재고 보충 계획을 수립한다(2). 그리고 이 계획에 의해 보충발주지시를 물류창고에 내린다(3). 지시에 따라 공급자 물류창고에서는 해당 물품을 판매점의 제품 창고로 배송한다(4). 이렇게 배송된 제품은 판매정의 매장 진열대에 놓이게 된다. 이 방식과 기존의 제품공급방식과의 가장 큰 차이는 두 참여자의 판매점의 재고를 공급자가 관리한다는 점이다. 이렇게 함으로써 판매점과 공급자는 마치 하나의 기업에서 재고를 관리하는 것처럼 양측이 완충작용을 위해 보유하고 있는 불필요한 재고를 줄일 수 있으며, 최종 소비자의 수요 정보를 공급자와 공유할 수 있다.

VMI는 공급사슬에서의 재고보충 방식도 바꾼다. 고전적인 재고보충 방식은 공급자가 완성된 제품의 재고가 있으면 이를 판매점에게 떠넘기는 밀어내기(push) 방식이었다. 이 방식은 판매점의 수요자, 즉 최종 고객의 수요에 관계없이 공급자가 재고가 많을 경우 판매점에게 넘기려는 시도를 하게 되고 판매점은 원치 않는 재고를 거부한다. 반면 VMI의 재고관리 방식은 끌어당기기(pull) 방식이다. 이는 소비자의 최종수요에 따라 공급자가 판매점에게 부족한 수량만큼만 제품을 배송하는 방식으로 공급사슬상의 불필요한 재고를 줄일 수 있다.

9.7 부록: 비어 게임

9.7.1 비어 게임 개요

비어 게임(beer game)은 공급사슬을 구성하는 참여자들 간의 정보차단이 어떻게 재고비용에 영향을 끼치는가를 알 수 있도록 해주는 모의 게임이다. 이 게임의 참여자들은 자신들의 고객 수요에 대응하기 위하여 일정한 재고를 보유할 필요가 있다. 이때 재고 보유에 따른 재고유지비가 발생한다. 따라서 참여자들은 가능한 한 낮은 재고 수준을 유지해야 한다. 반면 너무 낮은 재고 수준은 재고부족을 발생시킬 수 있다. 이렇게 되면 재고부족으로 인한 판매 손실이나 미납주문(backlog)이 발생하고 이 역시 재고부족비를 유발한다(이 게임에서는 재고부족 시 판매 손실은 없으며 미납주문만 있다고 가정한다). 따라서 참여자들은 재고유지비와 재고부족비 두 가지 비용 발생을 모두 고려하면서 최적의 재고를 보유할 수 있는 전략으로 게임에 임해야 한다.

9.7.2 게임 진행 방법

● 초기 게임장 구성

- 한 팀은 각각 공장(factory), 유통상(distributor), 도매상(wholesaler), 소매상(retailer)의 역할을 담당하는 4명으로 구성된다. 별도의 게임진행자는 최종소비자 역할을 한다.
- 각 참여자들 사이에는 '수송재고'와 '주문서'를 놓을 수 있는 별도 상황판이 위치할 공간을 마련한다. 공장의 경우에는 생산지시 및 생산 진행 상황을 알 수 있는 동일한 상황판을 공장 우측에 놓는다.
- 게임 시작 전에 이 상황판의 '수송재고1'과 '수송재고2'에 현재 운송 중인 재고량을 나타내는 카드를 놓고 두 곳 모두 재고량을 4로 초기화한다. 또한 '주문서' 칸에는 초기 주문량으로 4가 적힌 주문서를 놓는다. 단, 공장 우측의 상황판에는 '수송재고1'과 '수송재고2' 모두 0으로 기록된 카드를 놓는다. 그리고 주문서 칸에는 4가 적힌 주문서를 놓는다. [그림 9.7]은 초기 상황판의 구성이며, [그림 9.8]은 전체 게임장의 구성도이다.

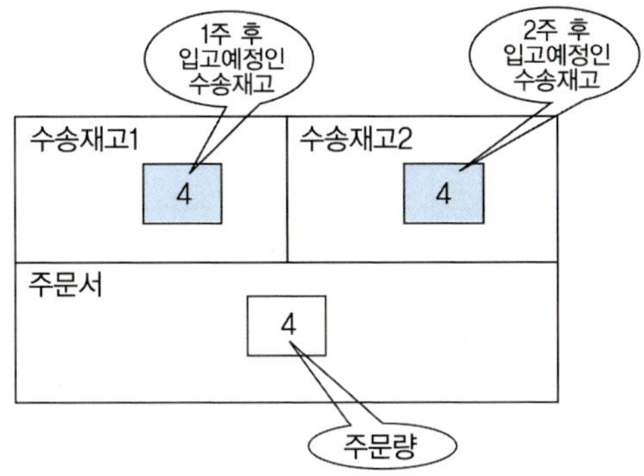

[그림 9.7] **초기 상황판**

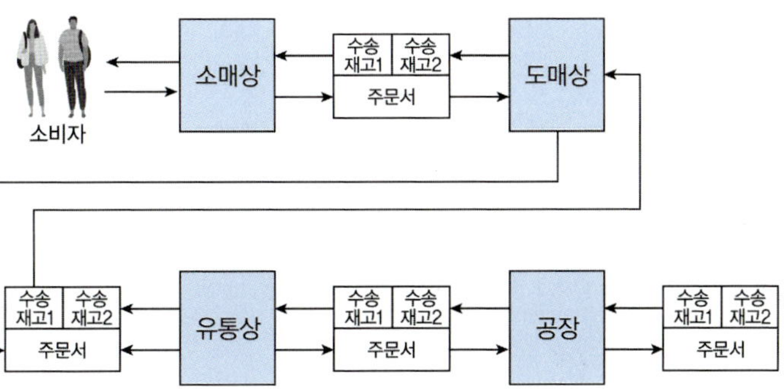

[그림 9.8] **비어 게임 게임장 구성도**

- 각 참여자들에게는 게임이 진행되는 동안 사용할 노란색 카드와 파란색 카드를 지급한다(포스트잇 등을 활용하면 편리함). 노란색은 수송재고 제품 수량 작성에 활용하며, 파란색은 주문서 작성에 이용한다.
- 각 참여자들에게 지급된 '재고기록지'는 매주 재고량의 변화를 기록하는 용지로 이 용지에 초기재고량(0주차)으로 4를 기록한다. 단, 공장의 경우에는 12를 기록한다. [그림 9.9]는 재고기록지 양식이다.

주	(1) 입고량	(2) 출고 전 총재고	(3) 수요량	(4) 총수요	(5) 출고량	(6) 미납 주문	(7) 재고	(8) 주문량
0	–	–	–	–	–	–	–	–
1								
2								
3								
4								
5								
6								
⋮								
38								
39								
40								

[그림 9.9] 재고기록지 양식

게임 진행 순서

이 게임은 다음 진행 순서에 따라 총 40주를 반복한다. 매주별 진행 방법은 다음과 같다.

(1) 입고량 작성

- 각 참여자들은 자신의 오른쪽 상황판에서 수송재고1에 놓여 있는 카드를 가져와 그곳에 쓰여 있는 숫자(배달된 맥주 상자 수)를 재고기록지 '(1)입고량'에 기록한다.
- 수송재고2의 카드를 수송재고1로 옮겨 놓는다.

(2) 출고 전 총재고 기록

- 다음 식에 따라 '(2)출고 전 총재고'를 계산하여 기록한다.

  '(2)출고 전 총재고' = '전주의 (7)재고' + '(1)입고량'

(3) 수요량 작성

- 각 참여자들은 자신의 왼편 상황판에 있는 주문서란에서 카드를 가져와 그 곳에 쓰여 있는 숫자(배달 요청된 맥주 상자 수)를 재고기록지의 '(3)수요량'란에 작성한다.

(4) 총수요 기록

- 다음 식에 따라 '(4)총수요'를 계산하여 기록한다.
  '(4)총수요' = '전주의 (6)미납주문' + '(3)수요량'

(5) 출고량 계산 및 기록

- 이 단계에서는 총수요량만큼 출고를 한다.
- '(4)총수요'와 '(2)출고 전 총재고'를 비교하여 더 작은 숫자를 노란색 카드에 적어 왼편 상황판의 '수송재고2' 자리에 놓는다. 동시에 재고기록지의 '(5)출고량'에 같은 숫자를 적는다. 이때, 공장은 자신의 우측 상황판의 '주문서' 란에 있는 카드를 떼어 내고 적혀 있던 숫자를 파란색 카드에 적어 오른편 상황판 '수송재고2' 란에 놓는다.

(6) & (7) 미납주문 및 재고의 계산

- 만약 '(4)총수요'가 '(2)출고 전 총재고'보다 클 경우에는 그 차이만큼 '(6)미납주문' 란에 숫자를 적는다. 이때 '(7)재고'는 0으로 기록한다.
- 반대로 '(4)총수요'가 '(2)출고 전 총재고'보다 작을 경우에는 '(2)출고 전 총재고'에서 '(4)총수요'만큼 뺀 값을 '(7)재고' 란에 적는다. 이때 '(6)미납주문'은 0으로 기록한다.

(8) 주문량 결정

- 각 참여자들은 자신의 재고전략에 따라 주문량을 결정하여 '(8)주문량에 기록하고 같은 숫자를 파란색 카드에 기입하여 오른편 상황판의 '주문서' 란에 놓는다.

40주 동안 반복하여 진행한 후에는 각 팀별로 참여자들의 재고비용을 계산한다. 재고비용은 재고유지비용과 미납주문으로 인한 재고부족비용이 있다. 재고유지비는 주당 맥주 1상자당 100원으로 계산하고, 재고부족비는 주당 부족수량 1상자당 200원으로 계산한다. 게임이 진행되면서 주문량의 결정에는 제약이 없으나, 처음 3주 동안은 모든 참여자가 4상자 이내로만 주문할 수 있다. 또한 게임이 진행되는 동안 참여자들 간의 대화는 허용되지 않는다.

요약

- 원자재의 조달에서부터 생산을 거쳐 고객에게 판매되기까지의 전 과정에 걸친 개체 간의 수요와 공급의 사슬관계를 공급사슬이라 하며 공급사슬에서의 정보, 자금, 물자의 흐름을 관리하고 통제하는 경영기법을 공급사슬관리라 한다.

- 공급사슬에 대한 관리는 경영환경의 변화와 기업 내부 최적화의 한계, 물류비용의 증가, 그리고 채찍 효과를 유발하는 수요 정보의 왜곡 등으로 인해 중요한 기업의 관심분야가 되어 가고 있다.

- 효율적인 공급사슬관리를 위해서는 '공급사슬에서 어떤 부분을 아웃소싱할 것인가? 공급업체를 어떻게 선정할 것인가? 공급업체와는 어떤 관계를 유지할 것인가? 구매 방식은 어떻게 할 것인가? 적시구매환경을 구축할 것인가? 국제간 거래 환경을 어떻게 구축할 것인가? 완제품을 공급사슬상의 어떤 위치에 둘 것인가?'에 관한 의사결정이 필요하다.

- 공급사슬의 성과는 평균총재고가치, 재고일수, 재고회전율을 통해 측정할 수 있다.

- 공급사슬관리를 위한 기업의 전략은 경쟁우선순위에 따라 효율적 공급사슬관리 전략과 반응적 공급사슬관리 전략으로 구분된다.

- 정보기술의 도입을 통해 공급사슬에서의 실시간 정보공유 및 재고감소, 공급사슬의 효율성 증대 등을 꾀할 수 있다.

주요 용어

9.1 공급사슬관리의 개념

공급사슬(supply chain)
공급사슬관리(supply chain management)
비즈니스 프로세스(business process)
자재소요계획(material requirement planning)
전사적자원관리(enterprise resource planning)
공급사슬 통합(supply chain integration)
기능별 분리
내부통합

9.2 공급사슬관리의 등장 배경

CIM(computer integrate manufacturing)
적대적 사업관계(adversary game)
수용 재고(pipeline inventory)
채찍 효과(bullwhip effect)
제품수명주기(product life cycle)
거품 수요(bubble demand)
배치(batch)주문
비어 게임(beer game)

9.3 효율적 공급사슬관리를 위한 고려사항

자작/외주 의사결정(make–or–buy decision)
아웃소싱(outsourcing)
공급업체인증
경쟁적 관계(competitive relationship)
경쟁세력 모형(competitive forces model)
협력적 관계(cooperative relationship)
단일 공급자전략(single sourcing strategy)
일괄구매
개별구매
적시(JIP: just in time)생산시스템
글로벌 소싱(global sourcing)
전방배치
후방배치

9.4 공급사슬의 성과측정

평균총재고가치(average aggregate inventory value)
재고일수(weeks of supply)
매출 원가
재고회전율(inventory turnover)

9.5 공급사슬관리 전략

효율적 공급사슬
반응적 공급사슬

9.6 정보기술과 공급사슬관리

공급자 재고관리(vendor managed inventory)
보충발주
POS(point of sales) 정보
밀어내기(push) 방식
끌어당기기(pull) 방식

연 습 문 제

1. 제조업과 서비스업의 공급사슬에는 어떤 차이가 있는지를 예를 들어 설명하라.

2. 공급사슬의 발전과정에 대해 논하라.

3. ERP 시스템과 SCM은 어떤 차이가 있는지에 대해 설명하라.

4. 공급사슬상의 한 기업의 지역적 최적화가 전체 공급사슬의 최적화가 아닌 경우를 예를 들어 설명하라.

5. 공급사슬에서 채찍 현상이 발생하는 원인과 그 해결 방안에 대해 논하라.

6. 자작/외주 의사결정을 위한 기준은 무엇이며 기준에 따라 어떤 의사결정이 바람직한지 설명하라.

7. 공급사슬상에서 공급업체 선정을 위한 기준은 무엇인지 설명하라.

8. 공급업체와의 관계설정에서 경쟁적 관계와 협력적 관계는 어떤 차이점이 있는지 설명하라.

9. 여러 시설을 보유하고 있는 기업에서 어떤 경우에 일괄구매를 하는 것이 바람직한가? 또, 어떤 경우에 개별구매가 바람직한가? 두 경우를 비교하여 설명하라.

10. 공급사슬의 성과측정을 위한 세 가지 측정지표에 대해 설명하라.

11. 효율적 공급사슬관리와 반응적 공급사슬관리를 비교하여 설명하라.

12. 공급자재고관리(Vendor Managed Inventory)의 도입은 어떻게 공급사슬의 재고를 줄일 수 있는지 설명하라.

13. 비어 게임을 실행한 결과 실제 채찍 효과가 나타나는가? 왜 그런 현상이 나타나는지를 설명하라. 또한, 채찍 효과를 없애기 위해 게임 방식을 바꾼다면 어떻게 하면 되겠는가?

14. K사의 작년 매출원가는 60억원이었으며, 연간 영업기간은 50주이다. 이 기업은 8개의 품목을 보유하고 있으며 원자재 3, 재공품 2, 완제품 2이다. 다음 표는 각 품목의 작년 평균 재고와 원가로 나타낸 가치이다.

구분	품목명	평균재고	단위당 원가(천원)
원자재	R1	160	90
	R2	200	5
	R3	800	10
재공품	WI	600	20
	W2	450	40
완제품	G1	20	1,000
	G2	200	90

(1) 평균총재고가치는 얼마인가?

(2) 재고일수는 몇 주인가?

(3) 재고회전율은 얼마인가?

Chapter

10

적시생산시스템

Production and Operations Management

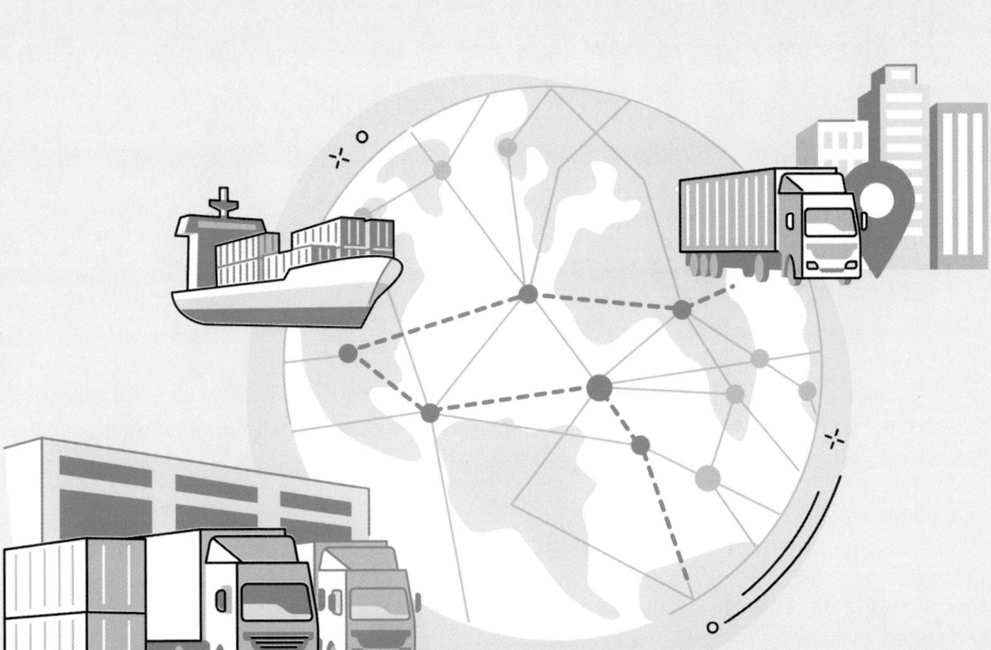

10 Chapter

적시생산시스템

적시(JIT: just in time)생산시스템은 1970년대 일본 도요타 자동차 회사에서 개발한 생산 방식으로 도요타생산방식이라고도 부른다. JIT 시스템은 필요한 부품을 필요한 수량만큼 필요한 시기에 생산함으로써, 모든 낭비적인 요소를 제거하기 위하여 도입된 생산관리시스템이다. 여기서 낭비적인 요소란 과잉생산, 대기시간, 운반(이동), 가공 중의 낭비요소, 동작, 재고, 제품불량을 말한다. 이 장에서는 JIT 시스템의 기본 개념 및 특성에 대해 살펴보고, 아울러 JIT 시스템 구현 방식으로 유명한 칸반 시스템에 대해 소개한다.

10.1 JIT 시스템의 개념

JIT 생산시스템은 기존 생산방식과 구별되는 몇 가지 특생을 가지고 있는데, 이는 다음과 같다.

- pull 생산방식
- 소규모 로트 크기
- 공급자와의 관계
- 균등한 고품질
- 표준화
- 유연한 노동력
- 자동화

10.1.1 pull 생산방식

JIT 시스템은 기존의 밀어내기(push) 방식과 구별되는 끌어당기기(pull) 방식의 생산시스템이다. [그림 10.1]은 패스트푸드점을 예로 들어 push 방식과 pull 방식을 비교한 것이다. 기존의 push 생산방식에서는 선행공정의 작업이 완료되면 완료된 품목을 공정 밖으로 밀어낸다. 밀어낸 재공품은 다음 공정 전에 재고로 쌓인다. 이 재고가 소진되는가에 관계없이 선행공정은 정해진 일정계획에 의해 계속해서 다음 작업을 이어간다. 따라서 다음 공정에서 이 재공품을 소화하지 못하면, 공정과 공정 사이에 재고가 계속 쌓이게 된다. 반면, pull 생산방식은 후행공정에서 공정 간의 재공품을 일정분량 소진했을 경우에 선행공정에서 부족한 수량만큼의 생산에 착수하게 되고 따라서 공정 간 재고가 줄어들게 된다. 이러한 pull 생산방식은 JIT 시스템의 핵심적인 특정이다. [그림 10.2]는 pull 생산방식을 전 매장에 적용하고 있는 맥도날드사의 JIT 시스템을 소개하는 자료이다.

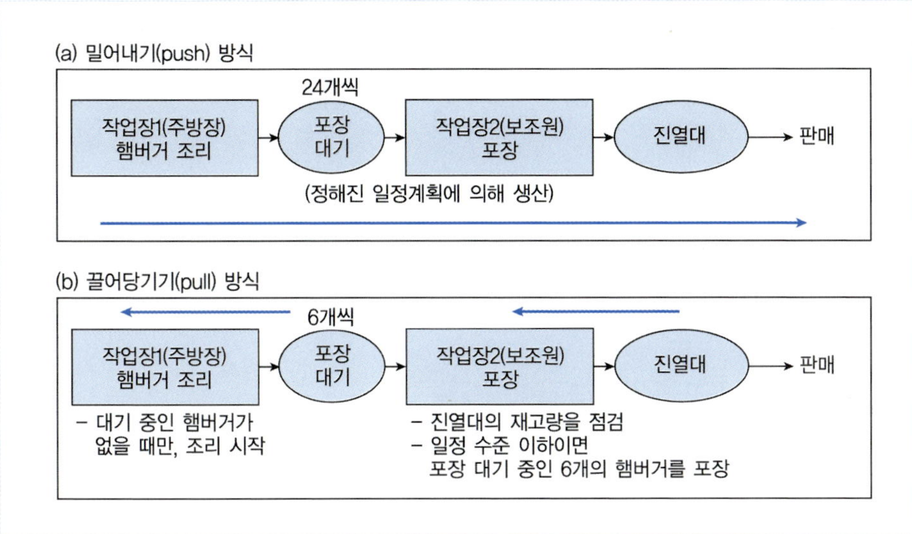

[그림 10.1] push 생산방식과 pull 생산방식의 비교

[그림 10.2] 맥도날드의 JIT 시스템-pull 생산방식

10.1.2 균등한 고품질

JIT 시스템에서는 완제품에 대한 품질검사가 아닌 공정별 제품검사를 통해 공정 중에도 불량을 발견할 수 있도록 설계된다. 따라서 불량 발생 이후의 불필요한 작업을 제거함으로써 전체 공정의 효율성을 높일 수 있다. 공정 중 불량 발견을 위해서는 품질검사를 위한 관리도 등의 통계적 기법을 병행한다. [그림 10.3]은 제품 생산 완료 후 검사하는 경우와 공정별 검사를 시행하는 경우를 비교한 것이다. [그림 10.3]의 (a)의 경우에는 공정 A에서 불량이 발생하더라도 출고 직전 검사를 할 때까지 불량임을 확인할 수 없기 때문에 불필요한 공정 B와 공정 C의 작업을 하게 된다. 하지만 (b)의 경우에는 공정 A의 불량을 즉시 발견하여 불량품을 공정에서 제거함으로써 이후 불필요한 작업을 없앨 수 있다.

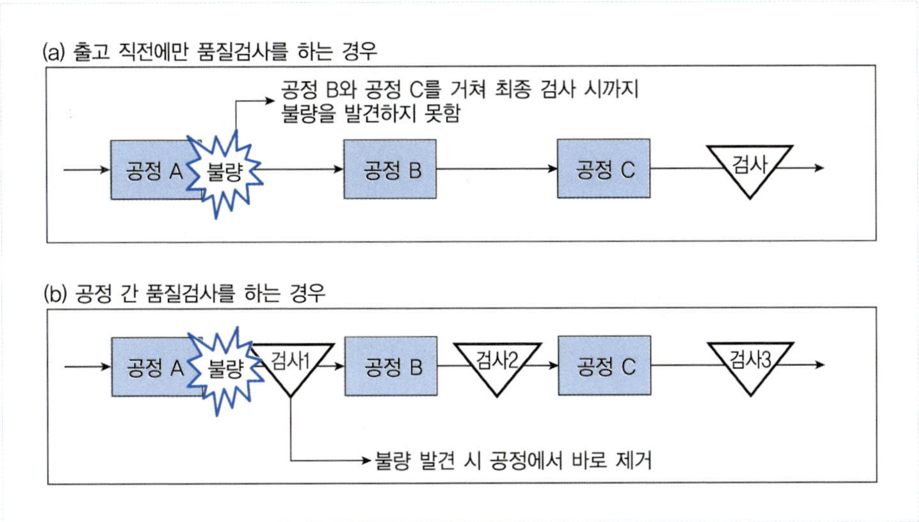

[그림 10.3] **JIT 시스템의 공정 간 품질검사**

이와 함께 공정 중 품질 문제가 발생할 경우에는 생산라인을 정지시킬 수 있는 권한을 작업자에게 부여하는데, 이를 라인스톱(line stop) 제도라고 한다. 이 제도는 작업자에게 부담감을 가져다주는 문제점도 나타나는데 이를 해소하기 위해 일부 회사의 경우 작업자에게 경고표시만 할 수 있도록 수정하여 적용하기도 한다.

10.1.3 소규모 로트 크기

JIT 시스템에서는 소규모의 로트 크기를 목표로 한다. 소규모 로트 크기는 재고 감소 및 생산 리드타임 단축의 효과를 얻을 수 있다. [그림 10.4]는 두 가지 로트 크기를 비교한 것으로, 로트 크기가 줄면 평균 재고 수준이 줄어듦을 알 수 있다. 단, 소규모 로트는 작업준비횟수가 많아져 준비비용이 증가한다. 따라서 준비비용과 재고유지비 사이의 적절한 검토가 필요하다('7장 재고관리' 참조).

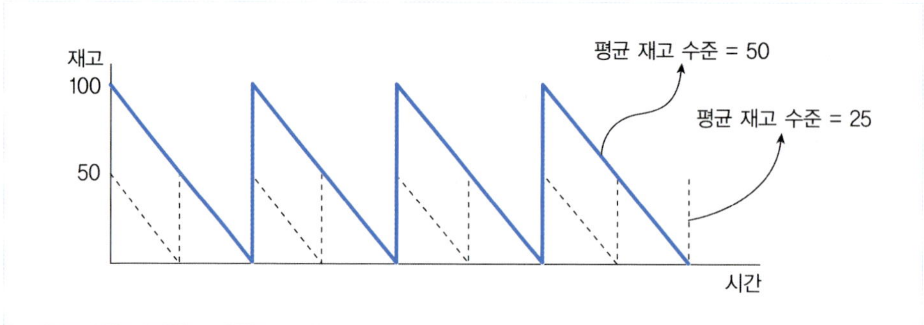

[그림 10.4] 로트 크기에 따른 평균 재고의 비교

10.1.4 표준화

표준화는 부품표준화와 작업표준화가 있다. 먼저 부품표준화란 유사한 부품들을 가능한 한 동일한 부품으로 대체하는 것으로 부품모듈화라고도 한다. 부품표준화의 예를 들면, 10가지 제품을 생산하는데 기존에 500종류의 부품을 사용하던 것을 유사한 부품들을 동일하게 표준화하여 100종류의 부품만을 사용함으로써 관리해야 할 부품 종류를 대폭 줄일 수 있다. 이는 부품 재고관리와 생산의 효율성 향상으로 이어질 수 있다.

또한 부품표준화를 통해 작업자의 부품당 사용횟수가 증가하게 되면서 반복적인 작업으로 인해 작업자의 숙련도가 증가하게 되는데 이는 작업의 표준화를 이룰 수 있다. 결국 작업자들은 효율적인 작업 방식을 익히게 되고, 이는 곧 생산성 향상에 기여하게 된다.

10.1.5 공급자와의 관계

JIT 시스템하에서, 자재구매 담당자는 공급업체에 소량씩 잦은 구매를 하게 된다. 또한 리드타임은 상당히 짧으며, 부품의 적시도착을 원칙으로 한다. 따라서 고품질의 부품 확보가 무엇보다 중요하다. 이의 구현을 위해서 구매담당자는 첫째 소수정예의 공급업체와 밀접한 관계를 유지하여야 한다. 주문정보를 정확히 제공하고 필요시 제품설계 단계에 공급자를 참여시킨다. 실제로 제록스사의 경우 JIT 시스템 도입을 통해 5,000여 곳의 공급업체를 300여 개로 줄인 바 있다. 둘째 인근지역의 납품업체를 활용토록 한다. 이는 리드타임을 줄일 수 있을 뿐만 아니라 안전재고 수준을 대폭 줄일 수 있다. 마지막으로 공급자와의 유대강화를 통해 공급업체에게 생산 일정 계획에 관한 정보 등을 제공하는 것이 필요하다.

10.1.6 유연한 노동력

JIT 시스템에서는 신속한 작업 전환 및 소규모 로트 생산이 요구되므로, 여러 가지 업무를 수행할 수 있는 다기능 작업자(여러 종류의 기계를 다루고, 여러 가지 작업을 처리할 수 있는 작업자)가 요구된다. 따라서 작업자에 대한 지속적인 교육과 훈련이 필요하다.

10.1.7 자동화

JIT 시스템에서 생산 자동화(automated production)는 매우 중요한 요소이다. 자동화가 초기 투자 규모를 증가시킬 수 있으나 JIT 시스템의 원활한 운영과 효과를 위해서는 자동화가 필수적인 요소이다.

10.2 칸반 시스템

칸반(kanban)이란 카드나 간판을 뜻하는 일본어로 도요타 자동차에서 처음으로 적용하여 널리 알려진 JIT 시스템의 일종이다. 칸반 시스템(kanban systems)은 특정부품을 필요로 하는 후속공정이 부품을 필요로 하고 있다는 사실을 선행공정(부품을 생산하는 공정)에 알려 부품이 적시에 공급되도록 하는 시스템이다. 이때 선행공정과 후속공정 사이의 부품 필요에 관한 정보 공유를 위해 칸반을 사용한다. [그림 10.5]는 칸반 시스템의 기본적인 개념을 소개한다. 이 그림의 color machine 공정에서 재고가 하나 소진된 후 선행공정인 press 공정의 산출물이 color machine 공정으로 이동하는 것을 보여준다.

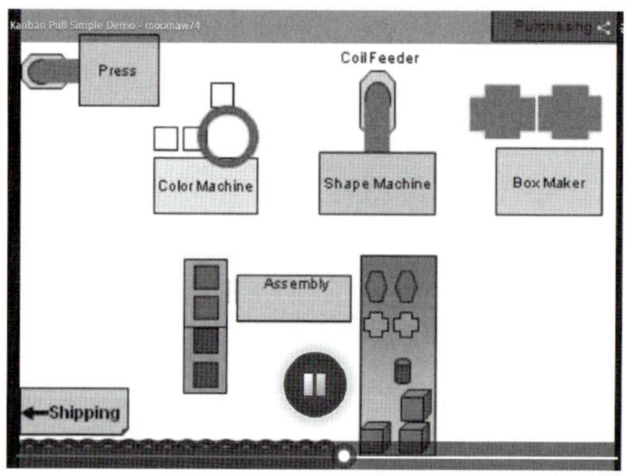

[그림 10.5] **칸반 시스템의 개념**

10.2.1 단일카드 칸반 시스템

[그림 10.6]은 단일카드를 이용한 칸반 시스템이 어떻게 운영되는가를 보여준다. 다음은 [그림 10.6]의 단일카드 칸반 시스템(single card kanban systems)에 대한 설명이다.

(1) 후속공정에서 부품함의 모든 부품을 다 사용한 후에는 저장소로 부품함을 옮겨 놓는다. 이때 부품함에 붙어 있던 카드를 떼어 카드보관함에 넣는다. 이 카드에는 생산해야 할 부품과 필요 수량이 적혀 있다.

(2) 선행공정의 작업자는 저장소에서 작업해야 할 카드를 확인하고 이를 빈 부품함에 부착한 다음 작업장으로 가져온다.

(3) 선행공정의 작업자는 생산한 부품을 부품함에 담는다.

(4) 모든 부품의 생산이 완료되면 부품을 담은 부품함을 저장소로 이동시킨다.

(5) 후속공정 작업자는 저장소에 있는 해당 부품함을 작업장으로 가져온다.

(6) 작업자는 가져온 부품들을 이용하여 작업을 수행한 후, 모든 작업이 완료되면 다시 (1)번으로 돌아간다.

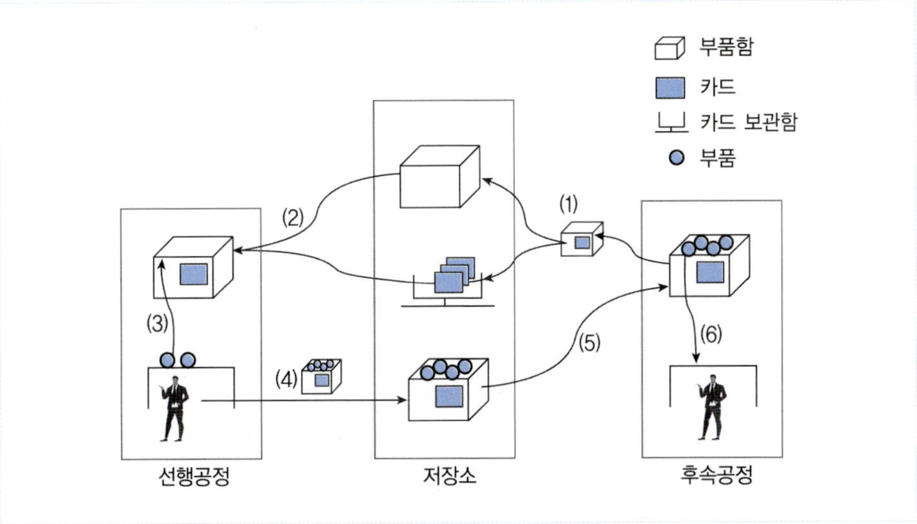

[그림 10.6] **단일카드 칸반 시스템**

10.2.2 2카드 칸반 시스템

보다 면밀한 통제를 위해 생산명령카드와 인출카드로 구성된 2카드 칸반 시스템(2 cards kanban systems)을 사용하기도 한다. 인출카드에는 후속공정의 작업자가 선행공정으로부터 인출한 품목과 수량, 그리고 선행공정과 후속공정이 함께 사용할 저장소를 기록한다. 생산명령카드에는 생산할 품목과 수량, 생산에 필요한 자재와 보관장소, 완성된 품목의 저장소를 기록한다. 이때, 후속공정은 인출카드 없이 자재를 인출할 수 없으며, 선행공정은 생산명령카드 없이 생산을 진행할 수 없다.

10.2.3 부품함의 수

칸반 시스템에서는 부품함 수에 의해 재고를 결정한다. 각 부품함에 담길 부품의 수와 선·후행 공정 간을 이동하는 부품함의 수에 따라 재고 수준이 달라진다. 첫 번째 부품함에 담길 부품의 수는 로트 크기이다. 로트 크기는 원칙적으로 경제적 주문량(EOQ)을 계산하여 결정하거나, 고정주문량(FOQ) 방식을 통해 결정한다('7장 재고관리' 및 '8장 자재소요계획' 참조).

두 작업장 간의 이동 부품함 수는 재공품 재고 수량(안전재고 포함)에 영향을 끼치게 된다. 부품합의 수(k)는 다음 공식을 통해 산출한다.

$$k = \frac{\text{리드 타임 동안의 평균수요} + \text{안전재고}}{\text{부품함당 부품 수}} = \frac{d(\overline{w} + \overline{p})(1+\alpha)}{c}$$

여기서, $d =$ 부품의 하루 수요예측치

$w =$ 부품함당 평균대기시간과 운반시간의 합

$p =$ 부품함당 평균 처리시간

$c =$ 부품합당 부품의 수

$\alpha =$ 정책변수(선·후행 공정의 효율을 고려하여 설정하며, 보통 10% 이내 값을 사용한다.)

칸반 시스템을 활용하는 기업은 생산공정의 자재흐름을 효과적으로 조절할 수 있다. 용기의 수를 조절함으로써 낭비적인 요소의 재고를 줄일 수 있는 것이다. 또한, 용기의 크기와 정책변수를 활용하여 효과적인 재고통제가 가능하다.

예제 10.1

한 회사에서 사용하고 있는 부품 A의 수요는 하루 600단위이다. 부품함의 평균 대기시간은 8시간이며, 부품함에는 모두 55개의 부품을 담을 수 있다. 한 부품합의 부품들을 모두 처리하는 데 걸리는 시간은 2시간이다. 정책변수는 10%라고 할 때, 필요한 부품함의 개수는 몇 개인가? 단, 이 회사의 하루 작업시간은 10시간이다.

풀이

$d = 600$단위/일, $\bar{w} = 0.8$, $\bar{p} = 0.2$, $c = 55$, $\alpha = 0.1$이므로

$$k = \frac{d(\bar{w} + \bar{p})(1+\alpha)}{c} = \frac{600(0.8+0.2)(1+0.1)}{55} = 12$$

■

요약

- JIT 시스템은 필요한 부품을 필요한 수량만큼 필요한 시기에 생산함으로써, 모든 낭비적인 요소를 제거하기 위하여 도입된 생산관리시스템이다.
- JIT 시스템은 pull 생산방식, 균등한 고품질, 소규모 로트 크기, 표준화, 공급자와의 관계 강화, 유연한 노동력, 자동화를 지향한다.
- 칸반 시스템은 특정부품을 필요로 하는 후속공정이 부품을 필요로 하고 있다는 사실을 선행공정(부품을 생산하는 공정)에 알려 부품이 적시에 공급되도록 하는 시스템이다.

주요 용어

10.1 JIT 시스템의 개념

적시생산시스템(just in time manufacturing systems)
도요타생산방식
밀어내기(push) 생산방식
끌어당기기(pull) 생산방식
공정 간 품질검사
라인스톱(line stop)
부품표준화
부품모듈화
작업표준화
생산자동화(automated production)

10.2 칸반 시스템

칸반(kanban)
칸반 시스템(kanban systems)
단일카드 칸반 시스템(single card kanban systems)
2카드 칸반 시스템(2 cards kanban systems)
생산명령카드
인출카드
부품함

연 습 문 제

1. JIT 생산방식의 7가지 특성에 대해 설명하라.

2. 다음은 JIT 생산방식과 MRP 시스템의 특성을 비교하여 나열한 것이다. 각각에 대해 JIT 생산방식에 가까운 것을 찾아라.
   (1) Pull 생산방식 vs. Push 생산방식
   (2) 전산화 필수 vs. 비전산화 가능
   (3) 계획/통제 중심 vs. 효율적인 운영 중심
   (4) 소로트 생산지향 vs. 소요량 중심
   (5) 우호적 협력업체 vs. 비우호적 협력업체
   (6) 짧은 조달기간 vs. 여유 있는 조달기간
   (7) 작업자의 의견 반영 vs. 명령/지시에 의한 작업
   (8) 소량의 불량 허용 vs. 품질문제 원천 제거

3. JIT 시스템에서의 자재조달과 MRP 시스템에서의 자재조달 방식은 어떤 차이가 있는가? 두 시스템을 비교하여 설명하라.

4. 3개의 공정 A, B, C로 이루어진 작업라인에서 각 공정별 평균 불량률은 각각 1%, 0.5%, 2%이다.
   (1) 3개의 공정을 거쳐서 생산된 제품이 불량이 아닐 확률은 얼마인가?
   (2) 이 작업라인에서 제품에 대한 검사는 마지막 공정이 완료된 후에만 이루어지고 있다고 하자. 하루 10,000개의 제품을 생산한다고 할 때, 공정 B나 공정 C에서 불필요한 작업을 수행하는 제품은 평균적으로 몇 개나 될까?
   (3) 만약 공정 B와 C 사이에 검사공정을 추가할 경우, 공정 C에서 발생할 수 있는 불필요한 작업은 하루 몇 번 제거할 수 있나?

5. K 자동차회사에서 사용하는 부품 A의 수요는 하루 5,000개이며, 단일카드 칸반 시스템을 운영 중이다. 하루 작업시간은 8시간이며, 하나의 부품함에는 모두 600개의 부품을 담을 수 있고, 평균 대기시간은 2시간이다. 하나의 부품함에 담긴 모든 부품을 처리하는 데 걸리는 시간은 1시간 20분이며, 정책변수는 8%이다. 이 공정에서는 몇 개의 부품함이 필요한가?

Chapter

11

프로젝트관리

Production and Operations Management

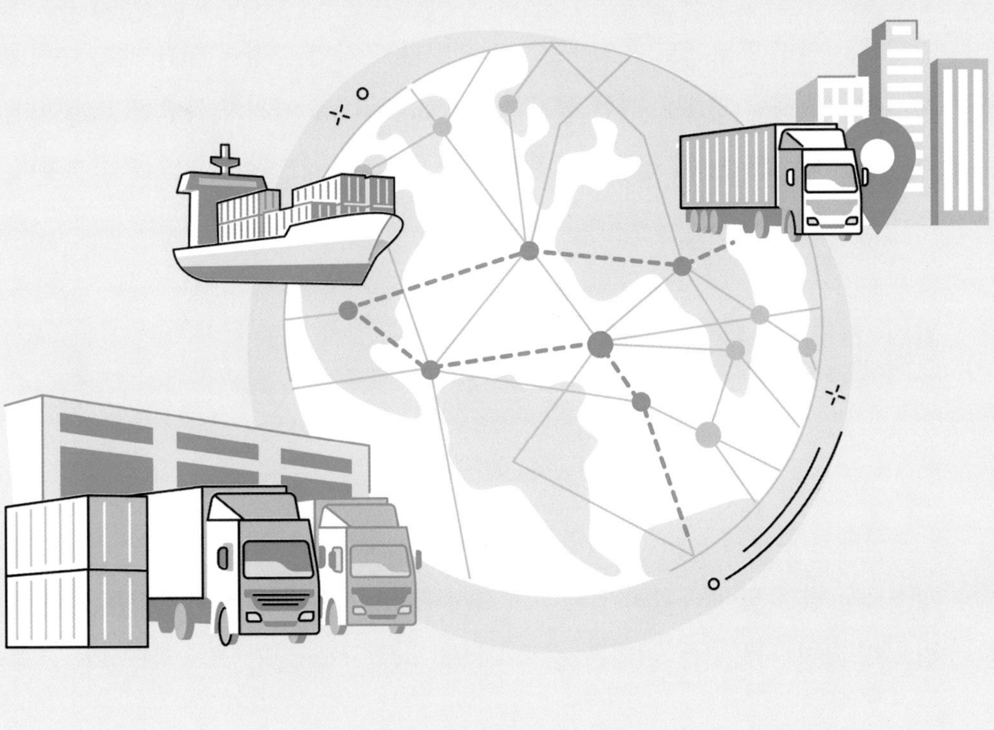

Chapter 11 프로젝트관리

이 책의 1장에서 4가지 유형의 프로세스를 소개하면서 프로젝트 프로세스에 대해 소재한 바 있다. 1장에서 소개한 바와 같이 프로젝트 프로세스는 프로세스를 통해 생산되는 제품/서비스의 고객화 정도가 상당히 높고, 그 범위가 넓으며, 산출량은 매우 소규모인 프로세스이다. 프로젝트 프로세스의 예로는 도로 건설, 건물 건축, 선박 건조, 정보시스템 개발 프로젝트 등이 있다. 다른 프로세스들과는 달리 프로젝트 프로세스는 무엇보다도 작업 공정에 대한 계획 수립에서부터 효율적인 진행을 위한 일정관리, 그리고 비용 관리가 중요한 요소이다.

이에 이 장에서는 효율적 프로젝트 프로세스 관리를 위한 기법을 소개한다.

11.1 프로젝트의 개념 및 관리 기법

프로젝트 프로세스(project process)는 보통 1회성 작업의 성격을 갖는 프로세스로서 일정 및 비용관리가 매우 중요하다. 이들 일정 및 비용관리를 위한 기법으로 많이 사용되는 기업은 간트 차트(Gantt chart)와 프로젝트 네트워크

(project network)가 있다. 설명을 위한 예로 〈표 11.1〉의 정보시스템 개발 프로젝트를 살펴보자.

〈표 11.1〉 **정보시스템 개발 프로젝트**

활동	내용	선행활동	소요기간(월)
A	프로젝트 준비	–	2
B	현 시스템 환경분석	A	5
C	현 업무현황 분석	A	4
D	HW 대안 선정	B	4
E	프로그램 설계	B	2
F	현황 보고서 작성	B, C	3
G	시스템 구현 및 테스트	D, E, F	2
H	시스템 설치	G	1

프로젝트는 최소의 작업 단위인 '활동(activity)'으로 구성된다. 〈표 11.1〉의 정보시스템 개발 프로젝트는 A~H의 총 8개의 활동으로 구성되어 있다. 두 번째 열의 '내용'은 각 활동의 내역을 나타낸 것이다. '선행활동'이란 각 활동을 착수하기 전에 완료되어야 하는 활동을 말한다. 예를 들어 활동 F(현황보고서 작성)를 시작하기 위해서는 활동 B(현 시스템 환경분석)와 활동 C(현 업무현황 분석)가 완료되어 있어야 함을 의미한다. 그리고 '소요기간'은 각 활동을 수행하는 데 필요한 시간이다. 프로젝트 관리는 이 8개의 활동을 수행하는 데에 전체적으로 얼마만큼의 일정이 소요되며, 필요한 인력은 무엇이고, 비용은 얼마나 들어가는지를 파악하는 것이다. 아울러, 계획된 일정에 차질 없이 프로젝트가 잘 수행되는지를 관리하는 것이다.

11.2 간트 차트와 프로젝트 네트워크

여기에서는 프로젝트 관리를 위한 도구로 널리 활용되는 간트 차트와 프로젝트 네트워크의 구조와 특정에 대해 설명한다.

11.2.1 간트 차트

간트 차트는 프로젝트의 각 활동별로 기간 및 선/후행 관계를 막대그래프를 이용하여 나타낸 도구이다. 간트 차트는 왼쪽에 활동명을 적고 각 활동의 기간만큼 오른편으로 막대그래프를 통해 나타낸다. 이때 각 활동의 시작 시점은 모든 선행작업이 끝난 시점이어야 한다. [그림 11.1]은 〈표 11.1〉의 정보시스템 개발 프로젝트를 간트 차트로 나타낸 것이다.

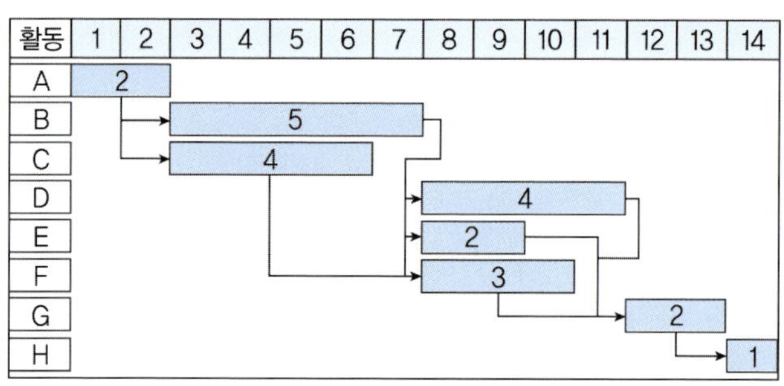

[그림 11.1] 정보시스템 개발 프로젝트의 간트 차트

이 차트로부터 모든 작업이 완료되는 데에는 14개월이 걸린다(마지막 활동인 H가 끝나는 시점이 14월 말이다)는 사실을 알 수 있다.

또한, 각 활동의 착수 가능시점을 알 수 있다. 활동 A는 선행작업이 없는 작업으로 1월에 착수 가능하며, 2월에 끝난다. 활동 B와 C는 활동 A를 마쳐야 착수할 수 있으므로 3월에 착수하여, 각각 7월과 6월에 끝난다. 활동 D와 E는 활동 B가 끝난 시점인 8월 초에 착수 가능하며, 활동 F 역시 선행작업인 활동 B, C가 끝난 후인 8월 초에 착수 가능하다. 마찬가지로, 활동 G는 활동 D, E, F가 모두 완료된 후인 12월에 착수 가능하다. 마지막으로 활동 H는 G가 완료된 후인 14월에 착수할 수 있다.

또한 프로젝트 일정관리에서 각 작업의 여유시간에 대한 정보도 파악할 수 있다. 여기서 여유시간이란 전체 일정을 지연시키지 않으면서 특정 활동의 수행을 지연시킬 수 있는 시간이다. 활동 B의 경우를 살펴보면, 만약 활동 B의 작업기간이 5개월에서 6개월로 지연될 경우에는 후행활동들이 모두 1개월씩 지연되어 전체 공정은 15개월로 1개월 지연된다. 반면에 활동 C는 1개월 지연되더라도 후행활동의 착수 시점에 영향을 끼치지 않아 전체 공정에도 영향을 주지 않는다. 따라서 활동 C는 1개월의 여유시간을 갖는다.

예제 11.1

8개의 활동으로 구성된 프로젝트의 각 활동별 소요일수와 선행작업이 다음과 같다. 이 프로젝트를 간트 차트로 작성하라. 프로젝트의 총 소요월수는 어떻게 되는가?

활동	선행활동	소요기간(월)
A	–	4
B	–	5
C	–	3
D	A	2
E	B	1
F	B, C, D	6
G	B, C, D	8
H	E, F	7

풀이

활동 A, B, C는 선행활동이 없으므로 바로 작업을 시작할 수 있으며, 각각의 작업을 마치는 시점은 4, 5, 3월이다. 활동 D는 선행활동 A의 작업이 완료된 후인 5월에 작업을 시작하여 6월에 마친다. 활동 E는 선행활동인 B의 작업이 완료된 후인 5월에 작업을 시작할 수 있다. 활동 F와 G는 선행활동인 B, C, D의 작업이 모두 완료된 후인 7월에 작업을 시작하여 F는 12월, G는 14월에 작업을 마친다. 마지막으로 활동 H는 선행활동인 E와 F의 작업이 모두 완료되는 시점인 12월 이후 작업에 착수할 수 있으며 최종 완료시점은 19월이 된다.

결론적으로 총 소요월수는 19월이며, 이 프로젝트에 대한 간트 차트는 [그림 11.2]와 같다. ■

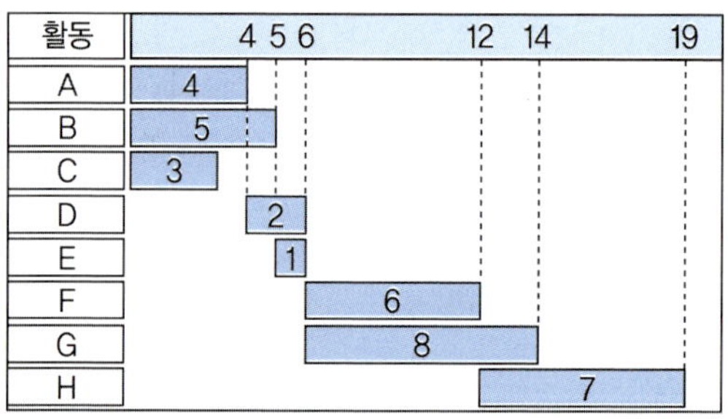

[그림 11.2] **예제 11.1의 간트 차트**

간트 차트는 총공정의 시간을 한눈에 파악할 수 있고, 선/후행 관계에 대해 쉽게 이해할 수 있는 프로젝트 관리 도구이다. 비교적 간단한 활동들로 이루어진 프로젝트의 경우에는 간트 차트를 통해 프로젝트 일정관리를 수행할 수 있는 장점이 있다. 하지만 수없이 많은 활동들이 있고, 활동들 간의 관계가 복잡한 프로젝트의 경우에는 간트 차트를 통한 프로젝트 관리에 한계가 있다. 이런 경우에는 프로젝트 네트워크를 활용할 수 있다.

11.2.2 프로젝트 네트워크

프로젝트 관리를 위한 또 다른 도구로서 프로젝트 네트워크가 있다. 프로젝트 네트워크란 각 활동 및 활동의 기간, 선/후행 관계를 네트워크 모형으로 나타낸 것이다.

일반적으로, 네트워크란 여러 개의 노드(node)와 노드 간을 연결하는 아크(arc)로 연결된 그래프(graph)이다. 프로젝트를 네트워크로 표시하는 방법은 두 가지가 있다. 첫째는 노드를 프로젝트의 활동으로 정의하고, 노드 간의 아크는 선/후행 관계를 나타내는 네트워크로써 AON(activity on node) 네트워크라고 한다. [그림 11.3]은 〈표 11.1〉의 프로젝트를 AON 네트워크로 표현한 것이다.

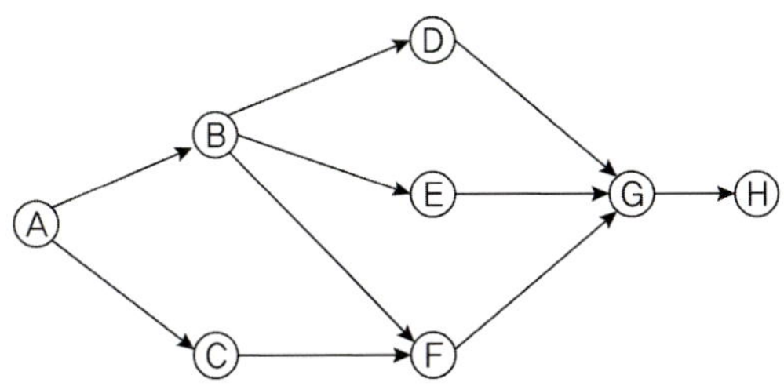

[그림 11.3] **AON 네트워크의 예**

두 번째는 노드와 노드를 연결하는 아크를 활동으로 정의하고 아크의 양 끝단을 해당 활동의 시작과 끝으로 정의하는 네트워크로써 AOA(activity on arc) 네트워크라고 한다. 이 책에서는 AOA 네트워크로 표기한다.

이제 〈표 11.1〉의 프로젝트를 예를 들어 프로젝트 네트워크를 설명한다. 먼저, 선행작업이 없는 활동 A를 아크(화살표)로 나타내고, 아크의 시점을 노드 ①, 종점을 노드 ②로 나타낸다. 활동 A의 후행활동인 B와 C를 나타내는 아크는 시점을 ②(활동 A의 종점)로 하여 각각 작성한 후 각각의 종점을 나타내는 노드 ③, ④를 그린다. 다음에 활동 D, E, F가 모두 활동 B의 후행활동이므로 B의 종점인 ③을 시점으로 하는 각각의 3개의 아크를 그리고 각각의 종점 노드를 ⑤, ⑥, ⑦로 작성한다. 여기서, 활동 F는 C의 후행작업이므로 두 활동 간의 선/후행 관계를 표시해 줘야 한다. 이를 위해 노드 ④와 노드 ③을 연결하는 가상의 활동(아크)을 작성하면, C와 F의 선/후행 관계를 표시할 수 있다. 같은 방식으로 노드 ⑦에서 ⑤로의 가상활동과 노드 ⑥에서 ⑤로의 가상활동을 추가한다. 이런 식으로 마지막 활동인 H까지 작성하면 AOA 방식으로 작성한 [그림

11.4]의 정보시스템 개발 프로젝트 네트워크가 완성된다. 그림의 각 아크에는 활동명과 소요기간이 나타나 있다. 그리고 여기서 세 개의 가상활동은 소요기간이 0이다.

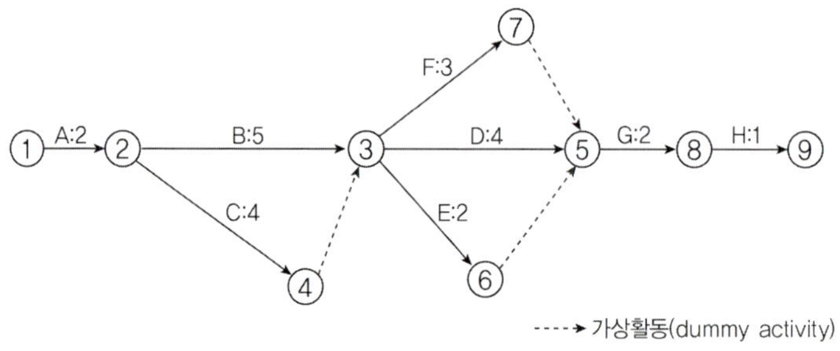

[그림 11.4] **정보시스템 개발 프로젝트 네트워크**

예제 11.2

예제 11.1의 프로젝트를 AOA 방식의 프로젝트 네트워크로 작성하라.

풀이

먼저 선행활동이 없는 활동 A, B, C는 노드 ①에서 출발하고, 각각의 아크가 도착하는 노드를 ②, ③, ④로 표시한다. 활동 D는 선행활동이 A이므로, 노드 ②에서 출발한다. 또한 활동 E의 선행활동이 B이므로, 노드 ④에서 출발하여 노드 ⑤에서 끝나는 것으로 표시한다.

활동 F와 G는 선행활동이 B, C, D로 동일하다. 즉 B, C, D가 모두 끝나는 노드에서 F와 G가 출발해야 한다. 따라서 활동 D가 끝나는 노드는 ③으로 한다. 이와 함께 활동 B가 끝나는 노드 ④와 노드 ③을 가상 활동으로 연결해 줌으로써, 이를 표현할 수 있다. 마지막으로 활동 G와 H는 노드 ⑥에서 끝나도록 연결해 준다. 이렇게 연결하여 완성된 네트워크가 [그림 11.5]이다.

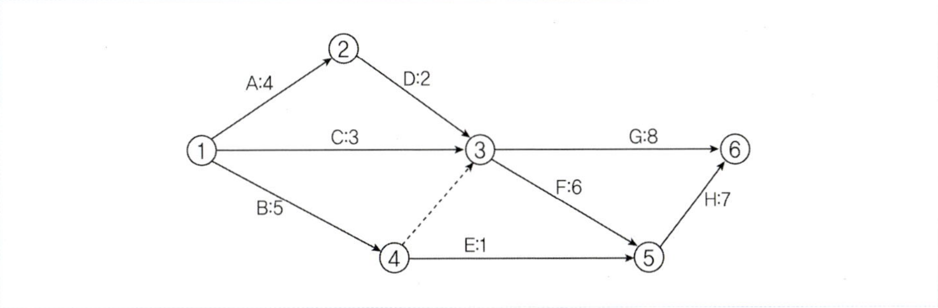

[그림 11.5] **예제 11.2의 프로젝트 네트워크**

■

프로젝트 네트워크는 간트 차트와 마찬가지로 프로젝트 관리자에게 전체 프로젝트의 진행 순서와 일정, 활동들의 선/후행 관계를 파악하는 데 큰 도움을 준다. 그리고 다음 절부터 자세히 살펴보게 될 PERT(program evaluation and review technique)나 CPM(critical path method)과 같은 프로젝트 관리 기법을 적용하기 위한 도구이기도 하다. PERT는 미 해군의 미사일 개발 프로젝트의 전체 일정관리 및 통제를 위해 개발된 기법이다. 이에 반해 CPM은 화학회사인 듀퐁(Dupont) 사에서 화학공장의 생산 과정 유지/통제 및 관리를 위해 개발된 프로젝트 관리 기법이다. 두 기법은 이렇게 별도로 개발되어 발전되어 왔으나 지금은 프로젝트 계획 수립 및 일정관리, 통제를 위한 기법으로 두 가지 기법이 혼용되어 사용되고 있기도 하다. 두 기법의 차이도 존재한다. CPM은 각 활동들의 활동 시간이 정확하게 주어진 상황하에서, 프로젝트 시간과 비용 간의 상관관계 분석에 주로 이용되는 기법이다. 반면에 PERT는 각 활동들의 활동 시간을 정확히 예측하기 어려운 경우에 정해진 목표달성에 도달할 수 있는 방법을 찾는 데 주로 이용되는 방법이다. 11.3절과 11.4절에서 두 기법에 대해 자세히 살펴본다.

11.3 CPM

CPM은 중대경로기법이라고 불리는데, 여기서 중대경로(CP: critical path)란 주어진 프로젝트 네트워크상에서, 최초 시작 단계에서 최종적으로 프로젝트가 끝나는 완료 단계까지의 모든 경로 중에서 가장 시간을 많이 필요로 하는 경로를 의미한다. 만약 프로젝트 관리자가 프로젝트의 시간을 예상하고자 할 경우, 혹은 보다 정확한 일정 계획을 수립하고자 할 경우, 중대경로는 가장 중요하게 다루어져야 하는 경로를 의미한다. 왜냐하면, 특정한 사유로 중대경로상의 활동에 지연이 발생하면 이는 곧 전체 공정의 지연으로 이어지기 때문이다.

11.3.1 중대경로의 의미

중대경로의 개념을 살펴보기 위하여 [그림 11.4]의 프로젝트 네트워크를 고려해 보자. 이 네트워크에는 시작 노드인 ①에서 완료 노드인 ⑨까지 모두 6개의 경로가 존재한다(〈표 11.2〉). 그리고 각 경로상에 포함된 활동들의 소요시간을 모두 계산해 보면, 정의에 의해 두 번째 경로인 "1 → 2 → 3 → 5 → 8 → 9"가 중대경로임을 알 수 있다.

〈표 11.2〉 정보시스템 개발 프로젝트 네트워크의 중대경로

가능한 경로	포함된 활동	시간
1 → 2 → 3 → 7 → 5 → 8 → 9	ABFGH	13
1 → 2 → 3 → 5 → 8 → 9*	ABDGH	14
1 → 2 → 3 → 6 → 5 → 8 → 9	ABEGH	12
1 → 2 → 4 → 3→ 7 → 5 → 8 → 9	ACFGH	12
1 → 2 → 4 → 3 → 5 → 8 → 9	ACDGH	13
1 → 2 → 4 → 3 → 6 → 5 → 8 → 9	ACEGH	11

*중대경로(critical path)

중대경로인 "1 → 2 → 3 → 5 → 8 → 9"에는 활동 A, B, D, G, H가 포함되어 있다. 이것이 어떤 의미인지 살펴보자. 만약 중대경로에 포함된 활동 B가 1개월 지연된다면 전체 일정도 15개월로 1개월 지연된다. 반면 중대경로에 포함되지 않은 활동 E는 2개월까지 지연되고, 활동 F가 1개월 지연되더라도 전체 일정에는 영향을 주지 않는다(단, F가 2개월 이상 지연되거나 E가 3개월 이상 지연되면 전체 일정도 지연된다). 따라서 중대경로란 그 경로에 포함된 활동 중 하나라도 지연이 생기면, 전체 일정의 지연을 유발하는 경로라고 할 수 있다. 따라서 프로젝트 일정관리의 입장에서는 다른 활동들보다 중대경로에 포함된 활동들에 대해 보다 세심한 관리가 요구된다.

11.3.2 중대경로 규명

규모가 큰 프로젝트 네트워크의 경우, 시작 노드에서 완료 노드까지의 가능한 경로는 무수히 많다. 이 경우 모든 경로를 조사하여 중대경로는 찾는 것은 불가능하다. 이에 모든 가능한 경로들 중 중대경로를 찾는 체계적인 방법을 제시한다.

먼저 다음과 같은 기호들을 정의한다.

ET_i : 노드 i의 최단예상시간(earliest expected time)

LT_j : 노드 j의 최대허용시간(latest allowable time)

S_i : 노드 i의 여유시간(slack time)

TS_{ij} : 활동 (i,j)의 총여유시간(total slack time)

FS_{ij} : 활동 (i,j)의 자유여유시간(free slack time)

SS_{ij} : 활동 (i,j)의 공유여유(shared slack)

t_{ij} : 활동 (i,j)를 수행하는 데 걸리는 시간

최단예상시간(ET)

최단예상시간이란 정해진 공정에 의해서 활동이 진행될 때, 그 단체까지의 모든 작업이 완료될 수 있는 최단 시간을 의미한다. 첫 번째 노드(시작 단계)의 최단예상시간은 선행작업이 하나도 없으므로 $ET_1 = 0$이 된다. 이제 작업이 진행되는 순서대로 다음 식에 의해 나머지 노드들에 대한 최단예상시간을 계산한다.

$$ET_j = \max(ET_j + t_{ij})$$

여기서, i는 노드 j의 모든 선행

[그림 11.6]의 간단한 예를 통해 최단예상시간을 구하는 과정을 살펴보자.

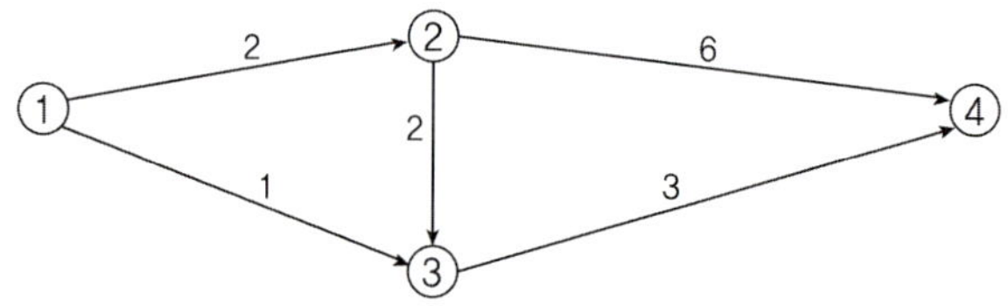

[그림 11.6] ET, LT, S의 계산 예(1)

그림에서 노드 1의 최단예상시간은 $ET_1 = 0$이다.

노드 2의 선행 노드는 노드 1이므로 ET_2는 다음과 같다.

$$ET_2 = ET_1 + t_{12} = 0 + 2 = 2$$

노드 3의 선행 노드는 1과 2이다. 따라서 ET_3은 다음과 같다.

$$ET_3 = \max(ET_1 + t_{l3},\ ET_2 + t_{23}) = \max(0+1,\ 2+2) = 4$$

마지막으로 노드 4의 선행 노드는 2와 3이다. 따라서 ET_4는 다음과 같다.

$$ET_4 = \max(ET_2 + t_{24},\ ET_3 + t_{34}) = \max(2+6,\ 4+3) = 8$$

최대허용시간(LT)

최대허용시간이란 전체 공정의 일정 계획에 차질을 초래하지 않는 범위 내에서 각 단계에 최대로 지연이 허용되는 시간이다. 최대허용시간은 마지막 단계(후행작업이 없는 노드)부터 시작하여 공정의 역순으로 계산한다. 정의에 의해서 마지막 단계(노드 n이라고 하자)의 최대허용시간은 $LT_n = ET_n$이 된다. 이제 공정의 역순으로 다음 식에 의해 나머지 노드들에 대한 최대허용시간을 계산한다.

$$LT_i = \min(LT_j - t_{ij})$$

여기서, j는 노드 i의 모든 후행 노드

다시 [그림 11.6]의 네트워크에서 최대허용시간을 계산해 보자. 먼저 마지막 노드 4의 최대허용시간은 $LT_4 = ET_4 = 8$이 된다.

노드 4의 선행 노드는 노드 3이므로 LT_3은 다음과 같다.

$$LT_3 = LT_4 - t_{34} = 8 - 3 = 5$$

노드 2의 후행 노드는 노드 3과 4이다. 따라서 LT_2는 다음과 같다.

$$LT_2 = \min(LT_4 - t_{24},\ LT_3 - t_{23}) = \min(8-6,\ 5-2) = 2$$

마지막으로 노드 1의 후행 노드는 1과 2이다. 따라서 LT_1은 다음과 같다.

$$LT_1 = \min(LT_2 - t_{12},\ LT_3 - t_{13}) = \min(2-2,\ 5-1) = 0$$

노드의 여유시간(S)

각 노드의 여유시간은 최대허용시간과 최단예상시간의 차이이다. 즉, 노드 i의 여유시간 S_i 다음과 같이 계산된다.

$$S_j = LT_j - ET_j$$

[그림 11.6]의 예에서 각 노드의 여유시간은 다음과 같다.

$$S_1 = LT_1 - ET_1 = 0 - 0 = 0$$
$$S_2 = LT_2 - ET_2 = 2 - 2 = 0$$
$$S_3 = LT_3 - ET_3 = 5 - 4 = 1$$
$$S_4 = LT_4 - ET_4 = 8 - 8 = 0$$

이상의 최단예상시간(ET), 최대허용시간(LT) 및 여유시간(S)을 네트워크상에 표시한 결과가 [그림 11.7]이다.

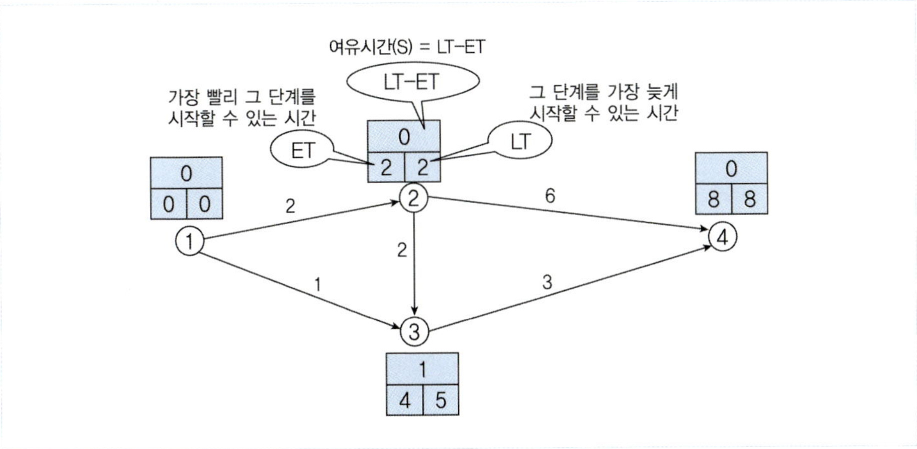

[그림 11.7] ET, LT, S의 계산 예(2)

중대경로의 규명

앞서 네트워크상에서의 각 노드별 ET와 LT, 그리고 여유시간을 구하는 과정을 살펴보았다. 네트워크상에서 이 값들을 계산한 후에는 중대경로를 쉽게 규명할 수 있다. 중대경로는 시작노드에서 마지막 완료노드까지 여유시간이 0 ($ET = LT$)인 노드만으로 연결된 경로이다. 특별히 여유시간이 0인 노드를 중대노드(critical node), 그렇지 않은 노드를 비중대노드(noncritical node)라고 부른다. 비중대노드는 보통 양의 여유시간을 갖는다. [그림 11.7]의 예에서는 노드 1, 2, 4가 중대노드이며, 노드 3은 비중대노드이다. 따라서 이 네트워크의 중대경로는 노드 1, 2, 4를 포함하는 경로인 1 → 2 → 4이다. 반면 노드 3은 1의 여유시간을 갖는데, 그 의미는 전체 공정의 지연을 발생시키지 않으면서 1시간의 지연이 가능하다는 것을 의미한다. 그러면 이 1시간의 지연이 실제 어떤 활동에서 활용될 수 있는지를 각 활동별 여유시간의 계산을 통해 살펴보자.

활동의 여유시간과 일정계획

각각의 활동별로 여유시간을 나타내는 지표는 총여유시간과 자유여유시간이 있다.

활동 (i, j)의 총여유시간(TS_{ij})은 특정 활동의 일정 계획 수립에 사용될 수 있는 최대여유시간을 의미하며, 다음 식으로 계산된다.

$$TS_{ij} = LT_j - ET_i - t_{ij}$$

예를 들어, [그림 11.7]의 네트워크에서 각 활동들의 총여유시간은 다음과 같다.

$$TS_{12} = LT_2 - ET_1 - t_{12} = 2 - 0 - 2 = 0$$
$$TS_{13} = LT_3 - ET_1 - t_{13} = 5 - 0 - 1 = 4$$
$$TS_{23} = LT_3 - ET_2 - t_{23} = 5 - 2 - 2 = 1$$
$$TS_{24} = LT_4 - ET_2 - t_{24} = 8 - 2 - 6 = 0$$
$$TS_{34} = LT_4 - ET_3 - t_{34} = 8 - 4 - 3 = 1$$

자유여유시간(FS_{ij})은 특정 활동이 전체 네트워크 중 어느 활동의 완료 시간도 지연시키지 않는 범위 내에서 지연될 수 있는 시간을 의미한다. 자유여유시간의 계산식은 다음과 같다.

$$FS_{ij} = ET_j - ET_j - t_{ij}$$

[그림 11.7]의 네트워크의 경우, 각 활동별 자유여유시간을 계산한 결과는 다음과 같다.

$$FS_{12} = ET_2 - ET_1 - t_{12} = 2 - 0 - 2 = 0$$
$$FS_{13} = ET_3 - ET_1 - t_{13} = 4 - 0 - 1 = 3$$
$$FS_{23} = ET_3 - ET_2 - t_{23} = 4 - 2 - 2 = 0$$
$$FS_{24} = ET_4 - ET_4 - t_{24} = 8 - 2 - 6 = 0$$
$$FS_{34} = ET_4 - ET_3 - t_{34} = 8 - 4 - 3 = 1$$

이제 공유여유(SS)에 대해 살펴보자. 각 활동별 공유여유는 다음 식과 같이 총여유시간에서 자유여유시간을 뺀 값으로 정의된다.

$$SS_{ij} = TS_{ij} - FS_{ij}$$

〈표 11.3〉은 [그림 11.7]의 네트워크에 대한 활동별 여유시간을 정리한 것이다. 이 네트워크에서 총여유시간이 0인 활동들을 연결한 경로가 중대경로가 된다. 따라서 중대경로는 '1 → 2 → 4'이다.

〈표 11.3〉 네트워크의 활동별 여유시간

활동	소요시간(t_{ij})	TS_{ij}	LS_{ij}	SS_{ij}
(1, 2)*	2	0	0	0
(1, 3)	1	4	3	1
(2, 3)	2	1	0	1
(2, 4)*	6	0	0	0
(3, 4)	3	1	1	0

*중대경로상의 활동들

예제 11.3

[그림 11.5]의 프로젝트 네트워크에서 각 노드의 ET와 LT를 구하라. 또한, 각 활동들의 총여유시간을 계산하고, 중대경로를 구하라.

풀이

각 노드의 ET와 LT를 계산한 결과는 〈표 11.4〉와 같다. 〈표 11.5〉에는 각 활동별 TS를 구한 값이 나타나 있다.

이상의 결과를 네트워크상에 표시하면 [그림 11.8]과 같다.

이 네트워크의 중대경로는 '1 → 2 → 3 → 5 → 6'이다. ■

〈표 11.4〉 예제 11.3의 ET, LT

노드	ET	LT
1	0	min(4−4, 6−3, 6−5)=0
2	0+4=4	6−2=4
3	max(0+3, 4+2, 5+0)=6	min(12−6, 19−8)=6
4	0+5=5	min(12−1, 6−0)=6
5	max(6+6, 5+1)=12	19−7=12
6	max(6+8, 12+7)=19	19

〈표 11.5〉 예제 11.3의 TS

활동	t_{ij}	ET_i	LT_j	$TS_{ij} = LT_j - ET_i - t_{ij}$
(1, 2)*	4	0	4	0
(1, 3)	3	0	6	3
(1, 4)	5	0	6	1
(2, 3)*	2	4	6	0
(3, 5)*	6	6	12	0
(3, 6)	8	6	19	5
(4, 3)	0	5	6	1
(4, 5)	1	5	12	6
(5, 6)*	7	12	19	0

*중대경로상의 활동들

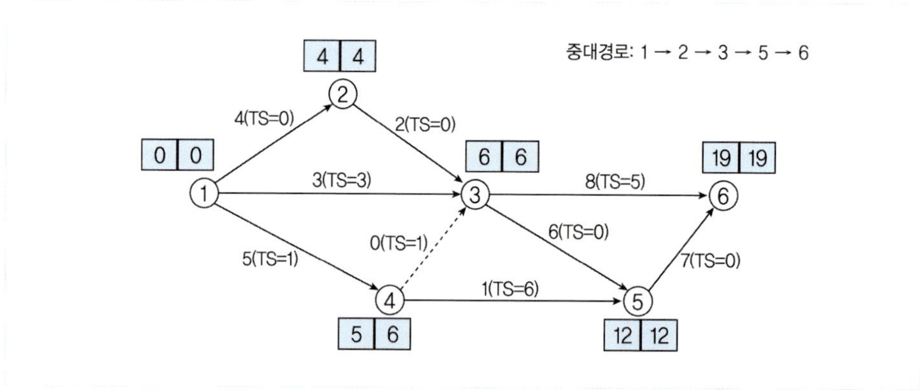

[그림 11.8] 예제 11.3의 중대경로 규명 네트워크

예제 11.4

[그림 11.9]의 프로젝트 네트워크에서 각 노드의 *ET*, *LT*를 구하고, 각 활동의 총여유시간과 자유여유시간을 계산하라. 중대경로는 어떻게 되는가? 네트워크의 아크상의 숫자는 각 활동들의 소요시간이다.

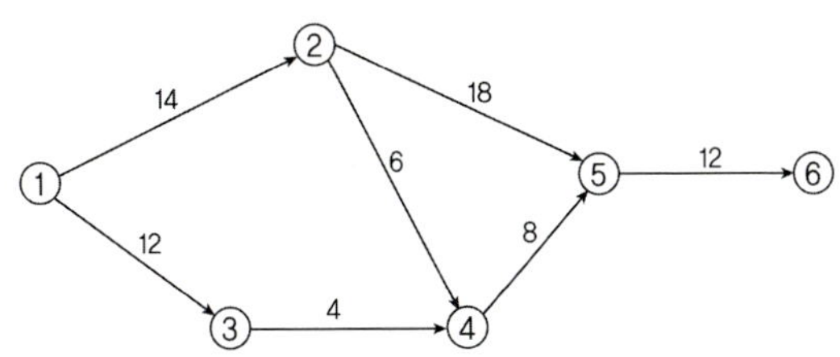

[그림 11.9] 예제 11.4의 프로젝트 네트워크

출처: 이상문. 신경영과학. 형설출판사. p.430.

풀이

〈표 11.6〉은 각 노드의 *ET*와 *LT*를 계산한 결과이다. 〈표 11.7〉에 각 활동별 *TS*와 *FS*를 구한 값이 나타나 있다. [그림 11.10]은 이상의 계산결과를 함께 나타낸 네트워크이다. 이 네트워크의 중대경로는 '1 → 2 → 5 → 6'이다.

〈표 11.6〉 예제 11.4의 ET, LT

노드	ET	LT
1	0	min(14−14, 20−12)=0
2	0+14=14	min(32−18, 24−6)=14
3	0+12=12	24−4=20
4	max(14+6, 12+4)=20	32−8=24
5	max(14+18, 20+8)=32	44−12=32
6	32+12=44	44

〈표 11.7〉 예제 11.4의 TS, FS

활동	t_{ij}	ET_i	ET_j	LT_j	$TS_{ij}=LT_j-ET_i-t_{ij}$	$FS_{ij}=ET_j-ET_i-t_{ij}$
(1, 2)*	14	0	14	14	0	0
(1, 3)	12	0	12	20	8	0
(2, 4)	6	14	20	24	4	0
(2, 5)*	18	14	32	32	0	0
(3, 4)	4	12	20	24	4	4
(4, 5)	8	20	32	32	4	4
(5, 6)*	12	32	44	44	0	0

*중대경로상의 활동들

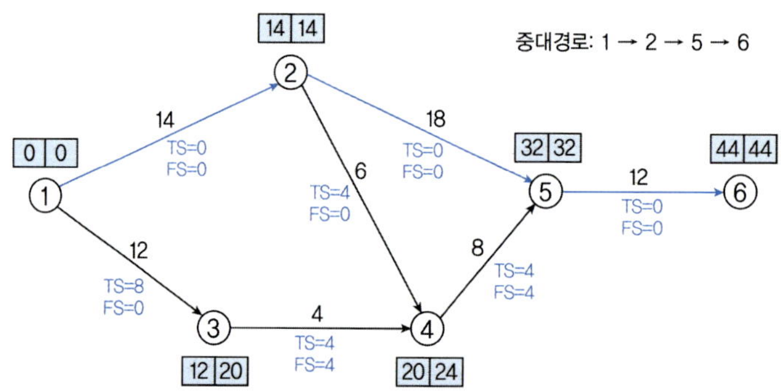

[그림 11.10] 예제 11.4의 중대경로 규명 네트워크

11.4 CPM의 비용/시간 분석

프로젝트를 진행해 나가는 과정에서 정상적인 작업일정보다 프로젝트의 일정을 단축시키고자 할 때에는 프로젝트의 특정 활동에 대한 소요 시간을 단축할 수 있다. 이렇게 일부 활동 혹은 전체 활동에 소요되는 시간을 줄여나가는 과정을 프로젝트 단축(project crashing)이라고 한다. 프로젝트 단축을 위해서는 보통 초과 근무나 추가 장비나 인력 투입 등의 방법을 이용한다. 그런데 프로젝트

단축 시에는 초기 예산보다 소요되는 비용이 증가하게 된다. 이렇게 추가되는 비용에 따른 손실과 일정 단축에 따른 이익 간의 상관관계를 분석하는 것을 CPM의 비용/시간 분석이라고 한다. 이러한 비용/시간 상관관계 분석은 프로젝트 수행에 있어 중요한 의사결정이다. 여기에서는 앞서 [그림 11.9]의 네트워크를 예로 들어 프로젝트 단축이 어떻게 진행되는지를 설명한다.

〈표 11.8〉은 프로젝트를 정상적으로 진행할 경우와 단축할 경우의 시간과 비용을 나타낸 것이다. 표에서 '단축'은 해당 활동을 최대한 단축하여 진행할 수 있는 시간을 의미한다. 예를 들어 활동(1, 2)의 정상 작업시간은 14일이며, 이 활동을 단축할 경우 최대 8일 단축하여 6일에 작업을 수행할 수 있다. 이 경우 하루 10만원의 비용이 추가되어 이 활동에 소요되는 비용은 정상적인 일정으로 진행했을 때의 작업비용 140만원보다 많은 220만원(140+8×10=220)이 된다.

〈표 11.8〉 **네트워크 단축에 따른 정보**

활동	시간(일)		정상비용 (만원)	1일 단축에 추가되는 비용(만원)	최대단축 시 비용(만원)
	정상	단축			
(1, 2)*	14	6	140	10	220
(1, 3)	12	8	100	20	180
(2, 4)	6	4	80	20	120
(2, 5)*	18	14	160	10	200
(3, 4)	4	2	40	20	80
(4, 5)	8	6	40	10	60
(5, 6)*	12	8	80	10	120
			640		980

*중대경로상의 활동들

이제 모든 활동을 정상적으로 작업했을 경우의 시간과 비용, 그리고 모든 활동을 최대로 단축했을 때의 시간과 비용을 비교해 보자. 먼저 정상작업의 경우에는 앞서 [그림 11.10]에서 구한 바와 같이 총 44일이 소요되며, 비용은 640만원(〈표 11.8〉 참조)이다. 모든 활동을 단축했을 때의 프로젝트 소요 시간을 구한 결과를 네트워크로 나타낸 것이 [그림 11.11]이다.

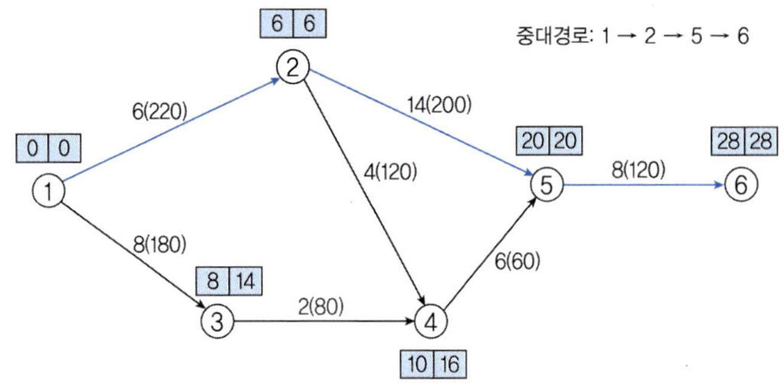

[그림 11.11] 최대단축작업 시의 네트워크

네트워크의 각 활동상에는 최대단축작업 시의 소요시간(괄호 안은 비용)이 나타나 있다. 그림으로부터 전체 공정에 소요되는 시간은 28일이다. 그리고 이 때의 비용은 980만원(〈표 11.8〉)이다. 따라서 정상적인 작업에 비해 일정은 16일 단축되고 비용은 340만원 늘어난다. 〈표 11.9〉는 이를 정리한 것이다.

〈표 11.9〉 정상작업과 최대단축작업의 비교

항목	정상작업	최대단축작업	비교
전체 일정 총비용	44일 640만원	28일 980만원	16일 단축 340만원 증가

여기에서 다음과 같은 질문을 생각해 보자.

“프로젝트 기간을 28주로 단축하고자 할 경우, 위의 예에서와 같이 모든 활동을 최대로 단축해야 하는가? 만약 모든 활동을 단축할 필요가 없다면 어떤 활동을 얼마나 단축하는 것이 가장 효과적인가?”

결론부터 언급하면, 모든 활동을 단축할 필요는 없다. 즉, 모든 활동을 최대로 단축하지 않더라도(비용을 최대로 증가시키지 않더라도), 기간을 28주에 맞출 수 있다. 이것이 가능한 이유는 중대경로에 포함된 활동과 비중대경로에 포함된 활동의 특성 때문이다. 중대경로에 포함된 활동의 경우에는 활동의 일정 단축이 전체 일정을 단축시킬 수 있다. 그러나 비중대경로에 포함된 활동은 일정을 단축하더라도 전체 일정은 단축시키지 못하고 비용 증가만 가져오는 비효율적인 상황이 발생한다. 이러한 비효율적 상황을 극복하기 위한 체계적이고 효과적인 프로젝트 일정단축 절차를 소개한다.

● 프로젝트 일정단축 절차

step ① 현 일정계획에서 중대경로를 찾는다.

step ② 기간을 단축할 활동을 찾아 단축한다.

②-1 중대경로가 하나인 경우: 중대경로상의 활동 중 단위시간당 단축비용이 최소인 활동을 선택

②-2 중대경로가 두 개 이상인 경우: 단위시간당 단축비용이 최소인 활동(공동중대활동)이 모든 중대경로에 공통으로 포함되어 있을 경우에는 이 활동을 선택하고, 공동중대활동이 없을 경우에는 각각의 중대경로에서 단위시간당 단축비용이 최소인 활동을 선택

step ③ 단축된 활동을 감안한 새로운 네트워크에서 구성하고 중대경로를 찾아 프로젝트 완료시간을 계산한다. 단축하기 전의 네트워크와 기간 차이가 없으면 중단한다. 차이가 있는 경우에는 step ②로 간다.

[그림 11.9]의 프로젝트 네트워크와 〈표 11.8〉의 데이터를 이용하여 프로젝트 단축 과정을 자세히 살펴보자.

첫번째 단축

step ① [그림 11.10]에서 계산한 결과, 현 네트워크에서 중대경로는 '1 → 2 → 5 → 6'이며, 시간은 44일, 비용은 640만원이다.

step ② 중대경로에 포함되는 활동은 (1, 2), (2, 5), (5, 6)이다. 그리고 세 활동의 단위시간당 단축 비용은 모두 10만원으로 동일하므로 임의의 활동 (1, 2)를 선택한다. 활동 (1, 2)의 작업시간은 최대 8일 단축 가능하므로 6일(14−8)이 된다. 그리고 8일 단축분에 해당하는 비용은 80만원(10만/일×8일) 증가하여 총비용은 720만원(640+80)이 된다.

step ③ 활동 (1, 2)를 단축한 네트워크는 [그림 11.12]와 같다. 그림에서 활동(아크)상의 숫자는 각 활동의 소요시간이며, 괄호 안의 숫자는 최대로 단축했을 때의 소요시간이다. 그리고 아크 아래의 숫자는 1일 단축 시 추가되는 비용(단위: 만원)이다. 단, 활동 (1, 2)와 같이 더 이상 단축이 불가능한 활동은 소요시간만 표시한다. 이 네트워크의 중대경로는 '1 → 2 → 5 → 6'과 '1 → 3 → 4 → 5 → 6' 두 개가 존재하며, 모두 기간은 36일로 원래의 네트워크보다 단축된다.

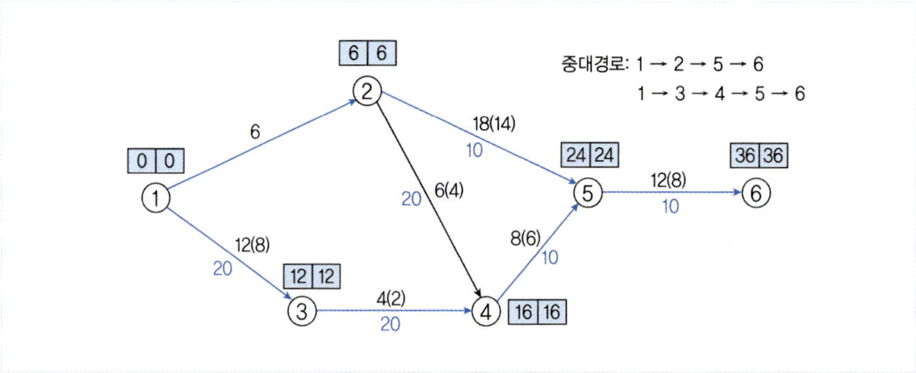

[그림 11.12] 활동 (1, 2)를 단축한 네트워크

두 번째 단축

step ② [그림 11.12]의 네트워크에는 두 개의 중대경로가 존재한다. 여기에서는 두 중대경로에 모두 포함되는 활동 (5, 6)의 시간을 단축하는 것이 가장 유리하다. 이 활동은 최대 4주를 단축시킬 수 있으며, 이때 추가되는 비용은 40만원(10만원/일×4일)이며, 총비용은 760만원(720+40)이 된다.

step ③ 활동 (5, 6)을 단축한 네트워크는 [그림 11.13]과 같다. 그림에서 이 네트워크의 중대경로는 '1 → 2 → 5 → 6'과 '1 → 3 → 4 → 5 → 6' 두 개가 존재하며, 모두 기간은 32일로 원래의 네트워크보다 단축된다.

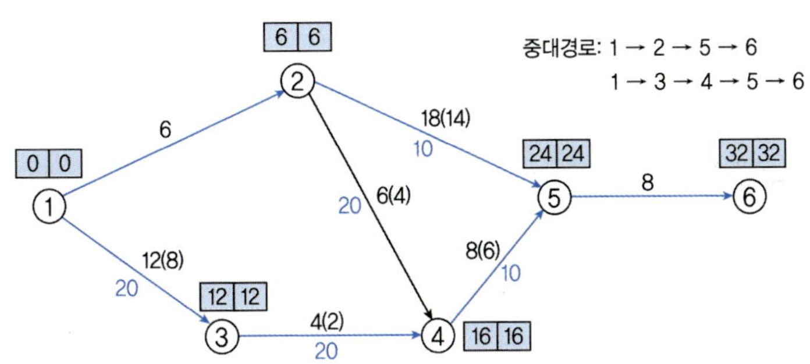

[그림 11.13] **활동 (5, 6)을 추가 단축한 네트워크**

세 번째 단축

step ② 두 번째 과정과 마찬가지로 두 개의 중대경로가 존재한다. 하지만 공동중대경로는 없다. 이런 경우에는 각각의 중대경로를 구성하는 활동을 동시에 단축하여야 한다. 첫 번째 중대경로인 '1 → 2 → 5 → 6'에서는 활동 (2, 5)만이 단축 가능하며, 최대 4일 단축할 수 있다. 두 번째 중대경로인 '1 → 3 → 4 → 5 → 6'에서는 단위당 단축비용이 가장 최소인 활동 (4, 5)를 선택하며, 최대 2일 단축할 수 있다. 활동 (2, 5)가 최대 4일을 단축할 수 있다고 하더라도 활동 (4, 5)의 가능한 단축일수가 2일이므로 2일을 초과하여 단축하는 것은 프로젝트 전체 일정을 단축시키지는 못한다. 따라서 (2, 5) 역시 2일만 단축한다. 이때 추가되는 비용은 두 활동에서 각각 20만원씩 총 40만원이며, 총 비용은 800만원(760+40)이 된다.

step ③ 활동 (2, 5)와 (4, 5)를 단축한 네트워크는 [그림 11.14]와 같다. 그림에서 이 네트워크의 중대경로는 '1 → 2 → 5 → 6'과 '1 → 3 → 4 → 5 → 6' 두 개가 존재하며, 모두 기간은 30일로 원래의 네트워크보다 단축된다.

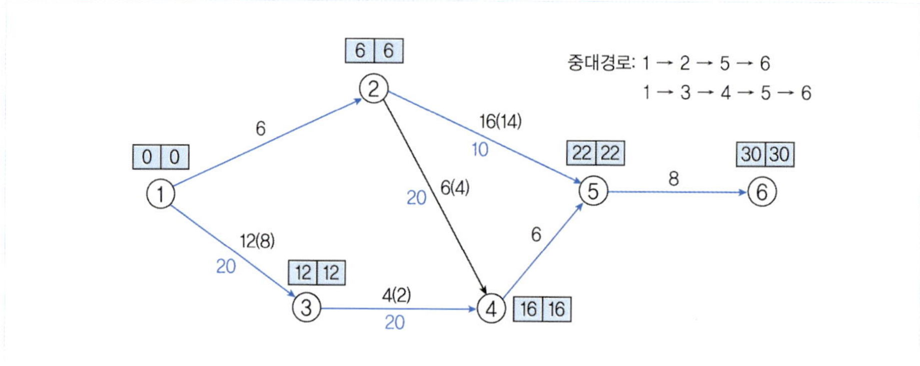

[그림 11.14] 활동 (2,5)와 (4,5)를 추가 단축한 네트워크

네 번째 단축

step ② 중대경로는 계속 두 개다. 첫 번째 중대경로 '1 → 2 → 5 → 6'에서는 활동 (2, 5)만이 단축 가능하며, 최대 2일 단축할 수 있다. 두 번째 중대경로 '1 → 3 → 4 → 5 → 6'에서는 활동 (1, 3)과 (3, 4)의 단위당 단축비용이 동일하므로 임의로 활동 (3, 4)를 선택한다. (3, 4)는 2주 단축 가능하다. 활동 (2, 5)와 (3, 4) 모두 2주 단축 가능하므로 두 활동 모두 2주씩 줄인다. 이때 추가되는 비용은 활동 (2, 5)에서 20만원(10만원×2일), 활동 (3, 4)에서 40만원(20만원×2일)으로 합계 60만원이고 총비용은 860만원(800+60)이 된다.

step ③ 활동 (2, 5)와 (3, 4)를 단축한 네트워크는 [그림 11.15]와 같다. 그림에서 이 네트워크의 중대경로는 '1 → 2 → 5 → 6'과 '1 → 3 → 4 → 5 → 6' 두 개가 존재하며, 모두 기간은 28일로 원래의 네트워크보다 단축된다. 28일은 이 네트워크에서 최대로 단축할 수 있는 일정이므로 더 이상 단축은 불가능하다.

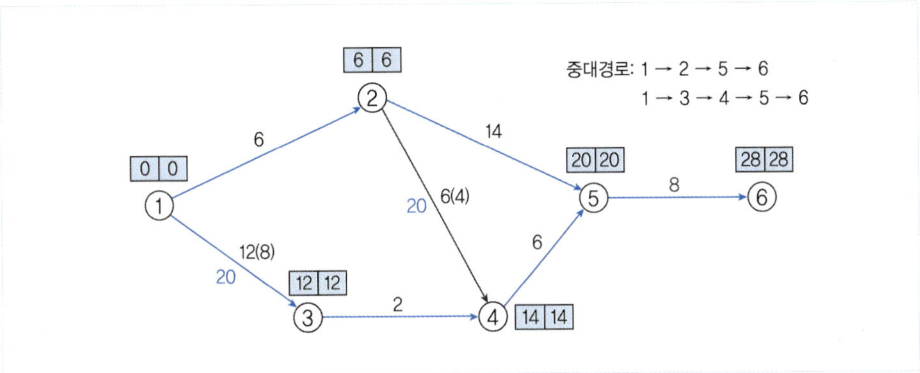

[그림 11.15] 최종 네트워크

지금까지의 단축과정을 거쳐 총 16일(44일→ 28일)이 단축되었으며, 비용은 220만원(640만원 → 860만원)으로 증가하였다. [그림 11.16]은 활동별 세부적인 단축일수와 비용증가분을 네트워크에 표시한 것이다. 이를 앞서 모든 활동을 최대로 단축했던 [그림 11.11]과 비교해 보면, 일정은 28일로 동일하나 비용은 120만원(980−860) 차이가 남을 알 수 있다. 이는 프로젝트단축 과정을 거칠 경우 활동(1, 3)과 (2, 4)의 단축이 없이도 전체 일정을 28일로 단축 가능하기 때문에 생긴 차이이다.

이와 같은 결과를 토대로 의사 결정자는 기간 단축으로 인한 이익이 증가되는 비용보다 크다고 판단되면, 전체 일정을 조정한다.

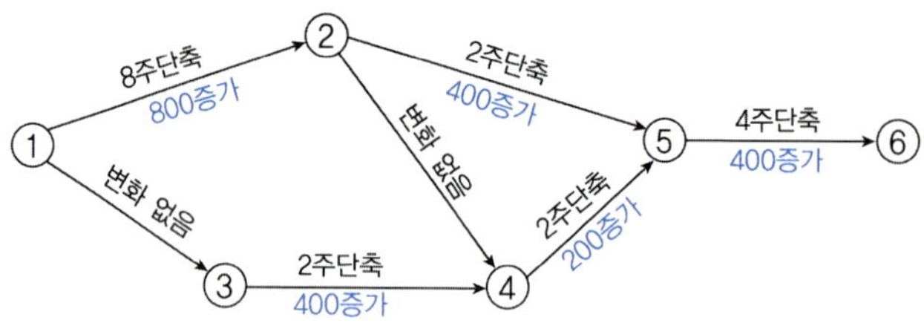

[그림 11.16] 단축된 네트워크 요약

11.5 PERT

CPM은 각 활동의 작업 시간을 정확히 예측할 수 있다는 가정을 토대로 하고 있으나, 실제로는 활동 시간을 정확히 예측하기 어려운 경우가 많다. 이러한 경우에 적용할 수 있는 기법이 PERT이다.

11.5.1 PERT의 활동시간 가정

PERT 기법을 적용할 때는 활동시간에 대한 다음 세 가지 가정을 필요로 한다.

가정 1) 각 활동 시간의 추정치는 다른 활동과는 서로 독립적이며, 베타 분포(β-distribution)를 갖는다.

가정 2) 전체 프로젝트의 총활동시간은 정규분포를 가지며, 이는 개별 활동의 평균과 분산으로부터 얻어진다.

가정 3) 각 활동 시간은 낙관적(optimistic), 최빈(most likely), 비관적(pessimistic) 시간의 세 가지 유형의 추정치를 갖는다.

세 번째 가정의 세 가지 시간 추정치의 의미를 살펴보자. 먼저 낙관적 시간은 가장 이상적인 조건하에서 활동을 완료하는 데 걸리는 시간이다. 최빈 시간은 정상적인 상태하에서 활동을 완료하는 데 걸리는 시간을 의미한다. 비관적 시간은 기계고장이나 원자재 부족 등 최악의 상황에서 활동을 완료하는 데 걸리는 시간을 뜻한다. 일반적으로 베타 분포의 분포도는 [그림 11.17]과 같은 모양을 띤다.

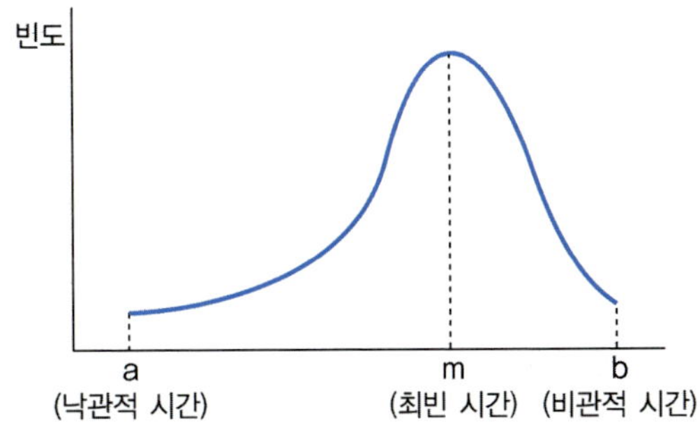

[그림 11.17] **베타분포**

가정에 의해서 활동시간은 베타분포이므로 베타분포의 성질에 따라 활동 (i, j)의 평균 (μ_{ij})과 표준편차 (σ_{ij})는 다음 식으로 계산한다.

$$\mu_{ij} = \frac{a+4m+b}{6}, \ \sigma_{ij} = \frac{b-a}{6}$$

여기서, a : 낙관적 시간 추정치

m : 최빈 시간 추정치

b : 비관적 시간 추정치

11.5.2 PERT를 활용한 프로젝트 관리

PERT는 프로젝트의 활동시간이 불확실하므로 전체 프로젝트 일정에 대한 예측치(확률값)를 얻어 이를 토대로 프로젝트 관리에 이용할 수 있다. 프로젝트 활동시간에 대한 세 가지 추정치 $(a,\ m,\ b)$가 주어졌을 때, 전체 프로젝트 일정을 예측하기 위한 절차는 다음과 같다.

step ① 각 활동별 평균과 표준편차를 구한다.

step ② 각 활동의 평균 시간을 기준으로 네트워크의 중대경로를 구한다.

step ③ 중대경로상의 활동들의 평균시간의 합 $\mu(cp)$와 표준편차를 다음 식으로 구한다.

$$\mu(cp) = \sum_{(i,j) \in CP} \mu_{ij}, \quad \sigma(cp) = \sqrt{\sum_{(i,j) \in CP} \sigma_{ij}^2}$$

여기서, CP는 중대경로에 포함된 활동들의 집합이다.

step ④ 프로젝트 완료시간(X)은 평균 $\mu(cp)$, 표준편차 $\sigma(cp)$인 정규분포를 따르므로, 표준정규분포표를 이용하여 완료시간에 대한 확률을 계산한다.

예제 11.5

[그림 11.18]의 네트워크에서 다음 질문에 답하라. 네트워크의 활동(아크)상의 숫자는 각각 낙관치(a)/최빈치(m)/비관치(b)의 추정치(단위: 주)이다.

(1) 각 활동들의 평균과 분산을 구하라.

(2) 중대경로를 추정하라.

(3) 이 프로젝트를 29주 내에 완료할 확률은 얼마인가?

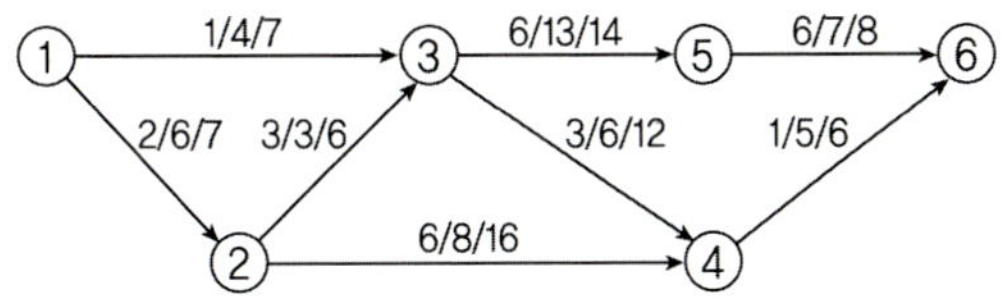

[그림 11.18] **예제 11.5의 네트워크**

풀이

(1) 각 활동별 평균과 분산을 다음 식을 이용하여 계산하면 다음과 같다.

$$\mu_{ij} = \frac{a + 4m + b}{6}, \quad \sigma_{ij}^2 = \left(\frac{b - a}{6}\right)^2$$

활동	시간추정치			평균(μ_{ij})	분산(σ_{ij}^2)
	a	m	b		
(1, 2)	2	6	7	5.5	0.69
(1, 3)	1	4	7	4.0	1.00
(2, 3)	3	3	6	3.5	0.25
(2, 4)	6	8	16	9.0	2.78
(3, 4)	3	6	12	6.5	2.25
(3, 5)	6	13	14	12.0	1.78
(4, 6)	1	5	6	4.5	0.69
(5, 6)	6	7	8	7.0	0.11

(2) 각 노드의 ET와 LT, 그리고 각 활동의 TS를 계산한 결과는 [그림 11.19]와 같다. 중대경로는 '1 → 2 → 3 → 5 → 6'이며 중대경로상의 활동들의 시간의 합 $\mu(cp)$와 표준편차 $\sigma(cp)$는 다음과 같다.

$$\mu(cp) = \mu_{12} + \mu_{23} + \mu_{35} + \mu_{56} = 5.5 + 3.5 + 12.0 + 7.0 = 27.0$$
$$\sigma(cp) = \sqrt{\sigma_{12}^2 + \sigma_{23}^2 + \sigma_{35}^2 + \sigma_{56}^2} = \sqrt{0.69 + 0.25 + 1.78 + 0.11} = 1.68$$

(3) 프로젝트 완료시간을 X라고 하면, X는 평균 27.0, 표준편차 1.68인 정규분포

이다. 따라서 X가 29주보다 적을 확률은

$$\Pr(X \leq 29) = \Pr\left(\frac{X-27.0}{1.68} \leq \frac{29-27.0}{1.68}\right) = \Pr(Z \leq 1.19)$$

여기서 Z는 표준정규분포함수이다. 부록의 표준정규분포표로부터

$\Pr(Z \leq 19) = .8830$이므로,

프로젝트 완료시간이 29주 이내일 확률은 88.3%이다.

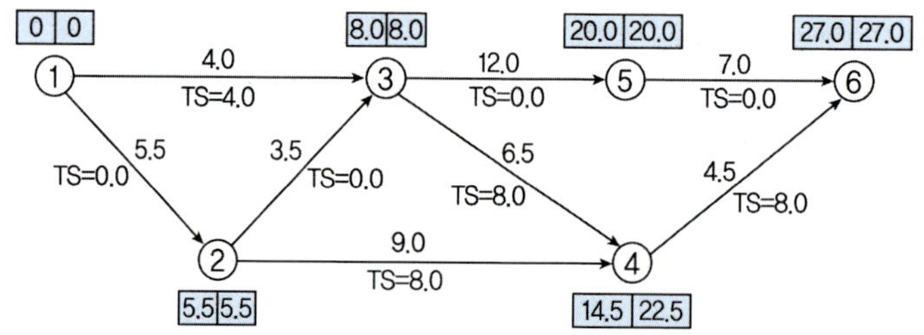

[그림 11.19] **예제 11.5 네트워크의 중대경로**

요약

- 1회성 작업의 성격을 갖는 프로젝트 프로세스는 일정 및 비용관리가 매우 중요한데, 이를 관리하기 위한 도구로는 간트 차트(Gantt chart)와 프로젝트 네트워크가 있다.

- 간트 차트는 프로젝트의 각 활동별로 기간 및 선/후행 관계를 막대그래프를 이용하여 나타낸 도구이다.

- 프로젝트 네트워크는 각 활동 및 활동의 기간, 선/후행 관계를 네트워크 모형으로 나타낸 것으로 AOA 방식과 AON 방식이 있다.

- CPM은 프로젝트 네트워크상에서 최초 시작 단계에서 최종적으로 프로젝트가 끝나는 완료 단계까지의 모든 경로 중에서 가장 시간을 많이 필요로 하는 경로인 중대경로를 찾아 프로젝트를 효과적으로 관리하기 위한 기법이다.

- 프로젝트 진행에 나가는 과정에서 정상적인 작업일정보다 프로젝트의 일정을 단축시키고자 할 때에는 프로젝트의 특정 활동에 대한 소요 시간을 단축할 수 있다. 이렇게 일부 활동 혹은 전체 활동에 소요되는 시간을 줄여나가는 과정을 프로젝트 단축(project crashing)이라고 한다. 프로젝트 단축을 통해 비용추가에 따른 손실과 일정 단축에 따른 이익 간의 상관관계를 분석하는 것을 CPM의 비용/시간분석이라고 한다.

- 프로젝트 활동시간을 낙관적(optimistic), 최적(most likely), 비관적(pessimistic) 시간의 세 가지 유형 값으로 추정하여 프로젝트 종료 일정을 예측하는 기법을 PERT라고 한다.

주요 용어

11.1 프로젝트의 개념 및 관리 기법

프로젝트 프로세스(project process)
간트 차트(Gantt chart)
프로젝트 네트워크(project network)
활동(activity)

11.2 간트 차트와 프로젝트 네트워크

노드(node)
아크(arc)
그래프(graph)
AON(Activity On Node) 네트워크
AOA(Activity On Arc) 네트워크
PERT(program evaluation and review technique)
CPM(critical path method)

11.3 CPM

중대경로(critical path)
최단예상시간(earliest expected time)
최대허용시간(latest allowable time)
여유시간(slack lime)
총여유시간(total slack time)
자유여유시간(free slack time)
공유여유(shared slack)
중대노드(critical node)
비중대노드(noncritical node)

11.4 CPM의 비용/시간 분석

비용/시간 분석
프로젝트 단축(project crashing)
공동중대활동(joint critical activity)

11.5 PERT

베타 분포(β–distribution)
낙관적(optimistic) 시간 추정치
최빈(most likely) 시간 추정치
비관적(pessimistic) 시간 추정치

연 습 문 제

1. 프로젝트 프로세스 관리도구로서 간트 차트의 장단점에 대해 논하라.

2. CRM과 PERT의 공통점 및 차이점에 대해 설명하라.

3. CPM에서 총여유시간과 자유여유시간은 어떤 차이가 있는지 예를 들어 설명하라.

4. 다음과 같이 프로젝트의 각 활동별 선행활동과 소요시간이 주어져 있다. 이 프로젝트를 간트 차트로 작성하라. 프로젝트 완료를 위해 소요되는 기간은 며칠인가?

활동	소요기간(일)	선행활동
A	6	–
B	3	A
C	8	A
D	2	A, B
E	5	C, D
F	7	D
G	4	E, F
H	3	F

5. 다음과 같은 프로젝트 정보가 주어져 있다. 이 프로젝트를 AON 네트워크와 AOA 네트워크로 작성하라.

활동	소요기간(일)	선행활동
A	7	–
B	7	–
C	6	B
D	14	A
E	10	A, C
F	13	B
G	5	E, F

6. 다음과 같은 프로젝트 정보가 주어져 있다. 이 프로젝트의 모든 활동은 정상작업시간의 30%까지 단축할 수 있으며, 주당 단축비용은 표에 나타나 있다.

활동	정상작업 시 소요기간(주)	선행활동	주당 단축비용 (단위: 백만원)
A	12	–	5
B	9	–	20
C	10	A	20
D	15	A	50
E	10	A	3
F	7	B	5
G	10	E	8
H	21	F	10
I	28	B	10
J	4	D	12
K	4	G, H, I	10
L	6	C, J, K	15

(1) 이 프로젝트의 프로젝트 네트워크를 작성하라.

(2) 각 활동의 총여유시간과 자유여유시간을 구하라.

(3) 정상적인 작업조건하에서 중대경로는 어떻게 되는가? 또한 프로젝트 소요기간은 얼마인가?

(4) 이 프로젝트를 5일 단축하고자 한다. 프로젝트 단축기법을 이용하여 새로운 중대경로를 구하라. 어떤 활동이 얼마씩 단축되는가? 그리고 단축에 따른 추가비용은 얼마인가?

7. 다음과 같은 프로젝트 네트워크가 주어져 있다. 여기서 A, B, …, G는 활동을 나타낸다.

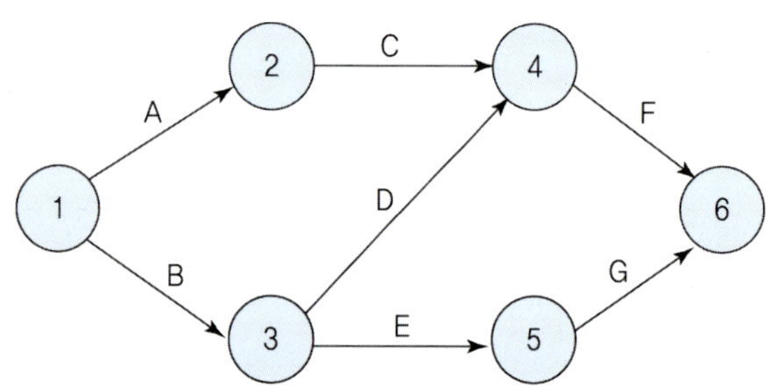

각 활동들은 정상 혹은 긴급한 방식으로 수행이 가능하며, 각 방식별 소요시간 및 비용은 다음과 같다.

활동	시간(주)		비용(만원)	
	정상	긴급	정상	긴급
A	7	7	200	200
B	10	9	300	450
C	12	11	450	490
D	11	9	400	450
E	8	7	250	330
F	9	9	500	500
G	9	8	350	420

(1) 정상적으로 작업을 진행할 경우, 중대경로와 완료시간, 그리고 총비용을 구하라.

(2) 모든 작업을 긴급하게 진행할 경우, 중대경로와 완료시간, 그리고 총비용을 구하라.

(3) 두 가지 경우의 비용 차이는 얼마인가? 이 프로젝트의 모든 작업을 단축할 필요가 있는가?

(4) 프로젝트 단축기법을 이용하여 프로젝트 단축을 실행하라. 어떤 활동이 얼마나 단축되는가?

8. 다음과 같은 프로젝트 네트워크가 주어져 있다.

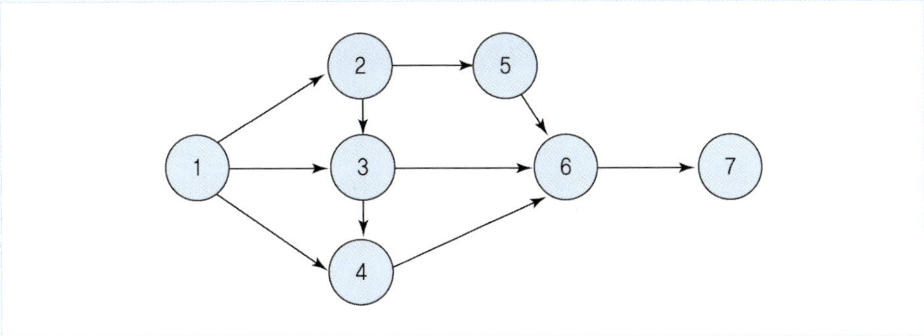

이 프로젝트의 활동시간에 대하여 전문가들의 의견을 구한 결과, 다음 표와 같은 세 가지 종류의 시간추정치(단위: 일)를 얻었다.

활동	낙관적 추정치	최빈 추정치	비관적 추정치
1 → 2	2	3	10
1 → 3	3	4	5
1 → 4	3	3	3
2 → 3	2	2	2
2 → 5	4	4	10
3 → 4	2	2	2
3 → 6	2	9	10
4 → 6	2	5	8
5 → 6	2	2	8
6 → 7	3	5	7

(1) 이 프로젝트의 중대경로를 구하고, 프로젝트 완료시간에 대한 추정치를 구하라.

(2) 이 프로젝트를 22일 내에 마칠 확률은 어떻게 되는가?

12 품질경영

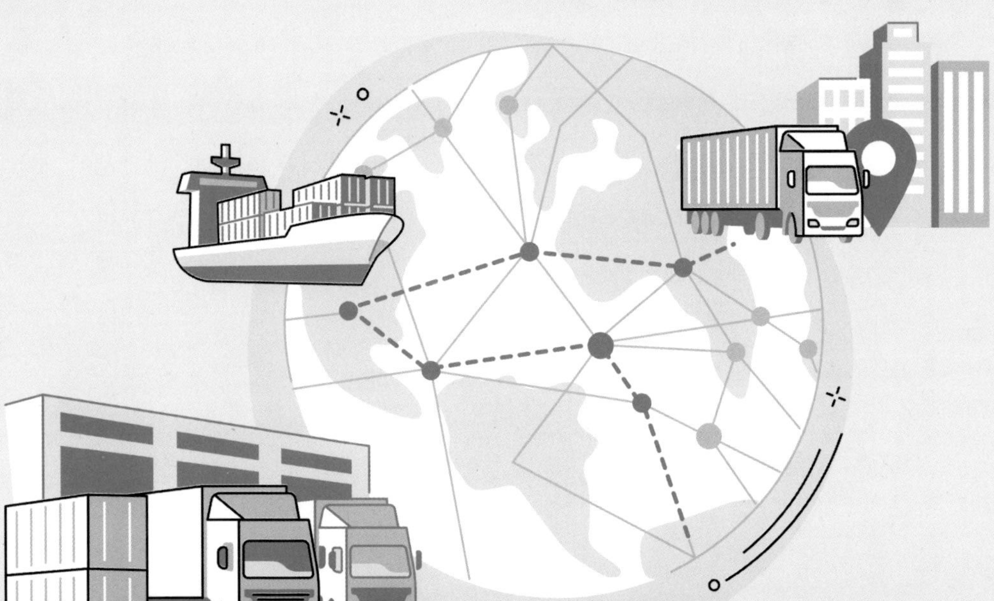

Chapter 12

Production and Operations Management

품질경영

기업 경영에서 품질은 다양한 영역에서 중요한 역할을 한다. 회계 기능부문에서는 불량품에 대한 품질 비용의 측정과 평가를 통해 품질이 기업의 원가 요소에 어떻게 영향을 주는가를 규명한다. 또, 직원들의 교육 훈련은 제품이나 서비스의 품질에도 영향을 끼친다. 그리고 마케팅 부서에서는 품질 관련 자료를 판매 촉진을 위한 자료로 활용한다.

이렇게 기업 제 영역에서 중요한 기반이 되는 품질에 대하여, 이 장에서는 품질의 유형과 품질 관련하여 발생하는 비용에 대해서 살펴본다. 그리고 전사적 품질경영을 위한 세 가지 원칙은 무엇이며, 기업은 이를 어떻게 적용해야 하는가를 제시한다. 이와 함께, 통계적인 공정관리기법과 프로세스 능력 향상을 위한 방법에 대해서도 학습한다.

12.1 품질경영의 개념

품질(quality)이란 제품이나 서비스가 사용하고자 하는 목적에 부합하는 정도를 말한다. 또한 품질관리(quality control)란 고객의 기대에 도달하거나 기대를 초과하도록 제품이나 서비스를 제공하기 위한 체계적인 관리 방식을 의미한다. 생산제조공정에서의 고전적 품질관리 개념은 오늘날 전사적인 품질경영의 개념으로 점차 확대되고 있다. 품질경영은 품질을 중요한 경쟁우선순위로 인식하고 기업의 전 부분이 연계된 전사적인 관점의 경영철학이다.

12.1.1 품질의 유형

품질은 관점에 따라 몇 가지 유형으로 분류하여 정의할 수 있다.

첫 번째 설계품질(quality of design)은 생산자 혹은 서비스 제공자가 목표로 하는 품질을 말한다. 고객이 요구하는 품질을 만족시키기 위해 기업이 보유하고 있는 기술 및 설비를 바탕으로 제품이나 서비스 설계 시 반영하는 품질이다. 설계품질은 무조건 높게 잡는 것이 반드시 기업에 이익이 되는 것은 아니다. 더 높은 설계품질을 얻기 위해서는 더 많은 원가가 투입되는데 반해 가격 상승은 한계가 있다. 따라서 어느 시점에서는 원가는 높아지는 반면 가격이나 품질은 상승이 되지 않으므로 이를 고려하여 설계품질의 수준을 결정하여야 한다.

두 번째는 적합품질(quality of conformance)이다. 제품을 생산하고자 할 때, 실제 생산을 위한 공정의 프로세스, 원자재, 설비 등이 설계한 내용과 맞지 않을 수가 있다. 이 경우 생산 단계에서의 품질은 시설이나 프로세스에 맞게 재설정되는데 이때의 품질을 적합품질이라고 한다.

마지막 유형의 품질은 사용품질(quality of use)이다. 시장품질(quality of marker)이라고도 하는 사용품질은 고객의 만족도와 관련되어 있는 것으로 고객이 원하는 제품이나 서비스의 사양을 말한다. 이 사용품질은 설계품질을 정의하기 위한 입력이 된다.

12.1.2 품질 비용

일반적으로 기업의 품질 불량이나 부적합으로 인해 발생하는 손실액은 전체 매출의 20~30%에 이르는 것으로 알려져 있다. 따라서 품질과 관련된 비용을 줄이는 것은 원가를 낮추는 데도 기여한다. 품질관련 비용은 예방비용, 평가비용, 내/외부 실패비용이 있다.

예방비용

예방비용은 불량품의 발생을 사전에 미리 방지하기 위해 투자되는 비용이다. 불량의 원인을 사전에 줄이고자 프로세스를 변경하거나 재설계하는 데 필요한 비용, 품질 개선을 위한 종업원 교육비용, 원자재의 품질 향상을 위한 공급업체와의 협력을 위한 비용, 불량 발생을 사전에 줄이기 위한 설계 변경 비용, 소비자 품질관련 교육비용, 기타 예방에 관련된 비용이 포함된다.

평가비용

평가비용은 현재의 생산시스템 품질의 수준을 평가하는 데 투자되는 비용이다. 공급업체로부터의 원자재 및 부품 구매 시 품질검사 비용, 생산공정의 재공품에 대한 검사 비용, 완제품의 품질검사 비용이 평가비용에 포함된다. 또한 검사 및 시험장비 유지보수 비용도 평가비용에 포함된다. 평가비용은 제품의 품질 향상을 통해 줄일 수 있다.

실패비용

실패비용은 생산한 제품의 품질이 설계규격에 미달하거나 소비자만족을 충족시키지 못하였을 때 발생하는 비용이다. 이 비용은 내부 실패비용과 외부 실패비용으로 구분할 수 있다.

내부 실패 비용은 제품이나 서비스의 생산 과정 중에서 발견된 결함에 의한 비용으로 불량품의 폐기에 소요되는 비용과 불량품의 수리나 재작업에 소요되는 비용이 있다. 또한 불량으로 인한 공정 중단 비용도 포함된다. 외부 실패 비용은 제품/서비스가 고객에게 전달된 후에 불량이 발견되어 발생하는 비용이다. 고객의 반품이나 환불, 수리비용, 리콜이나 고객클레임에 대한 대응 비용, 서비스센터 운영비용 등이 관련된 비용이다. 외부 실패비용은 고객의 입소문 등으로 인하여 기업의 미래 이익에 대해서 잠재적으로 좋지 않은 영향을 끼치게 된다.

12.2 전사적 품질경영

오늘날의 기업들은 품질을 기업의 경쟁우위와 연관된 중요한 요소 중 하나로 인식하고 생산운영전략을 수립함에 있어 전사적 품질경영(TQM: total quality management)을 도입하여 품질을 관리하고 있다. 이는 과거의 품질관리가 단순히 생산되는 제품이나 서비스의 품질 요건을 충족시키기 위한 활동에 국한된 것에 비해서, 고객 관점에서 기업의 전 기능부문이 연계된 품질 활동이다. 따라서 TQM은 단순한 품질규격의 충족이 아닌 고객 만족과 효율적인 생산운영을 목표로 한다. 〈표 12.1〉은 과거의 전통적 품질관리와 TQM을 비교한 것이다.

〈표 12.1〉 **전통적 품질관리와 TQM**

구분	전통적 품질관리	TQM
목표	품질요건의 충족	고객만족을 위한 전사적 활동
지향	생산공정에서의 제품 및 프로세스 중심	고객중심, 기업문화, 조직행동
관련자	생산현장의 품질관리 당당	전 임직원
활동내용	공정의 불량 감소를 위한 품질표준 설정 및 통제활동으로 주로 통계적 기법 활용	원자재구매, 생산통제, 설계, 종업원 교육 등 총체적 품질 향상을 통한 전사적 활동

TQM은 세 가지 원칙을 가지고 있다. 첫째는 고객 관점에서 품질을 정의하고 관여하고자 하는 고객 만족이다. 두 번째는 품질개선 활동에 전 직원이 참여토록 하는 것이다. 그리고 세 번째는 품질개선활동을 끊임없이 반복하는 것이다.

12.2.1 고객만족

고객만족 품질이란 고객의 기대에 부응할 수 있는 품질을 말한다. 이를 달성하기 위해서는 고객 관점에서 품질을 정의하고 관리하는 것이 필요하다. 고객만족의 첫째 요소는 신뢰성이다. 생산 현장의 작업자는 설계된 사양에 맞는가에 의해 품질을 정의하나 고객은 제품의 성능, 즉 약속한 성능을 발휘하며 얼마나 오랫동안 고장 나지 않고 제대로 작동하는가로 품질을 평가한다. 고객은 광고나 제품 사양서로부터 얻은 정보가 실제 제품과 일치하기를 원한다. 제품의 가치에 대한 고객의 평가에 대해서도 고려해야 한다. 고객은 제품이나 서비스에 금액을 지불할 때 그 금액에 상응하는 가치(value)를 기대한다. 따라서 고객만족을 위해서는 고객이 원하는 가치에 맞는 품질을 제공하여야 한다. 또한, 사용적합성(fitness of use)을 고려해야 한다. 사용적합성이란 제품이나 서비스가 계획된 바대로 얼마나 잘 수행되는가이다. 적합성은 제품이나 서비스의 특성, 편리성, 외관이나 형태, 내구성 등 다양한 관점으로 평가된다.

이 외에도 제품이나 서비스에 대한 사후 지원, 심리적인 요인 등도 고객만족 품질의 한 요소이다.

12.2.2 종업원 참여

TQM에서 종업원 참여를 이끌어 내기 위해서는 조직문화의 변화와 그룹 활동의 지원이 필요하다.

성공적 TQM 추진을 위해 종업원 참여를 유도하기 위한 첫 번째 요소는 조직문화의 변화이다. 전 임직원들에게 품질의 중요성을 알려주고 품질 향상을 위한 동기를 부여하는 활동이 요구된다. 품질관리 부서만의 참여가 아닌 제품 및 서비스와 관련된 모든 부서가 참여토록 해야 한다. 또한 종업원들에게 그들의 고객이 누구인지 명확히 인식하도록 하고 그 고객을 만족시키도록 업무를 진행토록 한다. 따라서 고객은 외부에만 존재하는 것이 아니라 내부 고객도 만족시켜야 함을 모두가 인식해야 한다. 궁극적으로 조직 내의 모든 사람들이 품질 활동이 최종목표라는 관점을 함께 공유토록 해야 한다.

두 번째 요소는 그룹 활동에 대한 지원이다. 그룹 활동은 적극적인 종업원 참여를 이끌어 낼 수 있는 효과적 방법이다.

12.2.3 지속적 품질개선

카이젠(kaizen)이라고 불리는 지속적 품질개선은 끊임없는 개선을 추구하는 도요타 자동차의 경영 철학에서 유래하였다. 카이젠은 작업을 개선하기 위한 방법들을 계속적으로 추구하는데, 4단계로 이루어진 문제해결 프로세스를 진행한다. 첫째는 개선이 필요한 프로세스와 개선 목표를 설정하는 계획 단계이다. 다음은 관련 자료를 수집하고 개선 활동을 진행하는 실행 단계이다. 다음은 검토 단계로서 개선활동이 목표에 이르렀는지 확인하는 단계이다. 마지막은 종업원 교육 등을 통해 개선된 프로세스를 전사적으로 전파하는 단계이다.

이 문제해결 프로세스는 끊임없이 반복되며 지속적이고 점진적인 품질개선을 추구해 나간다.

12.3 통계적 공정관리

통계적 공정관리(SPC: statistical process control)는 품질규격에 적합한 제품을 만들어 내기 위하여 통계적 방법에 의하여 공정을 관리해 나가는 관리 방법이다. 즉 생산 품질에 관한 통계적 자료를 취합하여 주어진 품질규격과 공정의 능력 상태를 파악하고 원하는 상태로 제품이 생산될 수 있도록 관리해 가는 관리방법을 말한다. 통계적 공정관리는 일반적으로 관리도(control chart)를 활용한다.

생산 중인 제품이나 부품은 길이, 폭, 무게, 수율 등 여러 가지 특성을 지니고 있는데, 이러한 특성은 일정범위의 산포를 가지고 있다. 이 산포를 관찰하여 생산 중인 공정이 정상적인 상태인지 이상 상태인지를 판단하기 위하여 사용하는 도구가 관리도이다. 이때 정상적인 상태인 경우에 관리 상태에 있다고 말하며, 이상 상태인 경우는 관리 상태를 벗어났다고 말한다.

특정 공정이 관리 상태에 있는지 없는지를 계량적으로 판단하기 위하여 관리도에서는 중심선(CL: center line), 관리상한선(UCL: upper control limit), 관리하한선(LCL: lower control limit)을 통계적으로 설정한다. 공정상에서 발생하는 편차는 두 가지 요인에 의해서 생길 수 있다. 하나는 첫째는 어떤 특정한 원인에 의해서 지속적으로 발생하는 이상 원인이며, 다른 하나는 일상적으로 간헐적으로 그리고 확률적으로 발생하는 우연 원인이다. 안정적인 공정에서는 우리가 통제할 수 없는 우연 원인만이 발생한다. 그러나 불안정하고 많은 불량을 발생시키는 공정은 이상 원인을 포함하고 있을 가능성이 크다. 관리도는 이상 원인을 조기에 발견하여 조기에 대응할 수 있도록 해주는 통계적 기법이다.

관리도의 종류에는 제품이나 서비스 속성에 관련된 관리도와 품질 변수의 측정치에 대한 평균과 변동성을 관찰하는 계량형 관리도가 있다. 속성 관련 관리도에는 p-관리도와 c-관리도가 있다. 또한 계량형 관리도에는 R-관리도와 $\bar{x}$-관리도가 있다.

12.3.1 R-관리도

R-관리도(범위 관리도)는 프로세스의 변동성이 얼마나 되는지를 관찰하기

위하여 사용되는 관리도이다. R-관리도에서는 자료 중에 관리한계선을 벗어나는 자료가 있으면, 변동성이 통제 상태를 벗어났음을 뜻한다.

R-관리도의 관리한계선은 다음과 같이 설정한다.

$$UCL = D_4\overline{R}$$
$$LCL = D_3\overline{R}$$

여기서, $\overline{R}$= R값들의 평균으로 관리도의 중심선

D_3, D_4 =샘플 크기에 따라 주어지는 상수(3σ 기준)

D_3, D_4의 값은 〈표 12.2〉에 주어져 있는 것처럼, 표본의 크기가 커짐에 따라 관리한계선의 폭은 좁아짐을 알 수 있다.

12.3.2 $\overline{x}$-관리도

$\overline{x}$-관리도는 평균을 관리하기 위해 사용되는 관리도이다. 프로세스의 변동성이 통제상태에 있을 경우 $\overline{x}$-관리도를 작성하여 사용한다.

$\overline{x}$-관리도의 관리한계선은 다음과 같다.

$$UCL = \overline{\overline{x}} + A_2\overline{R}$$
$$LCL = \overline{\overline{x}} - A_2\overline{R}$$

여기서, $\overline{\overline{x}}$=관리도의 중심선, 표본평균의 평균

A_2 =표본평균의 3σ한계 상수

A_2값은 〈표 12.2〉에 나타나 있다.

〈표 12.2〉 R-관리도와 $\bar{x}$-관리도의 계수

표본크기	R-관리도		$\bar{x}$-관리도
	LCL(D_3)	RCL(D_4)	(A_2)
2	0	3.276	1.880
3	0	2.575	1.023
4	0	2.282	0.729
5	0	2.115	0.577
6	0	2.004	0.483
7	0.076	1.924	0.419
8	0.136	1.864	0.373
9	0.184	1.816	0.337
10	0.223	1.777	0.308

12.3.3 p-관리도

p-관리도는 속성에 관련된 관리도로 검사한 물품을 양품과 불량품으로 나누어 불량의 비율을 관리하고자 할 때 이용한다.

표본의 개수를 n, 모집단의 과거 불량률(관리도 목표치)을 $\bar{p}$라고 하면, 불량률 분포의 표준편차 σ_p는 다음과 같다.

$$\sigma_p = \sqrt{\frac{\bar{p}(1-\bar{p})}{n}}$$

p-관리도에서 중심선은 과거 불량률의 평균값이나 프로세스 목표치로 설정된다. 그리고 p-관리도에서의 관리상한선과 관리하한선은 표준편차를 이용하여 다음과 같이 설정된다.

$$UCL = \bar{p} + z\sigma_p$$
$$LCL = \bar{p} - z\sigma_p$$

여기서, z = 표준정규분포 변환 계수(부록 참조)

p-관리도를 이용하고자 할 경우에는 주기적으로 n개의 표본을 추출하여 불량의 개수를 센다. 그리고 표본 불량률 p값을 계산하여 관리도에 그린다. 이 포인트가 관리한계를 벗어나면 이상 원인이 있는 것으로 판단하고 그 원인을 찾는다.

12.3.4 c-관리도

만약 한 제품에서 여러 개의 불량이 발견될 수 있는 경우에 사용할 수 있는 관리도가 c-관리도이다. 예를 들어 하나의 LCD 모니터상에서 여러 개의 결점이 발견되는 경우이다.

c-관리도는 평균은 $\bar{c}$, 표준편차는 $\sqrt{\bar{c}}$인 포아송 분포를 가정한다. 관리도의 중심선은 $\bar{c}$이고 관리한계선은 다음과 같이 설정된다.

$$UCL = \bar{c} + z\sqrt{\bar{c}}$$

$$LCL = \bar{c} - z\sqrt{\bar{c}}$$

여기서, z = 표준정규분포 변환 계수(부록 참조)

12.4 프로세스 능력

프로세스 능력이란 제품 혹은 서비스를 설계 규격에 맞게 생산할 수 있는 능력을 말한다. 이때, 설계규격은 명목값(nominal value)과 허용오차(tolerance)로 표현한다. 명목값은 설계 규격의 목표값이다. 허용오차는 명목값 이상이나 이하로의 허용치를 의미한다. 또한 명목값의 상한 허용오차를 더한 값은 규격상한, 하한 허용오차를 제한 값을 규격하한이라고 한다. 예를 들어, 형광등의 수명에 대한 설계목표값이 3,000시간이고 10%의 오차를 허용할 경우 명목값은 3,000시간, 허용오차는 300시간이며, 규격상한은 3,300시간, 규격하한은 2,700시간이 된다.

12.4.1 프로세스 능력 측정

프로세스의 능력은 결국 생산된 제품의 규격이 얼마나 많이 규격하한 혹은 규격상한을 벗어나지 않느냐에 달려 있다. [그림 12.1]은 특정 프로세스에서 생산된 제품의 분포를 보여주고 있다.

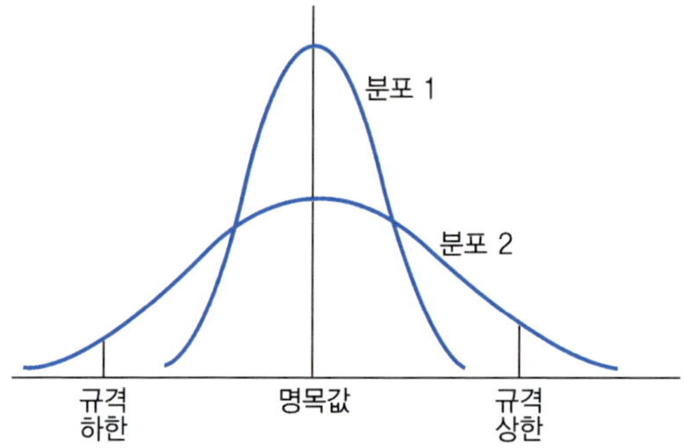

[그림 12.1] 프로세스 분포와 허용오차

[그림 12.1]에서 분포 1의 경우에는 거의 모든 생산품의 규격이 허용오차 안으로 들어온다. 반면 분포 2의 경우에는 규격상한과 하한을 벗어나는 제품이 존재한다. 규격 내에 포함되는 산출물이 많을수록 더 능력 있는 프로세스가 된다. 결국 변동성이 적은 프로세스일수록 능력 있는 프로세스라고 할 수 있다.

실제 프로세스 능력의 측정은 통계적으로 표준편차로 표현한다. 프로세스의 산출물이 정규분포를 따른다고 할 때, 허용오차가 표준편차의 2배인 경우(2시그마 품질) 불량률은 약 4.56%이다. 반면 6시그마 품질의 경우에는 불량률은

0.0000002%로 떨어진다.

일반적으로 어떤 프로세스 분포라도 대부분 평균을 중심으로 표준편차의 3배 내에 분포(정규분포인 정우에 불량률은 0.26%)이다. 상한과 하한의 차인 6시그마를 기준으로 프로세스의 상하한을 비교한 값을 프로세스 능력비율이라고 하며, 다음과 같이 정의한다.

$$c_p = \frac{\text{규격상한} - \text{규격하한}}{6\sigma}$$

여기서, σ = 표준편차

어떤 프로세스의 c_p값이 1이면, 불량률은 0.26%가 된다. 이때, 이 프로세스는 3시그마 품질 수준을 가지게 된다. 만약 c_p값이 2이면, 6시그마 품질 수준인 프로세스이다.

12.4.2 품질 표준

뛰어난 프로세스는 품질수준에 대한 문서화가 중요하다. 국제표준화기구(ISO: International Organization for Standardization)에서는 품질 관련 표준규격으로 ISO 9000과 환경기준인 ISO 14000을 제정하고 있다. ISO 9000은 품질 프로그램의 문서화에 대한 표준이며, IS0 14000은 원재료의 사용과 유해물질의 생성, 처리, 폐기를 지속적으로 추적하도록 요구하는 표준이다.

요약

- 제품이나 서비스가 사용하고자 하는 목적에 부합하는 정도가 품질이며, 품질관리란 고객의 기대에 도달하거나 기대를 초과하도록 제품이나 서비스를 제공하기 위한 체계적인 관리 방식을 의미한다.

- 품질의 유형에는 생산자 혹혼 서비스 제공자가 목표로 하는 설계품질, 제품을 생산하고자 할 때, 실제 생산을 위한 공정의 프로세스 원자재 설비 등이 설계한 내용과 맞는지를 판정하는 적합품질, 고객이 원하는 제품이나 서비스의 사양에 대한 사용품질이 있다.

- 품질과 관련된 비용에는 불량 발생을 사전에 방지하고자 하는 예방비용, 품질 평가를 위한 평가비용, 불량 발생으로 인한 실패비용이 있다.

- 단순히 생산되는 제품이나 서비스의 품질 요건을 충족시키기 위한 활동에 국한된 것에 비해서, 고객 관점에서 기업의 전 기능부문이 연계된 품질 활동을 전사적 품질경영이라고 한다.

- 전시적 품질경영 활동을 추진하기 위한 세 가지 원칙은 고객관점에서 품질을 정의하고 관리하고자 하는 고객만족, 품질개선 활동에 전 직원이 참여토록 하는 종업원 참여, 그리고 지속적인 품질개선 활동이다.

- 통계적 공정관리는 품질규격에 적합한 제품을 만들어 내기 위하여 통계적 방법에 의하여 공정을 관리해 나가는 관리 방법으로 목적에 따라 다양한 유형의 관리도(control chart)를 활용한다.

- 제품 혹은 서비스를 설계 규격에 맞게 생산할 수 있는 능력을 프로세스 능력이라고 하며, 명목값(nominal value)과 허용오차(tolerance)로 설계규격을 나타낸다.

주요 용어

12.1 품질경영의 개념

품질(quality)

품질관리(quality control)

설계품질(quality of design)

적합품질(quality of conformance)

사용품질(quality of use)

시장품질(quality of market)

품질비용

예방비용

평가비용

실패비용

12.2 전사적 품질경영

전사적 품질경영(total quality management)

고객만족 품질

사용적합성(fitness of use)

종업원 참여

지속적 품질개선

카이젠(kaizen)

12.3 통계적 공정관리

통계적 공정관리(statistical process control)

관리도(control chart)

중심선(center line)

관리상한선(upper control limit)

관리하한선(lower control limit)

이상 원인

우연 원인

R–관리도

$\bar{x}$–관리도

p–관리도

c–관리도

12.4 프로세스 능력

프로세스 능력

명목값(nominal value)

허용오차(tolerance)

규격상한

규격하한

국제표준화기구(ISO)

품질표준

ISO 9000

ISO 14000

연 습 문 제

1. 세 가지 유형의 품질에 대해서 설명하라. 생산자 입장에서의 품질 정의와 소비자 입장에서의 품질 정의는 어떻게 달라지는가?

2. 품질과 관련된 비용에는 어떤 항목들이 있는가? 각각의 비용 투자는 어떤 효과를 얻기 위함인가?

3. 고전적인 품질관리 개념에서 전사적 품질경영의 경영 패러다임으로 변화된 이유는 무엇인가? 고전적 품질관리와 전사적 품질경영을 비교하여 설명하라.

4. TQM에서 고객만족 품질이란 무엇인가?

5. TQM 추진 시 종업원 참여를 활성화할 수 있는 방안에 대하여 설명하라.

6. 지속적 품질개선의 4단계에 대하여 설명하라.

7. 관리도는 공정관리에서 어떤 역할을 하는가? 또한 4가지 관리도는 어떻게 다른가?

8. 프로세스 능력의 측정방법에 대하여 설명하라.

부 록

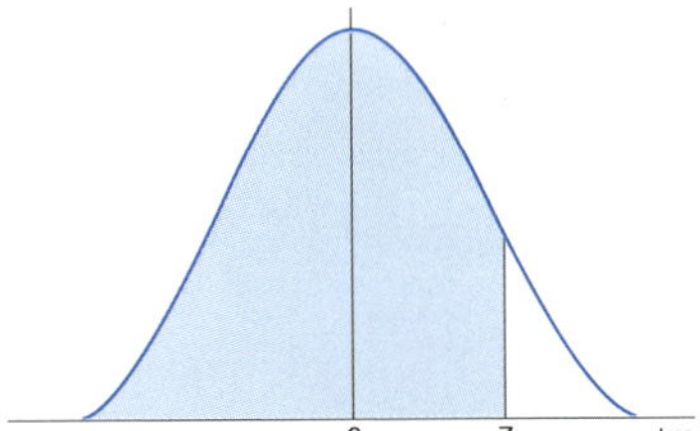

표준정규분포표

	0.00	0.01	0.02	0.03	0.04	0.05	0.06	0.07	0.08	0.09
0.0	0.5000	0.5040	0.5080	0.5120	0.5160	0.5199	0.5239	0.5279	0.5319	0.5359
0.1	0.5398	0.5438	0.5478	0.5517	0.5557	0.5596	0.5636	0.5675	0.5714	0.5753
0.2	0.5793	0.5832	0.5871	0.5910	0.5948	0.5987	0.6026	0.6064	0.6103	0.6141
0.3	0.6179	0.6217	0.6255	0.6293	0.6331	0.6368	0.6406	0.6443	0.6480	0.6517
0.4	0.6554	0.6591	0.6628	0.6664	0.6700	0.6736	0.6772	0.6808	0.6844	0.6879
0.5	0.6915	0.6950	0.6985	0.7019	0.7054	0.7088	0.7123	0.7157	0.7190	0.7224
0.6	0.7257	0.7291	0.7324	0.7357	0.7389	0.7422	0.7454	0.7486	0.7517	0.7549
0.7	0.7580	0.7611	0'7642	0.7673	0.7704	0.7734	0.7764	0.7794	0.7823	0.7852
0.8	0.7881	0.7910	0.7939	0.7967	0.7995	0.8023	0.8051	0.8078	0.8106	0.8133
0.9	0.8159	0.8186	0.8212	0.8238	0.8264	0.8289	0.8315	0.8340	0.8365	0.8389
1. 0	0.8413	0.8438	0.8461	0.8485	0.8508	0.8531	0.8554	0.8577	0.8599	0.8621
1.1	0.8643	0.8665	0.8686	0.8708	0.8729	0.8749	0.8770	0.8790	0.8810	0.8830
1.2	0.8849	0.8869	0.8888	0.8907	0.8925	0.8944	0.8962	0.8980	0.8997	0.9015
1.3	0.9032	0.9049	0.9066	0.9082	0.9099	0.9115	0.9131	0.9147	0.9162	0.9177
1.4	0.9192	0.9207	0.9222	0.9236	0.9251	0.9265	0.9279	0.9292	0.9306	0.9319
1.5	0.9332	0.9345	0.9357	0.9370	0.9382	0.9394	0.9406	0.9418	0.9429	0.9441
1.6	0.9452	0.9463	0.9474	0.9484	0.9495	0.9505	0.9515	0.9525	0.9535	0.9545
1.7	0.9554	0.9564	0.9573	0.9582	0'9591	0'9599	0'9608	0.9616	0.9625	0'9633
1.8	0.9641	0.9649	0.9656	0.9664	0.9671	0.9678	0.9686	0.9693	0.9699	0.9706
1.9	0.9713	0.9719	0.9726	0.9732	0.9738	0.9744	0.9750	0.9756	0.9761	0.9767
2.0	0.9772	0.9778	0.9783	0.9788	0.9793	0.9798	0.9803	0.9808	0.9812	0.9817
2.1	0.9821	0.9826	0.9830	0.9834	0.9838	0.9842	0.9846	0.9850	0.9854	0.9857
2.2	0.9861	0.9864	0.9868	0.9871	0.9875	0.9878	0.9881	0.9884	0.9887	0.9890
2.3	0.9893	0.9896	0.9898	0.9901	0.9904	0.9906	0.9909	0.9911	0.9913	0.9916
2.4	0.9918	0.9920	0.9922	0.9925	0.9927	0.9929	0.9931	0.9932	0.9934	0.9936
2.5	0.9938	0.9940	0.9941	0.9943	0.9945	0.9946	0.9948	0.9949	0.9951	0.9952
2.6	0.9953	0.9955	0'9956	0.9957	0.9959	0.9960	0.9961	0.9962	0.9963	0.9964
2.7	0.9965	0.9966	0.9967	0.9968	0.9969	0.9970	0.9971	0.9972	0.9973	0.9974
2.8	0.9974	0.9975	0.9976	0.9977	0.9977	0.9978	0.9979	0.9979	0.9980	0.9981
2.9	0.9981	0.9982	0.9982	0.9983	0.9984	0.9984	0.9985	0.9985	0.9986	0.9986
3.0	0.9987	0.9987	0.9987	0.9988	0.9988	0.9989	0.9989	0.9989	0.9990	0.9990
3.1	0.9990	0.9991	0.9991	0.9991	0.9992	0.9992	0.9992	0.9992	0.9993	0.9993
3.2	0.9993	0.9993	0.9994	0.9994	0.9994	0.9994	0.9994	0.9995	0.9995	0.9995
3.3	0.9995	0.9995	0.9995	0.9996	0.9996	0.9996	0.9996	0.9996	0.9996	0.9997
3.4	0.9997	0.9997	0.9997	0.9997	0.9997	0.9997	0.9997	0.9997	0.9997	0.9998

참고문헌

강종열, 김길선, 김태호, 박경수, 윤상흠, 이순희 역, 생산운영관리, 한국맥그로힐, 2022.

김남영, 공급사슬관리: Lean 접근법, 경문사, 2007.

김태웅, 생산운영관리의 이해(제2판), 신영사, 2004.

김태웅, 서비스운영관리, 신영사, 2010.

김형준, 문덕중, 정태영, 생산운영관리, 문영사, 2007.

김홍준, 김진수, 생산운영관리, 지필, 2008.

김홍준, 김진수, 유성열, 강덕수, 생산운영관리, 도서출판범한, 2009.

민동권, 박철순, 손병규, 오중산, 황기현, 생산운영관리, 시그마프레스, 2019.

이상문, 신경영과학, 형설출판사, 2001.

이상범, 현대생산운영관리, 명경사, 2019.

임재석, 엄명철, 생산관리, 형설출판사, 2004.

전영일, 홍관수, 김남영, 생산운영관리: 개념, 전략, 사례, 경문사, 2003.

편임범, 전략적 생산경영론, 학문사, 2000.

한동철, 공급사슬관리, 시그마인사이트컴, 2002.

함용석, 김태영, 알기쉬운 생산운영관리, 두남, 2010.

Adam, E. E. and Ebert, R. J., *Production and Operations Management*, 2nd ed., Prentice Hall, Inc., 1982.

Anthony, R. N. and Govindarajan, V., *Management Control Systems*, 12th ed, McGraw-Hill, NY, 2006.

Aquilano, N. J. and Smith, D. E., "A Formal Set of Algorithms for Project Scheduling with Critical Path Scheduling-Material Requirements Planning," *Journal of Operations Management*, vol. 1, pp. 57-67, 1980.

Arnold, J. R. T., Chapman, S. N. and Clive, L. M., *Introduction to Material Management*, Prentice Hall, NJ, 2007.

Badiru, A. B., *Project Management in Manufacturing and High Technology Operations*, John Wiley & Sons, NY, 1988.

Basu, S. and Roger, G. S., "Incorporating Judgement In Sales Forecasr; Application of the Delphi Method at American Hoist & Derrick," *Interface*, 1977.

Baybars, I., "A Survey of Exact Algorithms for the Simple Assembly Line Balancing Problem," *Management Science*, 1986.

Box, G. E. P., Jenkins, G. M. and Reinsel, G. C., *Time Series Analysis: Forecastring and Control*, 4th ed., John Wiley & Sons, 2008.

Buffa, E. S., *Operations Management*, 6th ed., John Wiley & Sons, Inc. 1977.

Buffa, E. S. and Miller, J. G., *Production Inventory Systems: Planning and Control*, 3rd ed., Homewood, 1979.

Cachon, G. and Tetwiesch, C., *Matching Supply with Demand: An Introduction to Operations Management*, 2nd ed., McGraw-Hill, NY, 2008.

Cerveney, R. P. and Scott, L. W., "A Survey of MRP Implementation," *Production and Inventory Management Journal*, vol. 30, pp. 31-34, 1989.

Chin, L. and Rafuse, B. A., "A Small Manufacturer Adds JIT Techniques to MRP," *Production and Inventory Management Journal*, vol. 34, pp. 18-21, 1993.

Chorpa, S. and Meindl, P., Supply Chain Management: Strategy, Planning, and Operations, 4th ed., Prentice Hall, NJ, 2009.

Feigenbaum, A. V., *Total Quality Control: Engineering and Management*, 3rd ed., McGraw Hill, 1983.

George, S. and Weimerskirch, A., *Total Quality Management: Strategies and Techniques Proven at Today's Most Successful Companies*, John Wiley & Sons, Inc., 1994.

Goetsch, D. L. and Davis, S., *Quality Management for Organizational Excellence: Introduction to Total Quality*, 6th ed., Prentice Hall, NJ, 2009.

Goodman, L. J. and Ralph, N. L., *Project Planning and Management: An Integrated Approach*, Pergamon Press, NY, 1980.

Green, J. H., *Production and Inventory Control Handbook*, 2nd ed., McGraw-Hill, NY, 1987.

Groover, M. P., Automation, Production Systems, and Computer-Integrated Manufacturing, 3rd ed., Prentice Hall, NJ, 2007.

Hillier, F. S., and Liebennan, G. J., *Introduction to Operations Research*, 9th ed., McGraw-Hill, NY, 2009.

Krajewski, L. J. and Ritzman, L. P. *Operations Manage ment: Strategy and Analysis*, Addison-Weslry Publishing Company, Inc, 1999.

Krajewski, L. J., Ritzman, L. P. and Malhotra, M. K., *Operations Management*, 9th ed., Prentice Hall, NJ, 2009.

Lian, Z. and Deshmukh, A., "Analysis of supply contracts with quantity flexibility," *European Journal of Operational Research*, vol. 196, pp. 526–533, 2009.

Love, S. F., *Inventrol Control*, McGraw-Hill, NY, 1979.

Mayer, R. J. and Moore, J., "Applying Manufacturing Strategy Concepts to Practice," *Operations Management Review*, 1983.

Meredith, J. R. and Mantel, S. J., *Project Management: A Managerial Approach*, 2nd ed., John Wiley & Sons, NY, 1989.

Ritzman, L. P. and Krajewski, L. J., *Foundations of Operations Management*, Pearson Education Inc, 2003.

Silver, E. A., Pyke, D. F. and Peterson, R., *Inventory Management and Production Planning and Scheduling*, 3rd ed., John Wiley & Sons, NY, 1998.

Schroeder, R. G., *Operations Management*, 3rd ed., McGraw-Hill, NY, 1989.

Schroeder, R. G., John, C. A. and Gray, C., "The Content of Manufacturing Strategy, An Empirical Study," *Journal of Operations Management*, 1986.

Silver, E. A. and Peterson, R., *Decision Systems for Inventory Management and Production Planning*, John Wiley & Sons, NY, 1985.

Stadtler, H. and Kilger, C., *Supply Chain Management and Advanced Planning: Concepts, Models, Software and Case Studies*, 4th ed., Springer, NY, 2009.

Talley, D. J., *Total Quality Management*, SAQC Quality Press, 1991.

Tayur, S., Ganeshan, R. and Magazine, M., *Quantitaave Models for Supply Caain Management*, Springer, NY, 1998.

Tompkins, J. A., White, J. A., Bozer, Y. A. and Tanchoso, J. M. A., Facilities Planning, 4th ed., John Wiley & Sons, NY, 2010.

White, E. M., John, C. A., Roger, G. S. and Sharon, E. T., "A Study of the MRP Implementation Process," *Journal of Operations Management*, vol. 2, pp. 145–153., 1982.

찾아보기

ㄱ

ㅇ

ㅈ

저/자/소/개

유성열

고려대학교 산업공학과를 졸업하고 한국과학기술원(KAIST)에서 석사와 박사 학위를 취득하였다. 쌍용정보통신 시스템사업본부, LGCNS 엔트루컨설팅에서 근무하였으며, 현재 부산가톨릭대학교 경영정보학과 교수로 재직 중이다. Computers & Industrial Engineering, International Journal of Production Research 등의 국제학술지를 포함하여 국내외 학술지에 다수의 논문을 발표하였으며, 사례로 배우는 경영정보시스템, 경영과학 등의 번역서 및 저서를 발간하였다. 한국생산성본부 ERP 전문위원 및 ERP 정보관리사 출제위원, 한국경영과학회, 한국정보시스템학회, 기술경영경제학회 등을 비롯한 다양한 분야의 활동을 수행 중이다.

주요 관심 연구 분야는 수요예측 및 재고관리 등의 생산운영관리 분야, 경영과학, 정보시스템 분석 및 개발 등이다.

최성훈

고려대학교 산업공학과를 졸업하고 한국과학기술원(KAIST)에서 석사와 박사 학위를 취득하였다. LG생산성연구원, 동일CIM 등에서 근무하였으며, 현재 상명대학교 경영공학과 교수로 재직 중이다. Journal of the Operational Research Society, European Journal of Operational Research 등의 국제학술지를 포함하여 다수의 논문을 발표하였으며, 번역 및 저서로는 SCM의 이론과 활용, LINGO 최적화 모형, Arena를 활용한 시스템 모델링 및 시뮬레이션 등이 있다. 주요 기업 및 연구소의 시뮬레이션(Arena, AnyLogic 적용) 교육 및 프로젝트, 스케줄링 시스템 개발, 최적화 모델(Lingo 적용) 개발, ERP 구축, 6-시그마, 생산운영관리 컨설팅 경력을 보유하고 있다. 또한 국산 생산운영관리 소프트웨어, VITAMAX를 개발하였다. 한국시뮬레이션학회, 대한산업공학회, 한국산업경영시스템학회 등에서 다양한 활동을 수행하고 있다. 주요 관심 연구 분야는 라인밸런싱 등의 생산운영관리, 컴퓨터 시뮬레이션 이론 및 응용 등이다.

생산운영관리(2판)

1판발행 2015년 3월 10일 **1판 1쇄 발행** | 2016년 3월 10일 **1판 2쇄 발행**
2017년 9월 10일 **1판 3쇄 발행** | 2019년 3월 10일 **1판 4쇄 발행**
2판발행 2024년 3월 10일 **2판 1쇄 발행**

지은이 유성열 최성훈
펴낸이 최용구 | **펴낸곳** 도서출판 **이프레스**
주소 (04316) 서울시 용산구 원효로 89길 19(원효로1가)
전화 02) 537-1720(영업부), 537-1721(편집부), 537-1711(팩스)
이메일 epress01@naver.com | **홈페이지** www.epress1.com
등록 2009년 12월 10일 제16-2710호
기획마케팅 최용구 장만동 최충구 송대용 | **책임편집** 석기은 황가연

ISBN 979-11-91348-50-7 93320
정가 25,000원